拉丁美洲的中产阶级研究

郭存海　著

A STUDY OF LATIN AMERICAN MIDDLE CLASS

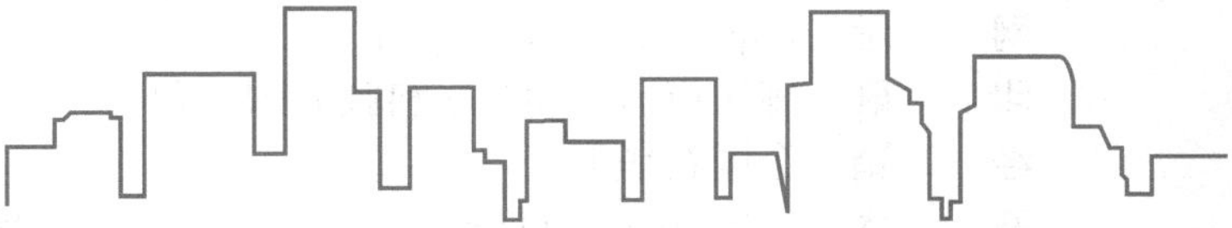

朝華出版社
BLOSSOM PRESS

图书在版编目（CIP）数据

拉丁美洲的中产阶级研究 / 郭存海著 . -- 北京 : 朝华出版社 , 2024.5

ISBN 978-7-5054-5467-5

Ⅰ . ①拉… Ⅱ . ①郭… Ⅲ . ①中等资产阶级—研究—拉丁美洲 Ⅳ . ① D773.061

中国版本图书馆 CIP 数据核字 (2024) 第 091330 号

拉丁美洲的中产阶级研究

作　　者　郭存海
责任编辑　吴红敏
特约编辑　刘小磊
责任印制　陆竞赢　崔 航
装帧设计　杜　帅
出版发行　朝华出版社
社　　址　北京市西城区百万庄大街 24 号　　邮政编码　100037
订购电话　（010）68996050　68996522
传　　真　（010）88415258（发行部）
联系版权　zhbq@cicg.org.cn
网　　址　http://zhcb.cicg.org.cn
印　　刷　廊坊市印艺阁数字科技有限公司
经　　销　全国新华书店
开　　本　710mm × 1000mm　1/16　　字　　数　203 千字
印　　张　17.5
版　　次　2024 年 5 月第 1 版　2024 年 5 月第 1 次印刷
装　　别　平
书　　号　ISBN 978-7-5054-5467-5
定　　价　98.00 元

目　录

引 言

一、为什么研究中产阶级？

2019 年堪称“全球抗议年”，从亚洲到非洲，从中东到欧洲，均爆发了大规模游行抗议，甚至暴力活动，拉美地区亦概莫能外。2019 年拉美爆发的社会抗议浪潮席卷全地区一半以上（17 个）国家，令世界为之震惊。尽管引爆拉美抗议运动的导火索或政治，或经济，或社会，甚或多重因素交错叠加，但这些抗议活动表现出共同的特点：规模大、范围广、烈度高和持续时间长。

在这些爆发剧烈社会抗议的国家中，最令人惊诧的是智利。长期以来，智利以其高度的政治稳定性和持续的经济增长而被奉为拉美的“例外”和“样板”，甚至因此得名“智利模式”。然而，一场长达 156 天（2019 年 10 月 14 日—2020 年 3 月 18 日）的大规模抗议彻底撕掉了“智利模式”的华丽外衣。从首都圣地亚哥蔓延开来的百万人示威大游行，后来发展成暴力骚乱，共导致 36 人死亡，11564 人受伤。[①] 由此产生的震荡波最终迫使塞巴斯蒂安·皮

① J. Patrice McSherry, *Chile's Struggle to Democratize the State*, February 24, 2020, https://nacla.org/news/2020/02/24/chile-struggle-democratize-state-plebescite，访问日期：2020 年 9 月 23 日。

涅拉总统（Sebastiān Piñera）宣布取消当年11月和12月于智利圣地亚哥举行的两个世界峰会——APEC峰会和联合国气候变化峰会。针对这次骚乱，诺贝尔文学将获得者、秘鲁著名作家马里奥·巴尔加斯·略萨（Mario Vargas Llosa）一针见血地指出，智利的抗议和欧洲一样，是一场“中产阶级的动员”（una movilización de clases medias）。[①]事实的确如此。青年、受教育程度较高、经济地位相对较高、生活在城市、善于使用社交网络是这个群体的主要身份特征。[②]

事实上，非智利独然，拉美皆然。在其他爆发社会抗议的拉美国家，（新）中产阶级是这场大规模社会动员背后的主角和基本动力。新中产阶级的崛起是进入21世纪以来拉美最重要的政治现象和经济现象，预示着拉美距离“中产阶级社会”的美好理想更近了一步。然而，经济增长的周期性和自身发展的脆弱性使得中产阶级（特别是新中产阶级）成为2016年以来拉美社会受挫感最强、不满意度最高的一个群体。不幸的是，2020年3月新冠肺炎病毒肆虐拉美，短短半年时间里，拉美成为世界新冠疫情的“新震中”。不稳定的新中产阶级又首当其冲。鉴于拉美社会长期对中产阶级寄予增长和稳定的厚望并普遍怀有构建“中产阶级社会”的理想，研究拉美中产阶级的形成特点、发展阶段、不满根源及由此构成的治理挑战，尤其是在后疫情时代，就具有特别重要的意义。

然而，中产阶级现身这一系列大规模抗议活动并非笔者选择研究拉美中产阶级的起源。事实上，早在十多年前笔者撰写硕士论文《公民社会和阿根廷的政党治理》时，就对中产阶级在阿根廷政治和经济发展中的角色产生了

---

① Mario Vargas Llosa, *El enigma chileno,* Nov. 2, 2019, https://www.latercera.com/la-tercera-domingo/noticia/columna-mario-vargas-llosa-enigma-chileno/886086/，访问日期：2020年4月16日。

② Paulina Sepúlveda, Diego Istúriz, Carlos Pérez, *Informe Cadem:57% de los jóvenes dice haber participado de marchas y caceroleos,* Nov. 3, 2019, https://www.latercera.com/que-pasa/noticia/informe-cadem-jovenes-participado-de-marchas-y-caceroleos/886806/，访问日期：2020年4月16日。

浓厚的兴趣。传统的中产阶级理论认为，中产阶级是天生的“民主派”，是稳定社会的平衡力量。但事实上，21世纪初，在阿根廷这样一个中产阶级形成相对较早、经济相对发达的国家却爆发了中产阶级的“起义”。中产阶级到底是“稳定器”还是“颠覆器”？[①]关于中产阶级功能的传统分析是否要受条件性和时间性的制约？中产阶级沦为一种“不稳定因素”，是企图“以抵抗拒绝被遗忘”，还是源于政策赤字下的一种天然抗压冲动？这些疑问正是引领笔者探索拉美中产阶级的原动力。

20世纪90年代，特别是进入21世纪以来，国内外有关中产阶级的研究出现了一次新的高潮。这一次的研究重点不再集中于20世纪六七十年代中产阶级的“反叛”和“革命”，而是侧重于新技术革命导致的社会结构变动和新兴市场国家中产阶级的壮大。无疑，新闻媒体基于注意力的需要，企业基于开拓消费市场的需要，都在热炒“中产阶级”的关键词，似乎新兴市场国家的“中产阶级社会”弹指之间就会到来。但事实上，在许多国家，这些刚刚踏入中产阶级门槛的新兴群体的经济和社会地位非但不稳固，反而是相当脆弱的。一场天灾、一次人祸、一轮危机、一个变故都可能从根本上改变其向上流动的方向，使其重新陷入贫困。即使没有被打回原形，这些新中产阶级的地位也是岌岌可危。最近一个时期，中产阶级的陷落，无论在欧美发达国家还是在新兴国家，都已明显成为政界、学界和社会舆论关注的焦点。

在美国，2011年爆发的“占领华尔街”运动充分暴露了中产阶级的困境和愤怒，其背后的根源正是过去20年间美国经济收入的两极分化和中产阶级的沦落。中产阶级是“美国梦”的核心所系，中产阶级也一度成为2012年美国大选辩论的关键政策议题。当然，对中产阶级的这种政策挤压或者选

① 胡联合，胡鞍钢：《中产阶层：“稳定器”还是相反或其它——西方关于中产阶层社会政治功能的研究综述及其启示》，《政治学研究》，2008年第2期，第42—49页。

择性遗忘并非美国独有。在欧洲传统的福利资本主义国家，比如瑞典、希腊、法国和德国，中产阶级也患上了“焦虑综合征”，失业、不平等和福利危机同样侵蚀着他们的“欧洲梦”。相对于欧美发达国家，亚洲新兴经济体的中产阶级，虽然发展后劲很足，但在当前整体国际环境不佳的背景下，同样面临着一系列的发展挑战。

和东亚国家相比，拉美的中产阶级形成相对较早，其发展势头在 1980 年之前也比较迅猛，但债务危机的爆发和随后的结构性调整使得拉美国家建设“中产阶级社会”的努力严重受挫，以致中产阶级“未老先衰”，即中产阶级尚未充分形成和巩固便遭重压。“华盛顿共识”（Washington Consensus）推销的自由化改革最终带来的是“改革成果精英化，改革成本社会化”。精英阶层从改革中大获其利，而中下阶层则沦为改革的牺牲品。中产阶级更是面临一系列的挤压：经济收入下降、生活成本上升、职业前途无望乃至失业都导致中产阶级陷入“新贫困”。20 世纪 90 年代末，特别是进入新世纪以来，拉美左派政党在反新自由主义的旗帜下纷纷上台执政，“亲贫式”的增长政策和社会政策成为其显著特征，而恢复中的中产阶级却再次沦为发展政策的“弃儿”。甚至在温和左派执政的巴西都出现了“巴西悖论”:一方面，经济发展的结果有利于穷人而不利于中产阶级[①];另一方面，劳工党政府制造了自己的掘墓人[②]——持续的经济增长和进步的公共政策催生了大量的新中产阶级（C 阶层），却因没有针对新群体变化的需求及时调整相应支持政策而导致新中产阶级转身成为左翼政府的反对力量。事实上，不仅在巴西，在阿根廷、委内瑞拉和玻利维亚，甚至在智利也同样显示出类似的动向。这种趋势于拉美未来的发展而言堪忧，因为中产阶级是拉美政治、

① 张宝宇:《巴西悖论: 有利于穷人经济状况的改善而中产阶级未有受益》,《江汉大学学报》（社会科学版），2007 年第 3 期，第 56—59 页。

② 周燕:《巴西新中产阶级对左翼政党支持减弱的原因分析》,《国际论坛》, 2019 年第 1 期，第 114 —126 页。

经济和社会发展的关键，中产阶级的“未老先衰”，对拉美的经济增长、社会发展乃至政治稳定都构成了巨大的威胁。

尽管拉美之于世界是一个不可忽视的存在，但相对于国内对欧美相对成熟的“中产阶级社会”的研究，以及对亚洲新兴经济体的中产阶级的研究，国内对拉美（和非洲）中产阶级的研究寥若晨星，纵有探索者也往往浅尝辄止，遑论全面深入。这对学术界而言不能不说是一种缺憾，因为中产阶级在拉美当前和未来的政治、经济和社会发展中的地位与对中产阶级的研究力度是无法匹配的。正如戴维·帕克（David S. Parker）所说，“没有任何一个社会阶级像中产阶级这么富有争议，更没有任何一个地方的中产阶级像拉美的中产阶级那样如此富有争议。曾经所有人都认为，拉美根本就不存在真正的中产阶级。后来，发展政治学家却笃信：不断增长的中产阶级将是拉美走向进步和民主的关键。但到头来，当大部分拉美人感觉不到进步和民主时，中产阶级又饱受批评，认为他们没有完成肩负的历史使命。可以说，从来没有一个阶级引起如此广泛的讨论，但对其研究却又如此之少、对其理解如此不足。谁是拉美的中产阶级？他们的生活状态如何？他们对经济和社会的发展，以及政治制度有什么样的影响？”[①] 无疑，这些问题拷问着每一个有志于拉美研究的学者的灵魂。拉里莎·隆尼茨（Larissa Lomnitz）等人在对新自由主义时期的智利中产阶级研究之后也同样遗憾地指出，拉美的“中产阶级最不为人知，对其研究也最少，但其承担的新自由主义的‘社会债务’却最重。”[②]

---

① David S. Parker, *The Idea of the Middle Class: White-Collar Workers and Peruvian Society 1900—1950,* Pennsylvania:Pennsylvania State University Press, 1998, p1.

② “社会债务”（deuda social）这一概念是由国际劳工组织拉美和加勒比办事处提出来的。该机构借用了巴西已故当选总统坦克雷多•内维斯（Tancredo Neves）的思想。它是指一国之内受经济调整影响最大的群体承受的外债负担。这种债务是社会性的，意味着要求国民偿付外债利息需要做出的经济牺牲并非平等地被国家所有群体吸收。在拉美，社会债务并非仅仅由穷人承受，而且为其他不被视为穷人的群体承担，其中包括公私部门的中产阶级。参见：Larissa Lomnitz, Ana Melnick and Jeanne Grant, *Chile's Middle Class: A Struggle for Survival in the Face of Neoliberalism,* Boulder: L. Rienner Publishers, 1991, p3.

事实上的确如此。在长达近30年的新自由主义改革时期，拉美中产阶级在这种经济转型中失去的最多，受到的影响最大，但却少有人研究。

令人欣慰的是，近年来，拉美的中产阶级已经引起国际组织和学术机构的高度重视。比如，2008年10月，联合国拉美经委会、伊比利亚美洲大会秘书处、巴塞罗那国际关系和发展研究中心在巴塞罗那联合举办了关于“拉丁美洲的中产阶级”国际会议，并最终在2011年出版了这次会议的成果——《拉丁美洲的中产阶级和发展》[①]；巴西著名智库瓦加斯基金会在2008年发布了《巴西的新中产阶级》的报告[②]；2010年，联合国拉美经委会和伊比利亚美洲大会秘书处再次召开国际会议讨论拉美中产阶级问题并出版了《拉丁美洲的中产阶级：回顾和新趋势》[③]一书；2011年西班牙公共产品和政策研究所出版了《拉丁美洲的中产阶级和可治理性》，集中探讨拉美9国中产阶级的政治行为。[④]同年，经济合作与发展组织（OECD）发展中心将当年的拉丁美洲经济展望主题确定为“中产阶级”，出版了《2011年拉丁美洲经济展望：中产阶级怎么样？》[⑤]；联合国拉丁美洲和加勒比办事处2011年在其发展项目框架下发起了系列研究项目“中产阶级与拉丁美洲和加勒比的经济成功”；2011年9月12—13日，世界银行拉美和加勒比首席经济学家办公室联合西班牙经济分析研究所在巴塞罗那联合举办了关于“拉美的社会经济流动和中产阶级”的国际研讨会，探讨的主要议题包括新兴中产阶级的政治经济特征、中产阶级规模同公共服务质量之间的关

① Alicia Bárcena y Narcís Serra, eds., *Clases Medias y Desarrollo en America Latina,* Barcelona: CIDOB, 2008, 255 páginas.

② Marcelo Côrtes Neri Coordenação, *A Nova Classe Média*, Rio de Janeiro:FGV/IBRE, CPS, 2008.

③ Rolando Franco, Maín Hopenhayn y Arturo León, eds., *Las clases medias en América Latina : retrospectiva y nuevas tendencias,* México: Siglo XXI : CEPAL, 2010, 411 páginas.

④ Ludolfo Paramio, *Clases medias y gobernabilidad en América Latina,* Madrid: Pablo Iglesias Editorial, 2011, 301 páginas.

⑤ *Latin American Economic Outlook 2011: How Middle-Class Is Latin America?,* Paris: OECD Development Centre, Dec. 2010, 176 páginas.

系，以及中产阶级的增长带来的财政影响等，随后又出版了《拉丁美洲的经济流动性和中产阶级的增长》[①]。2019 年麦肯锡全球研究所从刺激内需以提振经济的角度发布了重磅报告《拉丁美洲正在消失的中产：重启包容性增长》[②]，提出了巩固新兴中产阶级的政策意见。

中产阶级再度成为国际组织和机构的热门关注话题，一定程度上意味着拉美中产阶级研究的回归，凸显中产阶级成长之于拉美地区的重要性。

二、研究的理论和现实意义

无论在当下，还是在未来一个时期，选择研究拉美的中产阶级都具有重要的理论意义和现实意义。

首先，从理论角度来看，拓展拉美的中产阶级研究将填补国内关于这一领域研究的缺憾，同时也可以从工业化较早的发展中世界检验常被用于发达世界的中产阶级理论。研究拉美的中产阶级将为现有的中产阶级理论提供佐证或反证，同时也检验传统的中产阶级功能理论在拉美的适用性。在从革命到改革的过程中，拉美的中产阶级都扮演着重要的角色，而且在革命浪潮的裹挟下，中产阶级似乎应该比其他阶级表现得更加活跃和激进。然而，实际情况却与之相反，在改革的过程中，拉美中产阶级的声音和话语权反而进一步弱化了。为什么会出现这种现象？中产阶级在拉美难道发生了变异？抑或中产阶级的传统理论本身在拉美并不具有“普世价值”？脆弱的拉美中产阶级是否能够像传统理论所认为的那样，承担刺激国内消费、支撑经济发展和推动民主化进程的重任？这一切都需要进行深入而系统的研究之后才能做出

① Francisco H.G. Ferreira et al, *La movilidad económica y el crecimiento de la clase media en América Latina,* Latin America and Caribbean Studies, Washington, DC: World Bank, 2013.

② *Latin America’s Missing Middle. Rebooting Inclusive Growth*, McKinsey Global Institute, 2019.

回答。

其次，从现实角度来看，对拉美的中产阶级进行研究将为应对全球中产阶级问题贡献地区视角，同时也为中产阶级正不断壮大的中国提供镜鉴。近年来，中产阶级的脆弱性和不满正成为全球关注的焦点，经济合作与发展组织 2019 年发布的报告《重负之下：被挤压的中产阶级》① 集中关切了全球，特别是发展中国家的中产阶级的命运。事实上，“受挤压的中产阶级”(squeezed middle) ② 早在 2011 年就被牛津词典选为年度词汇。卡内基国际和平基金会资深研究员莫伊塞斯 · 纳伊姆(Moisés Naím)甚至为此发出了“中产阶级的冲突即将到来”③ 的警告。在发达国家，中产阶级的日益萎缩和向下流动的恐惧给政治和社会稳定带来潜在的威胁。而在新兴市场国家，向上的社会流动和中产阶级的壮大也同样威胁着政治和社会不稳定，其根源正在于不断壮大的中产阶级日益增长的公共服务需求同落后的政府服务能力之间的矛盾。2011 年著名民意机构拉美晴雨表(Latinobarómetro)的调查显示，尽管贫困下降了，收入不平等缩小了，但拉美社会的不满情绪却明显增加了，整个大陆都充斥着“进步的不满”(the discontents of progress)。④ 该机构的民调数据还显示，此后 8 年间，这种不满不但没有缓解，反而不断积聚。2019 年席卷拉美地区一半以上国家的大规模社会抗议或许正是这种不满情绪的集中释放。事实上，这主要源于 21 世纪以来持续的经济增长和公共政策的加持深刻地改变了拉美国家的社会结构，但拉美国家的政府并没有在国家政策上，特别是在提升公共服务质量方面与之同步。因此，研究拉美的中产阶级，特

① *Under Pressure: The Squeezed Middle Class,* Paris:OECD Publishing, 2019, 178 pages.

② *“Squeezed middle” named word of the year*, https://www.newstatesman.com/blogs/the-staggers/2011/11/named-word-arab-miliband/，访问日期：2019 年 10 月 5 日。

③ Moisés Naím, *The Clash of the Middle Classes*, August 5, 2011, https://carnegiee ndowment.org/2011/08/05/clash-of-middle-classes-pub-45291，访问日期：2020 年 9 月 10 日。

④ *The Latinobarómetro poll: The discontents of progress*, *The Economist,* Oct 29, 2011, http://www.economist.com/node/21534798，访问日期：2019 年 11 月 5 日。

别是从社会政策角度入手，既能够提供一个新鲜的视角，同时还有助于探索中产阶级危机的解决方案。

更具现实性的是，研究拉美中产阶级的兴衰沉浮可以为中国当下不断壮大但同样面临“成长的烦恼”的中产阶级提供政策上的镜鉴。自 1978 年改革开放以来，中国经济在快速增长的同时，也带来了收入分配的严重分化，贫富差距迅速扩大，基尼系数远超国际警戒线。2003 年，党的十六大报告提出了“以共同富裕为目标，扩大中等收入者比重，提高低收入者收入水平”的政策目标。随后，国内关于中产阶级的研究开始加速，研究重点除指向国内之外，多以新兴经济体为对象，旨在为中国寻找培育中产阶级的灵感。2010 年陆学艺等人发布的研究报告显示，中国的中产阶级规模已经达到 23%。① 但与之相伴的却是不容忽视的中产阶级“夹心层”的压力、焦虑和隐忧。传统上被视为中产阶级后备军的大学生开始沦落为“蚁族”，即使状况稍好的传统白领面对高昂的房价和不断沉积的生活压力也不得不“蜗居”。李培林等人对 21 世纪第二个十年中国社会结构的变化综合调查研究之后发现，虽然中产阶层的两大主体（新中产和老中产）都在快速成长，但社会收入差距仍较大。作者呼吁未来的发展政策应聚焦于扩大中等收入群体，提高民众生活水平，因其“不仅与扩大消费有密切的联系，也与社会结构的优化以及社会的和谐稳定直接相关”②。

拉美的工业化进程早于中国，中产阶级的形成也早于中国，但历史上拉美中产阶级“未老先衰”的问题目前在中国已经有所凸显，未来一个时期也势必成为社会舆论和政府关注的焦点。因此，研究社会转型时期的拉美中产阶级不仅可以洞察拉美社会结构的变迁，还能探索影响拉美国家经济增长、

① 严翅君：《快速量增与艰难质变：中国当代中产阶层成长困境》，《江海学刊》，2012 年第 1 期，第 111 页。

② 李培林，崔岩：《我国 2008—2019 年间社会阶层结构的变化及其经济社会影响》，《江苏社会科学》，2020 年第 4 期，第 60 页。

社会发展和民主政治的另一个重要却常常被忽略的因素：中产阶级。当然更重要的是，透过政策视角研究拉美中产阶级的兴衰，或许至少可以为“风雨欲来”的中国中产阶级问题提供“他山之石”。

总而言之，无论从学术意义还是实践意义上讲，将拉美的中产阶级作为研究对象都是一次非常有益的探索。就前者而言，这将是国内首次对拉美中产阶级问题开展系统性研究，有助于丰富国内的中产阶级问题研究；就后者而言，这个研究可以对我国目前和未来可能面临的中产阶级问题提供镜鉴，探索拉美国家一系列阻止中产阶级向下流动，进而培育包容中产阶级的经济和社会政策，都具有极强的现实和借鉴意义。

三、国内外研究现状分析

目前，国内有关拉美中产阶级的研究成果只有廖廖数篇，且多指向巴西一国。张森根和李和或许是国内最早探索拉美中产阶级的学者。[①]由于作者是在“拉美社会处于对抗的社会两极”的基调下撰述这篇文章的，因此无论其对中间阶层的定义，还是对其历史作用的评价都带有鲜明的时代烙印，即从政治和阶级斗争的视角做结。尽管这种论断在当前看来已不能“与时俱进”，但作者还是非常宝贵地认识到，中间阶层对当代拉美社会发展的诸多影响。余下几篇论文都是关于巴西的案例研究。雷泳仁在其两篇类似的论文[②]中考察了巴西中间阶层在殖民地时期和独立之后的形成和发展，充分肯定了中间阶层在巴西独立运动中的革命性。这两篇文章让我们初步认识了中间阶层在

① 张森根，李和：《关于拉美中间阶层问题的一些浅见》，《拉丁美洲丛刊》，1984年第4期，第27—33页。

② 雷泳仁：《试论中间阶层及其在巴西的发展》，《拉丁美洲研究》，1996年第3期，第44—48页；《中间阶层与巴西独立运动》，《湖北大学学报》（哲学社会科学版），1996年第5期，第75—79页。

巴西的早期发展，但遗憾的是，在论述经济发展对巴西社会结构变动的影响时，作者只有文字表述而没有充分的数据支撑，信服力不足。张宝宇研究员在对巴西2000年以来的社会政策进行研究之后提出了一个新的命题：中产阶级的“巴西悖论”。①他认为，与穷人相比，中产阶级非但没有从巴西近年来的经济增长和社会政策中受益，其生活状态反而呈衰退态势。这明显与经济发展推动中产阶级的传统理论相悖，其背后的根源在于巴西的政策导向失误，即过分注重“恩惠”性的反贫困措施，而忽视了对中产阶级的政策培育。这种预警式的断言极其难得地看到了政府政策之于中产阶级的作用。华东师范大学章凡撰写的硕士论文《巴西民主化过程中的中产阶级》，相对全面地分析了中产阶级和巴西民主化之间的关系。他对19—21世纪的巴西民主化进程做出一番梳理之后发现中产阶级在其中的不同阶段扮演着不同的角色：中产阶级不仅是巴西民主进程的重要推动者，也是巴西民主的“平衡器”和“救生员”。不过，此文虽然充分肯定了中产阶级在巴西民主化进程中的作用，但其立论基础存在一定的缺陷，因为中产阶级只是推动巴西民主进程的一个条件而非其全部。周海燕的《巴西中产阶级的现状：明灯抑或幻象》②可以说是目前国内比较详细地描述巴西中产阶级形成和发展的文章，尤其重笔分析了20世纪80年代的经济结构调整对中产阶级的冲击。

进入21世纪的第二个十年，受经济增长和公共政策的双重驱动，拉美的社会结构继续发生深刻变化，拉美各国均出现了新中产阶级的大幅增长。这对拉美国家的政治、经济和社会生活产生了重要的影响，国内学者也敏感地捕捉到了这一点。2012年10月，西南科技大学拉美研究中心和智利安德烈斯·贝洛大学拉美中国研究中心围绕“中产阶级对政治和经济发展的影

① 张宝宇：《巴西悖论：有利于穷人经济状况的改善而中产阶级未有受益》，《江汉大学学报》（社会科学版），2007年第3期，第56—59页。

② 周海燕：《巴西中产阶级的现状：明灯抑或幻象》，周晓虹主编：《全球中产阶级报告》，北京：社会科学文献出版社，2005年，第314—338页。

响——中国和智利”举行了一场国际视频会议。中智学者分享两国中产阶级的成长和特征，认为两国中产阶级的成长都源于国家经济的增长，两国中产阶级尚处于成长阶段，都需要政策的呵护。[①] 周燕、李昊旻以及袁东振等人分别以巴西和墨西哥为例，探讨了中产阶级和政党政治之间的关系。周燕的研究发现，尽管受益于左翼政党执政期间的经济发展与公共政策，巴西出现了大规模的新中产阶级，但最近几年这个新兴的社会群体却逐渐撤销了对左翼政府的支持。周燕从新中产阶级的特征及其政治倾向入手，分析了这种转变背后的深层次原因。[②] 李昊旻和袁东振均选择了墨西哥作为案例研究，但前者考察的是持中右立场的国家行动党，后者考察的则主要是持中左立场的制度革命党。李昊旻所说的“中产阶级的政党困境”[③],其实从袁东振的研究里可以得到更充分的佐证："进入21世纪以来，中间阶层的政治偏好和政治立场发生了重要转变——政治自主性明显增强，政治态度出现多元化趋势，不再支持特定的政党”。[④] 的确如此，但更需要认识到，中间阶层的这种政治态度和政治特征的转变，从更深层次意义上来说，源于社会阶层的结构性变化。林华从不同视角系统地分析了拉美国家社会阶层的变化及其对政治发展和社会治理的影响。她发现，尽管新中产阶级的壮大优化了社会结构，但对政治和社会稳定生了某些负面影响，其中一方面是因其脆弱的地位和利益诉求多样化导致该群体缺乏明确的政治倾向[⑤]，另一方面则源于拉美国家社

① 张芯瑜，袁艳：《“中产阶级对政治和经济发展的影响——中国和智利”国际视频会议综述》，《拉丁美洲研究》，2012 年第 6 期，第 76 页。

② 周燕：《巴西新中产阶级对左翼政党支持减弱的原因分析》，《国际论坛》，2019 年第 1 期，第 114—126 页。

③ 李昊旻：《拉美中产阶级政党的困境：以墨西哥国家行动党为例》，《拉丁美洲研究》，2020 年第 2 期，第 85—105 页。

④ 袁东振，李菡：《墨西哥现代化进程中的中间阶层及其政治转向》，《中央社会主义学院学报》，2020 年第 3 期，第 201—207 页。

⑤ 林华：《拉美社会阶层结构的变化与政治进程的发展》，《拉丁美洲研究》，2013 年第 5 期，第 53—58 页。

会治理能力的不足，比如在协调社会各阶层利益、汇聚社会共识，以及增强社会流动性等方面均表现欠佳。①

相较于国内研究的相对落寞，国外关于拉美中产阶级的研究则形成了三次小高潮。

第一次高潮发生在20世纪50—70年代，这个时期的中产阶级研究多是探索性、综合性、全局性的，视角也多集中于中产阶级和政治发展。不过，这个时期的研究大多感性多于事实，许多研究往往充斥着个人的主观臆断。当然，这在某种程度上是由于许多国家没有可靠的统计数据。这个时期和中产阶级研究相关的另一个重要事件发生在1972年。这一年，拉美民主研究中心在哥斯达黎加召开了一次国际会议，主题是"中产阶级在发展中的作用"。会议的成果之一是出版了一本名为《中产阶级和拉美的发展》的小册子②，重点分析了智利、阿根廷、玻利维亚等国的中产阶级。20世纪70年代的中产阶级研究具有相当的意识形态色彩，落脚点多集中于中产阶级和政治同盟的问题。

第二次高潮发生在20世纪90年代。这一时期的研究出现了两个明显的变化，一是研究对象从地区研究转向国别研究，研究内容从政治功能分析转向多维度分析，比如经济变动、价值观念、集体行为、生活和消费方式等，特别是80年代的结构调整和90年代的经济改革对拉美社会结构及中产阶级的影响。

第三次高潮则发生在2005年以来。这个时期，国际组织、研究机构，甚至媒体，对拉美中产阶级的研究和舆论关注日益增多，内容多聚焦于拉美

---

① 林华：《拉美国家的社会治理能力：来自社会阶层结构变动的挑战》，《现代国际关系》，2018年第2期，第41—47页。

② Orlando Cantuarias, Guillermo Bedregal, Héctor Hurtado y Rubén V. Blanco, *Clase Media y Desarrollo de America Latina,* Centro de Estudios Democraticos de America Latina(CEDAL), Colección Seminarios y Documentos, San José, Costa Rica, 1972, 93 páginas.

中产阶级在新世纪的发展壮大，评估中产阶级的未来地位，分析中产阶级的脆弱性，并主张从社会政策角度助推中产阶级的成长等。

下面笔者从中产阶级与政治发展、中产阶级与经济发展、中产阶级与社会政策，以及中产阶级国别研究等四个方面分别择其重要文献予以评述。当然，这里主要是国外文献分析。

（一）中产阶级与政治发展

可以说，中产阶级与政治是拉美中产阶级研究的起点。二战后，关于日益增长的中产阶级对拉美地区的影响引起了学术界的关注：中产阶级是否会引领经济增长并带来“现代性”？中产阶级是否会促进民主，是稳定的力量还是破坏性的力量？中产阶级接受何种政治？一时间，中产阶级及其功能的讨论占据了有关拉美发展和命运的争论的核心位置。

1950—1951 年泛美联盟组织实施了一项关于拉美中产阶级研究的计划，并出版了迄今所知的第一批关于拉美中产阶级的系列重要文献《拉丁美洲中产阶级研究资料》。① 这项庞大的研究计划共邀请了 27 名学者（美国 7 名、拉美 20 名）对 18 个拉美国家②的中产阶级进行了研究。参与该项目的学者不乏知名大家，比如来自阿根廷的社会学家吉诺·赫尔玛尼（Gino Germani）、塞尔吉奥·巴古（Sergio Bagú），以及阿尔弗雷多·博维尼亚（Alfredo Poviña）等。这个 1948 年获批的研究项目基于潜在的一种共识：一个稳固的中产阶级之于民主制度的巩固是至关重要的。或因如此，每个参与研究

① *Materiales para el estudio de la clase media en la América latina,* [I, La clase media en Argentina y Uruguay (pp. xiv, 100); II, … en México y Cuba (pp. xiv, 98); III, … en Bolivia, Brasil, Chile y Paraguay (pp. xiv, 117); IV, … en Panamá, El Salvador, Honduras y Nicaragua (pp. xiv, 128); V, … en Costa Rica, Haiti y Venezuela (pp. xvi, 111); VI, … en Colombia, Ecuador y La República Dominicana (pp. xvi, 98)]. Edited by Crevenna, Theo. R.. Publicaciones de la Oficina de Ciencias Sociales. Washington: Pan American Union, 1950-1951. Mimeographed.

② 这 18 个国家是阿根廷、乌拉圭、墨西哥、古巴、玻利维亚、巴西、智利、巴拉圭、巴拿马、萨尔瓦多、洪都拉斯、尼加拉瓜、哥斯达黎加、海地、委内瑞拉、哥伦比亚、厄瓜多尔和多米尼加共和国。

的撰稿人都被要求回答两个问题：中产阶级的影响日盛是否确有实证？你认为中产阶级的大扩张 / 发展是可期的吗？除了阿尔弗雷多·博维尼亚教授，其他所有的撰稿人几乎都对第一个问题给予了肯定回答，而对第二个问题都回答了“是”，意即当时美洲各国的知名学者都有一种共识：中产阶级在拉美地区将获得巨大增长。作为一种开创性的研究，其研究成果仍存在相当的局限性。首先，该项目的参与者在分析不同国家的中产阶级时采用了不同的定性和定量标准，因此很难统一，更难以在国家间进行比较。其次，这套研究材料在研究方法、范围、深度和理论导向等方面也存在差异。最后，该研究项目明显预设了一个基本前提，即中产阶级在拉美的存在将具有政治稳定作用。

进入 20 世纪 60 年代，有学者开始系统探究中产阶级和拉美政治变迁的关系。这方面最重要的一部著作是约翰 · J. 约翰逊（John J. Johnson）的《拉丁美洲的政治变迁：中产阶级的兴起》[①]。该书采用总述和国别案例相结合的方式，全面而具体地考察了阿根廷、智利、巴西、墨西哥、乌拉圭等国中产阶级在政治上的崛起，并深刻地分析了推动中产阶级强劲发展的客观因素。虽然笔者在开篇就指出，他弃用 middle class 而采用 middle sector，是基于中产阶级并不符合一个阶级的核心条件：没有共同的背景或经历。但他同时清醒地认识到，这种背景的差异并没有妨碍中产阶级寻求联合行动，并指出维系中产阶级的政治凝聚力和共同利益的六个方面：城市化、公共教育、工业化、民族主义、国家干预和政党。民族主义是这一时期中产阶级的精神凝结，而城市化、工业化和公共教育则是中产阶级形成的合动力。官僚和公共机构的稳定扩张则为中产阶级的技能找到了难得的出口。这些看似分散而实质上具有内在联系的特征推动着中产阶级政党的形成和壮大，以至在拉美数国登

① John J. Johnson, *Political change in Latin America: The emergence of the middle sectors,* CA: Stanford University Press, 1965, 272 pages.

上了统治舞台，实施中产阶级理念的革新政策。1910—1940 年可谓是中产阶级政治的“黄金时期”。

反映这个时期中产阶级生活和政治关系一部代表性著作是布里安·欧文斯比（Brian Owensby）的《现代性和巴西中产阶级生活的塑造》①。本书以新颖的方法展现了 20 世纪 20—50 年代巴西城市中产阶级的历史。作者跳出了意识形态的束缚，创造性地将新兴中产阶级白领的日常生活同巴西的国家政治结合起来，将其消费文化与其政治行为相融合，从而揭示出中产阶级如何竭力从变革的磨难中争取秩序，以及如何在工作和生活中将自己同下层阶级相区别，从而自视为一个具有道德和种族优越感的阶层。当然，在变动面前，中产阶级也有焦虑，但中产阶级的焦虑源于他们在国家政治中的两面性。最后，欧文斯比鲜明地指出，巴西的问题是，精英统治和消费文化上的自由市场思想同鄙视体力劳动、认同社会等级和社会庇护的传统思想的并存和冲突。而这种思想怪圈至今仍在巴西没有消退。

20 世纪 60 年代之后，中产阶级和政治稳定、中产阶级和民主化成为新焦点。1964 年巴西发生军事政变，中产阶级基于自身利益给予了支持，这使得学界对拉美的政治现代化失去了信心，并由此认定中产阶级不能推动拉美的发展。比如维克托·阿尔瓦（Victor Alba）认为“没有人会再希望中产阶级可以成为一个与社会整体利益相一致的社会阶层。中产阶级愈来愈不再是社会变革中的一个因素，而日益成为拉美庞大的寄生虫阶层的一部分。”② 正是由于中产阶级的“堕落”，出现了一种悲调，即迈克尔·弗朗西斯·希门尼

---

① Brian Owensby, *Intimate Ironies: Modernity and the Making of Middle-Class Lives in Brazil,* CA: Stanford University Press, 1 Edition, 2002, 348 pages.

② Victor Alba, *Alliance without Allies: the Mythology of Progress in Latin America,* Westport: Praeger Publishers, First Edition, 1965, p7.

斯(Michael F. Jiménez)所称的"拉美现代史上中产阶级的'消声'"(elision)①。但拉美中产阶级是否真正自甘"堕落"，不堪历史使命呢？事实上，中产阶级的所谓"民主动力"、"政治稳定器"等价值是有一定的条件的。路易莎·穆尼奥斯-莱多·富恩特斯（Luisa Muñoz-Ledo Fuentes）在其未出版的博士论文②中专门探讨了拉美中产阶级和民主的关系问题。她从历史的视角对阿根廷、墨西哥和巴西三国中产阶级的政治角色的变化进行比较之后，发现对其利益威胁较小或不大时，中产阶级就支持民主政治进程；当受到工人阶级的威胁时，就支持军队介入；而当上层出现权力真空时，又支持政治权力集中。这说明并不存在一种中产阶级和政治稳定的单一的线性关系，反而彰显出中产阶级的政治两面性。卢多尔弗·帕拉米奥（Ludolfo Paramio）无疑为这种观点提供了最新例证。③他指出，在阿根廷和委内瑞拉，城市中产阶级是反对查韦斯和基什内尔（包括之后的克里斯蒂娜）的主要力量。而2007年在阿根廷，反政府的示威活动不仅动员了城市中产阶级，还动员了之前支持基什内尔的农村新中产阶级。在厄瓜多尔，城市中产阶级的反抗还导致了2005年古铁雷斯总统的下台。由此观之，中产阶级并非天然的政治稳定来源。安娜·玛利亚·格切尔（Ana María Goetschel）以厄瓜多尔为例④分析中产阶级的形成过程时，也承认在厄瓜多尔这样的国家，虽然相当长的一段时间内现

① Michael F. Jiménez, *The Elision of the Middle Classes and Beyond: History, Politics, and Development Studies in Latin America' s Short Twentieth Century*, in Jeremy Adelman, ed., *Colonial Legacies: the Problem of Persistence in Latin American History,* Abingdon: Routledge, 1998.

② Luisa Muñoz-Ledo Fuentes, *the Middle Class and Democracy in Latin America: Argentina, Brazil, and Mexico,* PhD. Diss., Stanford University, 1987.

③ Ludolfo Paramio, *Economía y política de las clases medias en América Latina*, *Nueva Sociedad,* No. 229, septiembre-octubre de 2010, p64.

④ Ana María Goetschel, *Educación y formación de las clases medias*, *Ecuador Debate,* No.74, Agosto del 2008, pp.123—136. 事实上，*Ecuador Debate* 杂志在2008年8月刊上做了一期关于拉美中产阶级的特辑，探讨了中产阶级和社会转型、教育和中产阶级，以及中产阶级的社会脆弱性和贫困风险等议题。

代性与大庄园制再生产的共存导致中产阶级对精英世界的依附，但她发现中产阶级对精英世界并非一味的依附，同时还有斗争和抗议。

或许正是基于中产阶级这种稳定功能的不确定性，2011 年传统研究对象——中产阶级和研究新焦点——可治理性第一次实现了对接。由卢多尔弗·帕拉米奥主编的《中产阶级和拉丁美洲的可治理性》① 分析了当下拉美中产阶级的政治行为，研究了中产阶级的表现特点及其背后的促动因素。本书以案例研究方法，对拉美 9 国（墨西哥、哥斯达黎加、委内瑞拉、秘鲁、厄瓜多尔、玻利维亚、阿根廷、乌拉圭和巴西）进行了比较研究，深入分析了各国的中产阶级，并特别强调中产阶级新的政治战略。虽然本书主要关注 1998—2008 年，但其分析范围却广泛涉及第三波民主化开始以来的整个民主时期，以图证明中产阶级在拉美新的政治和社会背景中的重要性。本书关于中产阶级和可治理性关系的研究基于两个假设，即（1）和中产阶级通常有利于政治稳定及维持现状的传统思想相反，中产阶级是政治和社会变迁的原动力；（2）在所有约束中产阶级政治行为的因素中，经济因素的影响力是最大的。在研究方法上，本书所采取的定量分析和定性分析相得益彰，深化了对中产阶级这一群体的认知和理解。另外，还有一本几乎与此书同时出版、同样按照总分（综合—国别）模式探讨拉美中产阶级的历史演进和现状的著作，即由联合国拉美经委会和伊比利亚美洲大会秘书处联合组织出版的《拉丁美洲的中产阶级》②。相比上一本书，该书所探讨问题的领域和时间都更加宽广。

进入 21 世纪的第二个十年，随着中产阶级话题重新成为学界关注焦点，戴维·帕克和露易丝·沃克（Louise E. Walker）适时做了一项重要的工作——

① Ludolfo Paramio, *Clases medias y gobernabilidad en América Latina,* Madrid:Pablo Iglesias Editorial, Abril 2011, 1 Edición, 301 páginas.

② Rolando Franco, eds., *Las Clases Medias en America Latina,* Mexico: Siglo XXI Ediciones, octubre 2010, 416 páginas.

编辑并出版了《拉丁美洲的中产阶级：未解决的争论和新的历史叙事》[①]。两位学者围绕历史上中产阶级在拉美引起的争论，撷取了一些重要文献予以重新编辑出版，再现了特别是1947—1968年有关拉美中产阶级的大辩论。本书以回顾性展望的方式重新激活了中产阶级之于拉美发展意义的讨论，有利于深化读者对当下拉美（新）中产阶级的认识。

（二）中产阶级与经济发展

中产阶级和经济发展是中产阶级研究的另一个焦点。早在1974年，戴维·盖特曼（David T. Geithman）就探讨了拉美中产阶级的壮大同经济发展之间的关系。[②]在与欧美的发展历程进行比较之后，他提出，拉美的现代化和变革的驱动力截然不同于西方发达国家，因为拉美的条件不同于现代西方工业社会，在有些方面，拉美国家已经是发达社会，但在有些方面并非如此。因而，他认为将中产阶级理论应用于拉美，分析其在拉美中低收入国家的经济、政治和社会变革中的作用时要极其审慎。不过，他还是承认，中产阶级的壮大对经济发展进程具有强大的"外部性"——即推动社会变迁，刺激经济持续发展——二者之间存在着循环性的、累积性的关系。在影响中产阶级成长的政治和社会层面，他认为，是拉美传统的价值观念，即恩惠、家庭关系和庇护主义网络，而不是自由公开的竞争更有利于中产阶级的流动。传统的关系资源是获得、维持和提高中产阶级地位的有效手段。他进一步认识到，中产阶级的壮大在挑战精英所依赖的政治基础方面发挥重要作用。这意味着，中产阶级的地位不仅使其获得经济和社会权益，而且还获得一系列新的政治责任，其中之一就是积极参与政治决策过程。比如，他认为，那些获得中产阶级地位的人会在其后致力于用一种更平等的制度取代当前的经济制度，因

① David Stuart Parker, Louise E. Walker,eds., *Latin America' s Middle Class: Unsettled Debates and New Histories,* Lanham: Lexington Books, 2013, 227 pages.

② David T. Geithman, *Middle Class Growth and Economic Development in Latin America*, *American Journal of Economics and Sociology,* Vol.33, No.1, 1974, pp.45—58.

而扩大了社会的“福利朝向”（welfare orientation）。

除了个人的研究兴趣之外，最近国际组织和机构也密切关注中产阶级和经济发展的问题，比如联合国拉丁美洲和加勒比办事处发起了一个“中产阶级与拉丁美洲和加勒比的经济成功”的研究项目。研究证据证明，中产阶级在不同的社会中都具有强大的影响力，对经济表现亦非常重要。近年来拉美的中产阶级在增长，某些情况下，收入增幅比较明显，而与此同时，拉美中产阶级的增长和发展是增强可治理性、增进社会凝聚的一个重要影响因子。该项目重点分析拉美中产阶级的演变、消费模式、收入来源、福利水平等，目的是帮助政府和其他机构设计和制定公共政策。事实上，这个层面的研究，目前已经有最新的研究成果问世，这就是由联合国拉丁美洲和加勒比经济委员会、伊比利亚美洲大会秘书处、巴塞罗那国际关系和发展研究中心（CIDOB）在伊比利亚美洲发展议程框架下开展的系列项目，并最终在2011年出版了《拉丁美洲的中产阶级和发展》①。本书是2008年10月在巴塞罗那举行的“拉丁美洲的中产阶级”国际会议的论文汇编。在会上，伊比利亚美洲的经济学家分析了中产阶级在构建一个既能实现经济增长，又能让其公民在更具包容性、参与性和更民主的社会中所扮演的角色，认为中产阶级是推动拉美发展和实现社会凝聚的关键。本书虽然承认中产阶级的稳定和增长需要成熟而发达的经济，但同时指出，中产阶级推动生产力的潜力是有限的。此外，本书还解释了为什么中产阶级变得越来越贫困和脆弱的诸多原因，分析了“多样化的新中产阶级”的形成是传统上落后的社会部门发展的结果，认为低质量的教育是当前造成中产阶级发展的障碍之一。

世界银行出版了《经济流动和拉美中产阶级的兴起》的报告②。这份报

① Alicia Bárcena y Narcis Serra, eds., *Clases medias y desarrollo en América Latina,* Barcelona: CIDOB Fundación, Enero 2011,1a edición, 256 páginas.

② Francisco H.G. Ferreira et al, *La movilidad económica y el crecimiento de la clase media en América Latina,* Latin America and Caribbean Studies, Washington, D.C.: World Bank, 2013.

告提供了一种崭新的视角，即从经济安全性（economic security）厘定中产阶级，并从代际内流动和代际间流动两个维度考察拉美地区的经济流动性，以此发现拉美中产阶级成长的秘密。报告发现，一方面，虽然代际流动性大大改善，但仍相当有限：父母的教育和收入水平仍对下一代具有实质性影响。另一方面，代际内的流动性大大增强了：1995—2010 年间，拉美有 40% 的家庭向上进入了更高一级的“社会经济阶层”。然而大多数实现了向上流动的穷人并没有直接进入中产阶级而是进入了穷人和中产阶级之间的夹心层，即报告所称的“脆弱阶层”（the vulnerable class），也是当前拉美最大的社会群体。报告呼吁各国政府应加强对这个脆弱阶层的政策关注，因为这个群体被认为是拉美未来的经济增长和稳定的关键。

（三）中产阶级与社会政策

基于社会政策视角分析中产阶级问题是进入 21 世纪以来的研究新动向。这一时期的研究多集中于如何从社会政策层面巩固和培育中产阶级群体，以期帮助政府早日建成众人期望的“中产阶级社会”。这方面的开篇之作当属阿尔韦托·米奴金（Alberto Minujin）的《被挤压：拉丁美洲的中产阶级》[①]，其中主要探讨了债务危机过程对中产阶级和社会结构的影响。他认为，20 世纪 80 年代的经济危机及其后的稳定化计划与调整政策，极大地削弱了国家的再分配功能和公共服务功能；与此同时，居民的工资和实际收入也大幅下降，特别是在中产阶级通常所占据的公共部门。米奴金特别指出，虽然人们通常认为，危机爆发后，结构性穷人（即旧穷人）首当其冲，但证据表明，危机和调整政策同样导致相当一部分中产阶级的收入剧降，很多情况下甚至滑到贫困线下，沦为“新穷人”（new poor）。米奴金在之后同爱德华多·安

① Alberto Minujin, *Squeezed: the middle class in Latin America*, *Environment and Urbanization,* Vol.7, No.2, October 1995, pp.153—166.

吉塔（Eduardo Anguita）合著的《中产阶级：被诱惑的和被抛弃的》[①]一书中，进一步分析了新贫困这个主题并全面探讨了1970年以来阿根廷社会的变迁，进而揭示出中产阶级的贫困化和几近毁灭实际上是一个长期的过程——其实早在20多年前就发生了。可以说，阿根廷是其他发展中国家，甚至发达国家的新贫困现象的集中表现。阿根廷的经济困境对其社会结构的冲击是灾难性的——一度在阿根廷社会具有巨大影响力的中产阶级陷入了彻底的崩溃：他们在物质世界失去了很多，而在精神世界失去得更多。

阿根廷学者加布里埃尔·凯斯勒（Gabriel Kessler）和玛利亚·梅赛德斯·迪维尔吉利奥（María Mercedes Di Virgilio）承继米奴金的分析，同时展示了更广阔的分析背景，将视角放眼到全球和拉美，但其落脚点同米奴金一样选择了阿根廷。[②]两位学者力图找到20世纪70年代直到2001年经济危机期间阿根廷的新贫困现象及其背后的城市中产阶级衰落的原因。他们研究后发现，在长达30年的时间里，阿根廷的中产阶级一直处于陷落状态，但造成这种经济地位下滑的原因是不一样的。与米奴金不太一样的是，两位作者最后认为，阿根廷中产阶级的社会和经济恶化很大程度上是因为缺乏预防性的公共政策，并建议拉美国家要提出富有创新性的应对措施，以尽量降低危机造成的负面影响。事实上，这种分析路径是十分到位的，也是非常巧妙的，但由此提出的一个两难的社会政策是：公共政策应当先救旧穷人（结构性贫困）还是先救新穷人？

安德烈斯·索利马诺（Andrés Solimano）对此给予的解决方案是普享性的、具有包容性的社会政策。他指出，在20世纪80年代中期以来的20年间，社会保护的重点一直是被视为最脆弱的和最穷的人群，但这种财政

---

① Alberto Minujin y Eduardo Anguita, *La Clase Media: Seducida y Abandonada,* Buenos Aires:Edhasa Editorial , Mayo de 2004, 325 páginas.

② Gabriel Kessler y María Mercedes Di Virgilio, *La nueva pobreza urbana: dinámica global, regional y argentina en las últimas dos décadas, Revista CEPAL Nº95,* Agosto 2008, pp.31—50.

转移支付制造了新的排斥[①]：有些人没有获得转移支付的救济，因为他们是相对贫困，达不到转移支付所需要的“非常贫困”标准，因而中产阶级被传统的经济分析和公共政策遗忘在一个无人关注的角落。面对这种现实的政策困境，索利马诺提出了拉美社会政策应具有的新标准[②]：（1）明确全体公民享有普遍的“最低福利水平”的权利；（2）将中产阶级纳入扩大的社会政策的目标，设计教育、医疗、住房和社会保障政策时要考虑中产阶级的需求和特性；（3）关注穷人和中产阶级积累与获取住房、高质量教育、资本和土地等方面的潜力和限制性因素。这种普享性的社会政策的设计除其经济意义之外，还具有莫大的政治意义，比如吸收中产阶级成为社会政策的受益者可以提高中产阶级对这些社会政策的政治支持，因为加强社会政策的再分配性质，可能会引发更多的冲突。但当前拉美存在的问题是，上中产阶级和富人享有私人部门提供的昂贵而优质的社会服务，穷人和中下中产阶级享有的公共服务质量一般，且资金不足。这种形势容易造成社会分裂。因此，索利马诺主张，应当将增加穷人和中产阶级的收入及获取公共服务作为新的社会政策的重点，同时探索一种更可行的新的社会契约，让中产阶级成为社会政策的合理受益对象。

经济合作与发展组织（OECD）发展中心也同样认识到社会政策之于中产阶级的价值所在。该中心于2010年10月发布了《2011年拉丁美洲经济展望：中产阶级怎么样》[③]的报告。该报告充分肯定了社会保护和教育在推动社会向上流动性方面的重要作用，并特别强调要借助财政政策将拉美中产阶级纳入到新的社会契约。报告的可贵之处在于，承认了中产阶级的发展壮大

---

① Andrés Solimano, *Asset accumulation by the middle class and the poor in Latin America: political economy and governance dimensions, CEPAL-Serie macroeconomía del desarrollo,* N° 55, 2006.

② Andrés Solimano, *Reassessing social policies in Latin America: growth, middle classes and social rights*, CEPAL Review 87, December 2005, pp.45—60.

③ *Latin American Economic Outlook 2011: How Middle-Class Is Latin America?,* Paris: OECD Development Centre, Dec 2010, 176 pages.

一靠个人努力，二靠政府政策，肯定了国家政策在培育和巩固中产阶级方面的重要作用，由此将建设中产阶级社会的责任部分转移给了政府。这是其创新之处，但报告中所认为的，增强社会流动性将使拉美社会更加公平、更加稳定和更有凝聚力，却并不具有普遍性意义。弗洛伦西亚·托尔切（Florencia Torche）对智利的研究发现①，不平等和社会流动性并不具有普遍的正相关系。她发现在20世纪70年代和80年代市场经济转型期间，智利社会不平等的增加并没有导致社会流动性的降低。这种奇怪现象的背后其实源于高度的精英封闭性（elite closure），即上层的流动性弱，中下层的流动性强。

（四）关于中产阶级的国别研究专著

除综合性研究之外，国外还出版了一些关于中产阶级的国别研究著作，其中以阿根廷、巴西、智利、墨西哥、哥伦比亚等国为主。这些研究大多成书于20世纪90年代之后，内容也较集中地反映了20世纪80年代的结构调整和90年代的经济改革对这个社会群体的影响，以及中产阶级和民主政治形成之间的关系。下面，笔者择其重要著作予以分析。

埃塞基耶尔·阿达莫夫斯基（Ezequiel Adamovsky）的《阿根廷中产阶级的历史》②可谓是第一部全面、系统地研究阿根廷中产阶级的起源、发展、壮大和梦想破灭的著作。从某种程度上来说，阿达莫夫斯基所撰写的并不是一部中产阶级史，而是一部国家史——从阿根廷中产阶级的兴衰中可以窥见阿根廷国家兴衰的秘密。相对于其他拉美国家，阿根廷人潜意识中有一种优越感，认为自己与其他拉美国家是不一样的，阿根廷已经是一个“中产阶级国家”。阿根廷人传统上认为，阿根廷贫富差距并不太大的主要原因是，在阿根廷政治和社会中颇有影响力的中产阶级推动着国家的进步，从而使阿根

① Florencia Torche, *Unequal but Fluid Social Mobility in Chile in Comparative Perspective*, *American Sociological Review,* Vol 70, Issue 3, 2005, pp.422—450.

② Ezequiel Adamovsky, *Historia de la clase media argentina: Apogeo y Decadencia de una Ilusión (1919—2003),* Buenos Aires: Editorial Planeta, 2009, 538 páginas.

廷成为一个流动性更强、更开放和更具包容性的社会。但正如作者在书中所指出的那样，20 世纪 80 年代的结构性调整和随后的新自由主义改革将阿根廷中产阶级的荣耀和梦想一并击碎。在随后的 2001—2002 年阿根廷经济危机期间，中产阶级的愤怒情绪集中爆发，掀起了大规模的社会抗议。丹尼尔·奥扎罗（Daniel Ozarow）在其新著[①]中系统分析了这场中产阶级的"革命"及其后在基什内尔主义（Kirchnerismo）和马克里主义（Macrismo）统治时期中产阶级的动员。他利用世界银行和拉美晴雨表的家计调查数据，辅以个案访谈，分析了没有政治动员目标的中产阶级为何会参与激进的政治运动，但最终又以解散告终？作者同时将阿根廷中产阶级动员置于同美国、西班牙、希腊、英国以及中东的比较视角之下进行考察，更有助于理解情境因素如何影响阿根廷中产阶级应对外部冲击的反应。

拉里莎·隆尼茨和安娜·梅尔尼克（Ana Melnick）则将研究对象集中于在新自由主义改革风潮中奋力抗争的智利中产阶级。[②]该书力图揭示新自由主义的政策对中产阶级——特别是公共部门雇员的影响。作者选取智利中小学教师作为对象，重点研究智利中产阶级基于社会网络（social networks）的生存战略。作者之所以选取教师作为研究的对象，主要基于两点：首先，教师作为中产阶级的一部分和公共部门的雇员，履行着福利国家最具代表性的职能之一（统治即教育，to govern is to educate）。其次，教师是国家意识形态的最自觉的生产者，他们在社会中的角色是其作为中产阶级成员的象征建构的基础。作者的一个假设是，中产阶级的成员一直是受结构性调整政策影响最大的人群：他们的生活水平下降了，而且其社会地位，以及奠定其阶级基础的身份象征一并受到了威胁。充分的研究也证明，面对新自由主义改

① Daniel Ozarow, *The Mobilization and Demobilization of Middle-Class Revolt: Comparative Insights from Argentina,* Oxfordshire: Taylor & Francis, 2019, 258 pages.

② Larissa Lomnitz & Ana Melnick, *Chile' s Middle Class: A Struggle for Survival in the Face of Neoliberalism,* translated by Jeanne Grant, Boulder: L. Rienner Publishers, 1991, 161 pages.

革带来的“社会债务”，首当其冲的是中产阶级，而不是通常所认为的穷人。2013年由阿松·坎迪纳（Azun Candina）主编的《脆弱的中产阶级：当代智利中间群体研究》[①]一书出版，更是多维度地讨论了当代智利中产阶级的脆弱形象。这本书从教育、政治、社会运动，以及消费、文化和身份等不同视角探讨了当代智利中产阶级成长的烦恼，彰显了他们生存的脆弱性以及如何与这种脆弱性斗争。这部研究文献可以帮助我们看到“智利模式”不为人知的一面，增强我们对“智利模式”的反思。

丹尼斯·吉尔伯特（Dennis Gilbert）虽然也选择新自由主义时代作为研究墨西哥中产阶级的背景[②]，但其研究内容却试图更侧重展现墨西哥中产阶级的政治态度的变化及其对墨西哥政治发展的影响。墨西哥的现代中产阶级出现于第二次世界大战后的几十年间，这是一个经济增长迅速，社会急剧变化的时期。这本著作正是在这个基本背景下开创性地探索了中产阶级不断变化的命运以及中产阶级政治态度的转变。吉尔伯特将墨西哥中产阶级成员的口述和对全国家庭普查数据的分析相结合，详细分析了墨西哥的中产阶级如何受到20世纪八九十年代经济动荡的影响，考察了中产阶级和霸权党——革命制度党的关系的演变：从长期的忠诚到日渐希望幻灭。吉尔伯特特别考察了中产阶级在1968年特莱特洛高广场大屠杀、1982年债务危机、政府对1985年墨西哥城大地震的软弱反应，以及1988年总统大选等事件中的反应。他对2000年大选投票数据的分析表明，中产阶级一边倒地支持反对派候选人福克斯（Vicente Fox），对革命制度党的“历史的终结”发挥了关键的作用。在吉尔伯特的著作出版6年之后，另一本类似的专著《梦醒：1968年后的墨

① A. Candina Polomer, editora, *La frágil clase media : estudios sobre grupos medios en Chile contemporáneo,* Facultad de Filosofía y Humanidades,Universidad de Chile, 2013, 175 páginas, https://libros.uchile.cl/360.

② Dennis Gilbert, *Mexico' s Middle Class in the Neoliberal Era,* Tucson: University of Arizona Press, 2007, 141 pages.

西哥中产阶级》[①]出版。露易丝·沃克的这本书同样围绕中产阶级和墨西哥制度革命党之间的关系。他不无道理地指出：中产阶级既是革命制度党成功的象征，也是革命制度党衰落的征兆；中产阶级的热望、恐惧及其行动塑造了20世纪后期墨西哥的政治和经济史。

《强化的消费：巴西中产阶级日常生活的政治》[②]虽然考察的背景与上述几本书没有什么太大差异，但作者莫琳·欧多尔蒂（Maureen O'Dougherty）选择的研究路径却是非常独特的。她选择了最能体现中产阶级"阶级认同"的一大要素——消费，作为自己的研究切入点。在1993—1994年为此进行的田野调查中，欧多尔蒂采访了圣保罗24个家庭。这是一个独特的中产阶级样本：他们生活在圣保罗市富饶的南部和西部地区，均是双亲家庭，户主年龄在35~55岁之间，年收入14000~85000美元之间，子女都在昂贵的私立学校就读。同传统的研究路径相反，作者开篇回避了中产阶级的定义，而是集中于受访者自己对其社会身份的"口头的和主动的"（verbal and active）理解。通过无数的采访案例可以发现，作者成功地捕捉到了中产阶级家庭的焦虑——担心和防止向下流动，由此将中产阶级的身份政治和消费政治有机地结合起来。

理查多·洛佩斯-佩德罗斯（A. Ricardo Lopez-Pedreros）创造性地通过跨国视角思考哥伦比亚中产阶级的成长及其对民主制度的贡献。他基于哥伦比亚的特性，将20世纪50—70年代中产阶级的成长、集体行动和抗争同当时美国的进步联盟援助计划有机地融合分析，打造了一部《民主的缔造者：哥伦比亚中产阶级的跨国史》[③]。理查多认为，中产阶级的兴起是20世纪后

① Louise E.Walker, *Waking from the Dream: Mexico's Middle Classes After 1968,* CA: Stanford University Press, 2013, 344 pages.

② Maureen O'Dougherty, *Consumption Intensified: The Politics of Middle-Class Daily Life in Brazil,* Durham: Duke University Press, 2002, 262 pages.

③ A. Ricardo Lopez-Pedreros. *Makers of Democracy: A Transnational History of the Middle Classes in Colombia,* Durham: Duke University Press, 2019, 360 pages.

半叶哥伦比亚民主的根本标志。哥伦比亚的中产阶级通过自己的坚持和抗争创造了一种基于自由市场的意识形态、私有产权、物质不平等和强调男性劳动文化的民主模式。

四、本书的研究方法

本书主要采用定量分析法和定性分析法、历史分析法和比较分析法，以及案例研究。

（1）定量分析法和定性分析法。定量分析和定性分析是社会学的主要研究工具。前者可以很好地通过统计数字，比如中产阶级在量上的变化来探索其背后的原因，进而获得质的发现。利用定量分析还可以清楚地反映中产阶级在各个方面的变化和趋势，比如收入分配政策之于培育中产阶级的效应，中产阶级群体对民主制度的支持度、对国家各机构的满意度，以及对公共服务质量的评价等。更重要的是，定量分析可以很好地为深层次的定性分析打下基础，以最终发现拉美中产阶级焦虑的政策根源。

（2）历史分析法和比较分析法。在本书第二章，笔者将采用历史分析法探索拉美中产阶级历史变迁的国际和国内背景，并力图从其发展周期中探究中产阶级历史变化的背后动力。事实上，本文写作有两条线索：一条明线、一条暗线。其中明线是按照时间顺序，而暗线则是按照形成、发展、问题、原因、解决之道这样的逻辑顺序展开的。

（3）案例研究。由于现实条件的束缚，笔者不可能亲自访谈研究对象，因此也就无法获得第一手材料予以佐证。这里笔者拟借用历史文献的作者的二手材料，特别是善于借鉴关于国别案例研究的成果，同时通过比较不同研究来源，做出自己的独立分析和评判。在某些具体章节中，基于细致分析的需要，笔者也会采用案例分析的方法，特别是国别案例分析。

五、本书的写作框架

本书正文拟由六部分构成。第一章首先梳理世界范围内关于中产阶级的概念认定和界定标准，并在比较分析欧美日等发达国家、东欧转型国家，以及新兴经济体在中产阶级的概念和界定标准方面的异同之后，提出本书拟将采用的、适用于拉美的界定方法和标准。这里，必须明确的一点是，由于拉丁美洲包括 33 个国家和地区，本书虽然名为“拉丁美洲中产阶级研究”，但断然无法将所有的国家和地区一一顾及。基于此，本书集中于研究墨西哥、阿根廷、智利、巴西、秘鲁和乌拉圭[①]拉美主要国家。总体而言，这 6 个国家的中产阶级形成相对较早，规模相对较大，代表着拉美中产阶级未来发展的方向。第二章主要从历史的角度展示拉美中产阶级的形成和发展过程，并详细分析推动拉美中产阶级发展的几个主要因素：工业化、城市化、公共教育、国际移民、公共部门的扩张等。第三章和第四章是本书的重点。前者重点展现 20 世纪 80 年代以来拉美中产阶级在债务危机爆发后的结构性调整和之后的新自由主义改革时期遭遇各种困境和挑战（比如新贫困、失业、虚假的社会流动、焦虑和不安全，以及中产阶级被迫向外移民等），借以揭示拉美中产阶级在这 20 年左右的时间里面临的脆弱性。第四章顺承第三章，着重从社会政策（收入分配、教育和公共支出、税收制度和社会保障等）层面上分析拉美中产阶级陷入脆弱性的“政策原罪”。第五章，重点展现进入 21 世纪以来拉美中产阶级的复兴及其面临的挑战。本章一方面集中关注中产阶级快速增长的两大驱动因素：增长效应和分配效应，另一方面特别关注 21 世纪

① 相对于其他五国，乌拉圭的国土面积和经济实力可能都无法与其匹敌，但有“南美的瑞士”之称的乌拉圭却发展了相当比重的中产阶级，拥有稳定的政治和经济秩序，是值得进行研究参考的另类文本。

第二个十年后半期新兴中产阶级"地位焦虑"和面对外部冲击的脆弱性，探讨中产阶级初步形成之后的巩固问题。由此提出的系统性的政策意见，旨在表明政策培育是拉美中产阶级未来的关键。要使拉美的新中产阶级拥有一个可以看得见的未来，就必须改变过去的路径依赖，将八九十年代的"亲富式"的改革和21世纪第一个十年的"亲贫式"增长转变为一个更具开放性和包容性的发展模式。最后一部分是结论，旨在从拉美中产阶级兴衰沉浮的演变历程中发现可资中国引以为鉴的经验或教训。

六、本书的创新和限制

就创新而言，笔者认为本书至少有以下三点。

首先，本书应该是国内第一部系统、全面地研究拉美中产阶级形成和发展的著作。这不仅为国内开展拉美地区的中产阶级，乃至社会分层研究打下基础，也将为国内同行对发展中世界的中产阶级进行比较性研究提供一种参考，至少可以为《全球化视野下的中产阶级》填补上所缺失的拉美一章。就此而言，本书的创新首先在一个"新"上，至于这种探索性的研究价值仍有待于后来者批评。

其次，与国内对中国和全球中产阶级的研究相对集中于中产阶级的消费模式、政治特征、价值观念不同，本书基于社会视角，进行的实质上是一种政策性研究，即政府政策在中产阶级的成长中的重要作用，即研究的落脚点集中于"社会政策和中产阶级"。

最后，亦即最重要的一点，本书选择的研究领域具有极强的前瞻性和前沿性。近十年来，中产阶级一直是全球舆论关注的焦点，无论其是基于经济层面，还是政治层面，抑或社会层面，"中产阶级热"反映出这一社会群体在社会发展中的重要性。而选择拉美地区的中产阶级作为研究对象不仅紧跟世界前沿，更重要的是，它通过一个新的视角——中产阶级的视角分析和考察拉美国家的兴衰沉浮，以及中产阶级之于拉美社会演变的作用。中产阶级可以说是展望拉美未来的一扇窗子，更是洞察拉美过去的一把钥匙。

坦白地说，能够成功地做到这一点其实并不容易。首先，关于中产阶级的界定是遇到的第一个，也是最大的难题。迄今为止，国内外并没有关于中产阶级的确切定义，而要获得一个相对认可的、关于拉美中产阶级的定义仍然比较困难，但笔者仍决心尝试从社会学意义上给出自己的拉美中产阶级的定义标准。其次，国内外关于中产阶级和社会政策的文献仍然相对较少，或者比较陈旧。拉美国家的学者对中产阶级的研究大多集中于30年前，且有将中产阶级政治化的嫌疑，因为当时的著作和文章多从政治角度分析中产阶级和民主、中产阶级和变革、中产阶级和政党，而很少将社会政策和中产阶级相关联。至少在很长的一段时间里，甚至当下，社会政策基本上是穷人的代名词。因此，从政策的角度研究中产阶级确实是一大挑战。最后，本书的一大缺陷可能是缺乏必要的实证研究，这无疑会降低论证的信服力。由于研究对象比较遥远，客观条件决定笔者不可能远赴地球的另一边进行田野调查或者访问研究对象。虽然获取第一手资料的限制可能会降低论证的效果，但笔者将努力借助国外学者、研究机构，以及国际组织和国家统计机构的数据，通过纵横比较进行相关的定量分析，以最大程度地获得客观而真实的分析结果。

第一章　概念分析和理论框架

第一节　谁是中产阶级：概念分析

一、社会阶级和社会分层

研究中产阶级自然无法避开社会分层，因为中产阶级是社会分层的内容和表现。同时，就阶级概念本身而言，中产阶级是从马克思学派传统上所认为的两大对立阶级——资产阶级和无产阶级中分化出来的。从这个意义上讲，研究中产阶级必须先分析社会阶级或社会分层理论。传统的阶级阶层理论主要有两大流派：一派是以卡尔·马克思为代表的社会阶级理论，一派是以马克思·韦伯为代表的社会分层理论。之后的西方社会分层研究尽管出现了诸多流派，但仍然无法摆脱马克思和韦伯的影响。目前，西方主流的新马克思主义学派和新韦伯学派正是对两大经典流派的继承和发展。新马克思主义学派的代表人物是赖特（Erick Wright），他对马克思学派的一大发展就是将中产阶级纳入其社会阶级的考察范围。他认为，现代资本主义社会中存在着一个日益增长的、数量庞大的中产阶级，他们不拥有生产资料，在劳动市场上出卖劳动但却不属于无产阶级。新韦伯学派的重要代表人物有吉登斯（Anthony Giddens）等人。韦伯认为，人们生活的机会是由个人的“市场力量”(market power) 决定的，而吉登斯则在此基础上将其发展为“市场能力”(market capacities)。

首先，我们来看看马克思的阶级理论及其对中产阶级的看法。马克思虽然将阶级作为其对资本主义分析的基础，但事实上他并未对“阶级”这一核心概念给予清楚的界定，我们只能从其论述中获得他对阶级的理解。马克思认为，阶级的存在首先源于经济差别，但他同时反对将“收入和收入源泉的同一性”作为阶级划分的基础，而试图从一定社会的经济结构和生产关系中寻找阶级的依据因素。马克思认为，在资本主义制度下，整个社会日益分裂为两大敌对的阵营或两大相互对立的阶级，即资产阶级和无产阶级。他进而断言，阶级间的利益对立同时也蕴含着一种统治和被统治的关系。因此，“马克思的理论兴趣并不在于一个社会的静态的分层格局，如其中有多少阶级和阶层，他更关心的是从动态的角度把握阶级对历史进程的影响。”① 不过，与此同时，马克思也认识到，资本主义社会下无产阶级和资产阶级的两极对立并不是纯粹的，因为两者之间还存在着各种过渡性的中间阶级。但这种认识还只是一种模糊的概念，因为他并没有成功地解决中产阶级的归宿问题。比如，马克思曾经认为，随着社会日益向无产阶级和资产阶级两端持续分化，中间阶级最终可能会消失。后来，他又认为，中产阶级会在资本主义社会中稳步扩大。但是，马克思却未在他的资本主义发展理论中找到中产阶级的位置。另一方面，按照马克思的阶级观，中产阶级构不成一个阶级，因其没有生产资料，也没有共同的利益基础，自然没有阶级意识，但他却认为政府雇员、学者、教师等可以被视为中产阶级。为弥补这种自相矛盾，一些马克思学派的学者开始强调中产阶级的“半资产阶级”(quasi-bourgeois)或“半无产阶级”

① 李金：《马克思的阶级理论与韦伯的社会分层理论》，《社会学研究》，1993 年第 2 期，第 25 页。

（quasi-proletarian）性质[①]，试图填补这种经验现实和传统理论之间的差距。

与马克思相反，韦伯（Max Weber）没有像马克思那样力图寻找现象背后的原因或因果关系。韦伯的社会分层理论更强调经济地位、社会声望和政治权力的重要性，由此完成了从阶级冲突必然性向阶级地位竞争条件性的理论转换，形成了社会分层理论的“韦伯学派”。不可否认，韦伯的分析框架是在马克思的基础上建立起来的，但与后者的阶级理论存在着显著的差异。首先，韦伯避开了马克思的阶级结构分析的那种理论陷阱，他没有进入对阶级结构的概念对立，也没有假定存在一种阶级意识。其次，虽然马克思和韦伯都认为阶级表现为一种经济差别，但韦伯更广泛地将阶级看作一种市场地位，而不是明确地作为与生产资料的关系。韦伯认为，由于市场因素的作用，阶级时刻处于分化之中，很难形成一个统一的整体。因此，韦伯没有像马克思那样强调阶级的整体性，而是注重分层中的社会成员的个体性和个体地位的不一致性。最后，韦伯的阶级概念强调两个变量，即职业和收入。职业，是现代社会中市场地位的关键性决定因素；而收入则是市场价值最清晰的衡量标准。[②]韦伯的分析框架为之后的社会分层理论发展提供了重要的思想基础，当前关于中产阶级的定义也多数反映了这位德国社会学家的影响。

二、中产阶级的概念

目前关于中产阶级的研究可谓风生水起，其研究成果更是汗牛充栋，但对于中产阶级的定义和标准并没有达成一致。“中产阶级的主要难点，在于对中产阶级的界定。这是研究中产阶级的学者普遍形成的一个基本共识。不同的学者根据不同的研究目的，往往界定出不同的中产阶级概念。”[③]

① Dennis Gilbert, *Mexico’s Middle Class in the Neoliberal Era,* Tucson: University of Arizona Press, 2007, 141 pages.

② 沈瑞英：《西方中产阶级与社会稳定研究》，博士学位论文，上海大学，2007 年。

③ 李培林，张翼：《中国中产阶级的规模、认同和社会态度》，载李春玲主编：《比较视野下的中产阶级形成：过程、影响以及社会经济后果》，北京：社会科学文献出版社，2009 年，第 57 页。

通常认为，“中产阶级”（middle class）一词最早源于两千多年前古希腊思想家亚里士多德。他在《政治学》一书中，将所有的公民分成了三个部分——“极富、极穷和两者之间的中产阶级”。很明显，亚里士多德所指的“中产阶级”只是一个收入方面的概念，相当于中国的“中等收入者阶层”，远不是西方学者普遍认同的“中产阶级”概念。弗兰克·利维（Frank Levy）和理查德·米歇尔（Richard Michel）认为，“中产阶级”至少有三个义项①。首先，社会学意义上的中产阶级。从这个意义上来说，中产阶级关注的是态度和行为，比如，良好的教育、稳定的职业、诉诸理性而非寻求暴力解决争端等。因此，社会学家通常根据一系列的行为特点和社会经济标准来界定中产阶级。比如理查德·C.科尔曼（Richard C. Coleman）和李·雷恩沃特（Lee Rainwater）就认为接受的教育在一定水平之上、工作有一定的社会地位，并有一系列特别的价值观念和态度的人才能称之为“中产阶级”。② 其次，经济意义上的中产阶级。在这个意义上，中产阶级意味着拥有中产阶级的生活水平或者其收入水平处在收入分配的中间位置。实际上，几乎所有的经济学的实证研究都采取这种方法。最后，主观的地位认知，即通过民调的方式询问受调查者“谁是中产阶级”。但这种方法的一个问题是，大多数人自认为是中产阶级，即使他们接近穷人或者相当富裕。

中产阶级构成的多元性和异质性意味着“该阶层并非由各方面均呈中间状态的人们所组成，而是一个失去轮廓的流动的群体……即‘成层的非结构化’现象。”③ 戴安·E.戴维斯（Diane E. Davis）也认为，“企图一劳永逸地从认识上定义中产阶级的‘真正’边界的努力是注定要失败的，因为它寄望

① Frank Levy and Richard Michel, *The Way We' ll Be in 1984: Recent Changes in the Level and Distribution of Disposable Income,* Washington, D.C.: Urban Institute, 1983, 66 pages.

② Richard C. Coleman and Lee Rainwater, *Social Standing in America: New Dimensions of Class,* New York: Basic Books, 1978, 353 pages.

③ 王奕红：《“中流社会”的名与实——日本中间层研究初探》，《日本学刊》，2003 年第 6 期，第 100 页。

于对诸阶层本体地位的完全错误的认识：中产阶级并不是一个当前的存在。”① 李春玲甚至对执拗于概念的阐释提出了批评：“许多研究者过分专注于估计中产阶级的人数、罗列中产阶级的人员构成、争论中产阶级划分的操作指标（特别是中产阶级的收入标准），却忽略了中产阶级问题的一些本质性的内容。”②

三、中产阶级的界定标准

尽管中产阶级难以概念化，但研究和探索其界定标准仍然是有意义的，毕竟这是进行中产阶级研究首先要应对的一个问题。

“谁是中产阶级？”这个问题至少包含两个层面的意思：其一是用什么样的社会经济标准对家庭或个人进行归类；其二是处于什么样的社会经济地位应该被视为中产阶级？大体看来，目前主要有两类定义中产阶级的方式：一类是用相对值算法估算各国的中等收入人群；另一类是用绝对值算法，即用一个确定的值域衡量所有的国家（参见表 1–1）。

表 1–1：界定中产阶级的 7 种主要收入标准

界定	作者	标准[a]
按照收入（y）分配的中位数（$p50$）	Davis 和 Huston (1992)	$0.5 \times D\text{–}1(p50) \leqslant y(x) \leqslant 1.5 \times D\text{–}1(p50)$
	Birdsall 等 (2000)	$0.75 \times D\text{–}1(p50) \leqslant y(x) \leqslant 1.25 \times D\text{–}1(p50)$
按照收入（y）分配的百分位数	Easterly (2001)	$D\text{–}1(p20) \leqslant y(x) \leqslant D\text{–}1(p80)$
	Solimano(2008)	$D\text{–}1(p30) \leqslant y(x) \leqslant D\text{–}1(p90)$
按照绝对限值	Banerje 和 Duflo(2007[b])	日均消费 2 美元 (PPP) $\leqslant y(x) \leqslant$ 10 美元 (PPP)
	Ravallion(2009)	日均收入 2 美元 (PPP) $\leqslant y(x) \leqslant$ 13 美元 (PPP)
按照混合限值	Birdsall(2010 [c])	日均收入 10 美元 $\leqslant y(x) \leqslant D\text{–}1(p95)$

资料来源：Eduardo Lora and Johanna Fajardo, *Latin American Middle Classes: The Distance between*

① Diane E. Davis, *Discipline and Development: Middle Classes and Prosperity in East Asia and Latin America,* Cambridge: Cambridge University Press, 2004, p2.

② 李春玲：《中国中产阶级研究的理论取向及关注点的变化》，载李春玲主编：《比较视野下的中产阶级形成：过程、影响以及社会经济后果》，北京：社会科学文献出版社，2009 年，第 57 页。

Perception and Reality, IDB Working Papers Series No.IDB-WP-275, December 2011.

注：a：如果家庭收入 *y(x)* 在该范围内，则属于中产阶级。pn 是指收入分配的百分位数，*x* 指家庭收入 *y(x)*。b: 作者还提出了两个亚分类，即日消费 2~4 美元和日消费 6~10 美元。c: 发展中国家的中产阶级标准。

相对值算法是取一国的收入中间值为标准。比如，乔 · C. 戴维斯（Joe C. Davis）和约翰 · H. 休斯顿（John H. Huston）将收入中间值的 50%~150% 作为中产阶级的限值[①]；而南希·伯索尔（Nancy Birdsall）等人则以收入中间值的 75%~125% 为限值[②]。这两种标准共同的局限性是，无法方便地显示出中产阶级的萎缩趋势，尤其在发达国家。更重要的是，这种方法难以捕捉已经脱贫的、新增的中产阶级数量的细微变化。而其优势则是，能够敏锐地观察到各国的收入分配和中产阶级之间的关系随时间发生的变动。但毫无疑问，这种方法和一个社会的收入不平等程度密切相关。就社会流动分析而言，这种方法的潜在局限在于，中产阶级的规模始终处于变动中，因为收入变动使其处于不同的阶层中。

绝对值算法包括两种方式。一种方式是按照收入分配的固定百分比：收入五分位数或收入十分位数。罗伯特 · J. 巴罗（Robert J. Barro）[③] 和威廉 · 伊斯特利（William Easterly）[④] 将五分位数的中间三个视作中产阶级，阿尔贝托 · 阿莱西纳（Alberto Alesina）和罗伯托 · 佩罗蒂（Roberto Perotti）[⑤] 的中

① Joe C. Davis & John H. Huston, *The Shrinking Middle-Income Class: A Multivariate Analysis, Eastern Economic Journal,* Eastern Economic Association, vol. 18(3), summer 1992, pp.277—285.

② Nancy Birdsall, Carol Graham and Stefano Pettinato, *Stuck in Tunnel: Is Globalization Muddling the Middle?*, Brookings Institution Center, Working Paper No.14, 2000.

③ 79.Robert J. Barro, *Determinants of Democracy*, *Journal of Political Economy,* 1999, 107(6), pp.S158—S183.

④ William Easterly, *Middle Class Consensus and Economic Development*, *Journal of Economic Growth,* Vol.6, No.4, Dec., 2001, pp.317—335.

⑤ Alberto Alesina and Roberto Perotti, *Income Distribution, Political Instability and Investment*, *European Economic Review,* 1996, 40(6), pp.1203—1228.

产阶级标准则只包括第三和第四个五分位数，而马克·D. 帕特里奇（Mark D. Partridge）[①] 仅将第三个五分位数视作中产阶级。安德烈斯·索里马诺（Andrés Solimano）也采用了相似的方式，不过利用的是收入十分位数标准。他将位于第三个和第九个收入十分位数之间的群体定义为中产阶级。[②] 这种绝对值算法对绝对收入和收入分配的变化都不敏感。其对社会流动分析的主要优势和劣势正是其提供了一种“净”流动分析，认为收入分配是恒久不变的，即记录的纯粹是一种“配置”（allocative）过程而不是“分配”(distributive) 过程。

绝对值算法的另一种方式是使用收入或消费的绝对值作为限值，高于这一数字就被认定是中产阶级。这种方法的一个变型是提出一个“全球中产阶级”（global middle class）的概念，即用以全球收入分配为基础确定的标准来划分一国的收入分配。比如，布兰科·米拉诺维奇（Branko Milanović）和什洛莫·伊扎基（Shlomo Yitzhaki）[③] 就将巴西和意大利全国收入的中间值作为中产阶级标准的上下限值，而阿比吉特·V. 班纳吉（Abhijit V. Banerjee）和埃丝特·迪弗洛（Esther Duflo）[④] 则建议将日均消费 2~10 美元的群体界定为中产阶级。马丁·拉瓦尼昂（Martin Ravallion）更是提出了一个“全球发展中国家中产阶级”的标准[⑤]，即按照发展中世界的标准是非穷人（日均收入 2 美元，在 70 个发展中国家中是贫困线的中间值），但按照发达国家的标准是穷人（比如美国的贫困线是日均收入 13 美元）。上述中产阶级的“绝对”标

① Mark D. Partridge, *Is Inequality Harmful for Growth? Comment*, *American Economic Review,* 1997, 87(5), pp.1019—1032.

② Andrés Solimano, *The middle class and the development process*, CEPAL-Serie Macroeconomía del desarrollo No. 65, April 2008.

③ Branko Milanović and Shlomo Yitzhaki, *Decomposing World Income Distribution: Does the World Have a Middle Class? Review of Income and Wealth,* 2002, 48(2), pp.155—178.

④ Abhijit V. Banerjee and Esther Duflo, “What is Middle Class about the Middle Classes around the World?” *Journal of Economics Perspectives,* 2008, 22(2), pp.3—28.

⑤ Martin Ravallion, *The Developing World’ s Bulging (but Vulnerable) Middle Class*, Policy Research Working Paper 4816, The World Bank, 2009.

准的缺陷是，在经济增长的背景下，所有的家庭最终都会超过确定的限值。而且，各国因为经济发展程度不一，中产阶级的规模存在很大的差异。2010年，伯索尔对自己定义的发展中国家的中产阶级标准进行了修正，提出了混合限值的标准，即将日均收入高于10美元但同时又不属于收入最高的5%的人群定义为中产阶级。相对而言，这种标准的下限相对较高，排除了中位数标准将贫困线下的人群划归中产阶级的可能性，而其上限又排除了最富的群体，因此这种标准更合理一些。

第二节　中产阶级何为：功能分析

长期以来，无论是政府还是媒体，对中产阶级的关注多源于对其潜在功能和未来角色的期望。1883年巴西废奴主义者若阿金·纳布科（Joaquim Nabuco）曾抱怨"作为国家推动力的中产阶级在巴西无处可寻"[①]。他认为，巴西众多问题的根源就在于缺少这一社会群体。70年后，法国社会学家雅克·朗贝尔（Jacques Lambert）在对巴西的社会结构仔细研究之后，声称"新巴西和旧巴西截然的不同之处首先在于中产阶级的兴起"[②]。自由专业人士、公职人员、商业雇员、军官、私营部门管理人员，以及巴西不成熟的"城市中产阶级"的其他人士抛却了"旧情结"（archaic complexes），正张开双臂全力拥抱"新的生活模式、新思想和新的意识形态"[③]。而现代化理论家更看重中产阶级在现代化进程中的核心作用，他们认为，中产阶级可以将拉美从落后和不发达中拯救出来。20世纪60年代美国发起的"进步联盟"计划，

① Brian P. Owensby, *Intimate Ironies: Modernity and the Making of Middle-Class Lives in Brazil*, CA: Stanford University Press, 1999, p3.

② Brian P. Owensby, *Intimate Ironies: Modernity and the Making of Middle-Class Lives in Brazil*, CA: Stanford University Press, 1999, p3.

③ Brian P. Owensby, *Intimate Ironies: Modernity and the Making of Middle-Class Lives in Brazil*, CA: Stanford University Press, 1999, p3.

其核心正是将中产阶级看作平衡美国前国务卿杜勒斯（John Foster Dulles）所称的“下层阶级”（underclass）的力量，希望拉美的中产阶级可以减缓，乃至最终消除现代化进程中的社会动荡，抵御古巴革命的威胁。霍华德·威亚尔达（Howard Wiarda）也指出，这种“中产阶级救拉美”的思想根源是“只要我们能够在拉美创建更多的中产阶级社会，那么肯定会使拉美社会更稳定、更公平，增强更多的反共情绪。”①

近年来，学术界的研究重新开始聚焦中产阶级，同样是寄希望于中产阶级的潜在功能，特别是其政治、经济和社会方面的功能，希望它能承担诸多的历史使命。笔者将有关中产阶级的理论大致归结为市场民主论、经济增长论、社会稳定论、社会凝聚论、生产力论、劳动价值论、公民责任论，以及幸福论。这里，着重分析前四种理论。

（1）市场民主论。这种观点认为，“在多数发达社会中，中产阶级是市场经济和民主的支柱。”② 亚里士多德提出，健康的中产阶级是一个健康的民主制度的必要条件，因为收入和人群的两极分化通常会增加社会动荡的概率。拉里·戴蒙德（Larry Diamond）和胡安·林茨（Juan J.Linz）等人认为③，社会经济发展推动中产阶级的形成和组织化，从而有利于民主的进步。罗伯特·巴罗（Robert J. Barro）对1960—1995年间100个国家进行的实验研究④也支持这种观点。他认为，中产阶级家庭的收入比重越高，国家越可能民主。不过，拉美经济学家安德烈斯·索里马诺则认为这种观点缺乏实证检验。

① Brian P. Owensby, *Intimate Ironies: Modernity and the Making of Middle-Class Lives in Brazil,* CA: Stanford University Press, 1999, p5.

② Nancy Birdsall, Carol Graham and Stefano Pettinato, *Stuck in Tunnel: Is Globalization Muddling the Middle?*, Brookings Institution Center, Working Paper No.14, 2000.

③ Larry Diamond,Juan Linz and Seymour Lipset (eds), *Democracy in Developing Countries, Vol.4: Latin America.* London:Adamantine Press,1989, pp.44—46.

④ Robert J. Barro, *Determinants of Democracy*, *Journal of Political Economy,* 1999, 107(6), pp.S158—S183.

他通过对129个国家进行实证研究[①]后发现，除高收入国家之外，中产阶级的规模和民主指数之间基本上没有什么关联，或者两个变量之间的关联度极弱。

（2）经济增长论。这种理论认为，一个强大的中产阶级可以提供稳定的消费基础，驱动生产性投资，从而能够实现更快的经济增长。威廉·伊斯特利（William Easterly）[②]是这种观点的支持者。亨利·乔治（Henry George）的研究结论[③]也表明：健康的中产阶级有利于良好的宏观经济表现。他认为，经济地位的严重分离会阻碍发展，进而强化社会差异和偏见，并因此滋生仇恨，以致经济衰退。另外，收入不平等还可能减少消费，降低有效需求，导致经济增速放缓。

（3）社会稳定论。西方主流的中产阶级理论认为，中产阶级在社会发展中充当着社会结构的"稳定器"、社会矛盾的"缓冲层"，以及社会行为的"指示器"，从而有利于政治稳定，增强社会凝聚力。西摩·李普塞特（Seymour Lipset）主张，中产阶级既不遭穷，也不从财富中受益，所以在社会冲突中能起到缓冲作用，支持稳健和民主的政党，惩罚极端派。[④]也就是说，中产阶级在选择政治代表时往往比较理性，从而有利于形成稳定的制度，减少社会动荡。胡安·林茨和阿尔弗莱德·斯泰潘（Alfred Stephan）则认为[⑤]，稳定的中产阶级可以缓冲社会经济的严重分裂所导致的不同社会群体在资源分配上的零和博弈，从而密切社会网络，增强社会资本，巩固政治民主。阿尔贝托·阿莱西纳和罗伯托·佩罗蒂提出了一种社会不公导致不稳定的理

---

① Andrés Solimano, *The Middle Class and the Development Process: International Evidence*, *CEPAL-Serie Macroeconomía del desarrollo,* No 65, April 2008.

② William Easterly, *Middle Class Consensus and Economic Development, Journal of Economic Growth,* Vol.6, No.4, Dec., 2001, pp.317—335.

③ Henry George, *Progress and Poverty,* New York:Cosimo Inc., 2005, 406 pages.

④ Martin Lipset, *Some Social Requisites of Democracy: Economic Development and Political Legitimacy*, *American Political Science Review,* 1959, 53(1), pp.69—105.

⑤ [美]胡安·J·林茨，阿尔弗莱德·斯泰潘著，孙龙等译：《民主转型与巩固的问题：南欧、南美和后共产主义欧洲》，杭州：浙江人民出版社，2008年，第518页。

论[1]。他们选取 71 个国家作为样本，截取 1960—1985 年作为考察期，对这个假定进行了验证。研究结果支持这个论断，即收入不平等增加政治动荡的可能性，而一个富裕的中产阶级则减少政治和社会不稳定。

（4）社会凝聚论。联合国拉丁美洲和加勒比办事处“中产阶级与拉丁美洲和加勒比的经济成功”项目[2]认为，中产阶级在不同的社会中都具有强大的影响力，对经济表现亦非常重要。中产阶级的增长和发展是增强可治理性、增进社会凝聚的一个因素：发达而稳定的中产阶级同更“稳定”的民主密切相关。

第三节　中产阶级的“拉美化”：适用性分析

一、拉美有中产阶级吗？

正如前文所述，中产阶级的定义是研究中产阶级的首要难题，而笔者面临的困难更大。首先，中产阶级的定义甚至在中产阶级成熟的工业国家都存在争议和不确定性，而笔者的研究对象，不仅地理位置距离遥远，而且少人关注、争议更多。因此，当笔者开始将拉美的中产阶级作为研究对象时，同事和朋友们提出的问题几乎都是一样的：什么是中产阶级？什么是“拉美”的中产阶级？甚至提出了一个更令笔者生畏的问题：拉美有中产阶级吗？后一问题的颠覆性足以断绝笔者所有的研究念想。确实，这些问题是十分尖锐，也是十分棘手的。纵使如此，笔者仍然力图借助现有的研究文献，对拉美的中产阶级做一探索，至少为后来者提供一个批判的靶子。

就最后一个问题而言，笔者的答案是肯定的。事实上，中产阶级在拉

---

① Alberto Alesina and Roberto Perotti, *Income Distribution, Political Instability and Investment*, *European Economic Review,* 1996, 40(6), pp.1203—1228.

② *Middle Classes and Economic Success in Latin America and the Caribbean*, United Nations Development Program, 2010.

美始终一直是一个坚实而脆弱的存在。坚实，是指在拉美寻求现代化的道路上从来没有缺少过中产阶级的身影。工业化和城市化不仅推动着中产阶级的成长，中产阶级反过来也助推拉美的经济增长和社会发展。20世纪50—70年代，拉美中产阶级的研究热无疑就是一个坚实的证明。脆弱，是指虽然在20世纪80年代之前拉美中产阶级曾稳定成长，但之后却坠入了长达二十年的“陷阱期”：中产阶级的成长陷入停滞、萎缩或者增长回落的状态，经济和社会地位不断下挫，中产阶级患上了严重焦虑症。正是对中产阶级的厚重寄望和拉美中产阶级的脆弱存在决定了这一群体的现状和未来非常值得关注。

事实上，与质疑“中国存在中产阶级”一样，质疑“拉美存在中产阶级”本身就带有一种先入为主的陈见。在国内，每当有机构发布有关中产阶级的报告时，互联网上通常会一片哗然。许多网民认为，这种中产阶级的标准或结论“难以想象”“超越常识”“不合常理”，甚或调侃自己“被中产”了。这种现象之所以发生，部分原因在于个体的主观感知与客观的统计之间存在着一定的差距。而且，很多情况下，这种个体的主观感知是基于传统上对西方中产阶级生活方式的渲染而烙下的刻板印象。实际上，用西方的中产阶级标准套当下中国和其他发展中国家的中产阶级的标准是有问题的。李春玲认为，出现这种理想和现实的反差，“是由于社会学家还没有来得及搞清楚中产阶级是怎么回事以及告诉社会大众什么是中产阶级的时候，商品广告宣传和大众传媒已经为公众提供了中产阶级的全面形象”[①]，似乎中产阶级专指高收入、高消费、受教育层次高的专业人士和管理人士。其实，“这只是社会学家分类出的中产阶级当中的少数上层，社会学家分类出的大多数中产阶级

① 李春玲：《中国中产阶级研究的理论取向及关注点的变化》，载李春玲主编：《比较视野下的中产阶级形成：过程、影响以及社会经济后果》，北京：社会科学文献出版社，2009年，第54页。

远未达到这样的生活水平。"① 尽管如此，普遍的"被中产"的喧嚣在不经意间也暴露出当下发展中国家的中产阶级的脆弱性。

或许基于这种普遍的认知差距，中国学者在研究中产阶级时更多地是避免使用这一术语，而是采用更加多元、繁杂的其他词汇，比如中产阶层、中间阶层、中间阶级、中等阶级、中等阶层、中间等级、中等收入者、中等收入阶层，等等，不一而足。这在某种程度上可能是为了回避公众的质疑，以便为自己辩护："我这里关注的是收入"或者"我这里关注的是这一群体的相对位置"。比如，清华大学教授李遁说："我不认为中国有中产阶级。一般我在研究中只讲中等收入人群。要讲中产阶级，它除了收入，还有一个生活方式、基础理念、价值取向。这才构成中产阶级。"② 当然，中国学界尽量避免使用"中产阶级"这一术语还基于潜在的政治正确或政治自律。比如萧功秦就坦承"为了捍卫社会主义社会的性质与避免被人误解，中产阶级这一用语很少被人们运用来表述中国现实生活中已经出现的这一分层化现象。"③

二、中产阶级，中间部门，抑或其他？

可以想象，当笔者用"中产阶级"指称拉美的这一群体时，国人不可避免地用带有深刻"中国情结"的眼光去看待或质疑这一术语的准确性和适用性。事实上，即使在国外，用于界定和描述拉美这一群体所用的术语也存在分歧。20 世纪 50—70 年代，研究拉美中产阶级的文献多使用"middle sector"而不是"middle class"，其中影响力最大的当属约翰·J. 约翰逊。1958 年，

① 李春玲：《中国中产阶级研究的理论取向及关注点的变化》，载李春玲主编：《比较视野下的中产阶级形成：过程、影响以及社会经济后果》，北京：社会科学文献出版社，2009，第 54 页。

② 乐然："中产"之梦尚遥远，德国之声网站，2010 年 9 月 1 日，http://www.dw-world.de/dw/article/0,,5963588,00.html，访问日期：2019 年 7 月 29 日。

③ 萧功秦：当今中国的中产阶级与知识分子，腾讯网，2010 年 7 月 29 日，http://news.qq.com/a/20100729/001360.htm，访问日期：2019 年 11 月 26 日。

他出版了一部在当时非常重要的著作《拉丁美洲的政治变迁——中产阶级的兴起》。这本书通篇使用了“middle sector”而不是“middle class”，以描述中产阶级在拉美政治变迁中的角色[①]。约翰逊使用“sector”（部门或阶层）而非“class”（阶级）的逻辑在于，他认为“中产阶级”这一群体无论在其构成、同社会结构的联系，乃至其政治行为和社会目标等诸方面都存在着异质性，而没有一种“共同意识”。

同样纠结于“middle class”和“middle sector”的还有OECD发展中心。该中心于2010年10月发布的《2011年拉丁美洲经济展望》将主题聚焦于拉美的“中产阶级”。在该书中，发展中心选择“中间部门”（middle sector）而非“中产阶级”（middle class）这一概念，是基于和约翰逊相似的理由：“从社会学意义上来讲，社会阶级含有一定的同质性意味，对其群体有一种认同意识和角色意识。”[②]“拉美的中产阶级，无论在一国之内还是与其他拉美国家的中产阶级相比较而言，都是异质性的……因此本书认为，将‘中间部门’（middle sector）等同于拉美的‘中产阶级’（middle class）是不确切的。”[③]吊诡的是，尽管该中心在书中做出了如此清晰的界定和说明，但事实上，这篇报告的副标题赫然写作“How Middle-Class is Latin America?”（拉美的中产阶级怎么样？）且其多个章节仍然使用“middle class”而不是“middle sector”。这或许恰恰表明，甚至那些参加OECD发展中心关于拉美中产阶级会议的专家们都没有在“中产阶级”的基本问题上（是middle

① John J. Johnson, *Political Change in Latin America: the Emergence of the Middle Sectors,* CA: Stanford University Press, 1958, p272.

② *Latin American Economic Outlook 2011: How Middle-Class Is Latin America?,* Paris: OECD Development Centre, Dec 2010, p73.

③ *Latin American Economic Outlook 2011: How Middle-Class Is Latin America?,* Paris: OECD Development Centre, Dec 2010, p74.

class 还是 middle sector）达成共识[①]。此外，基于各种不同的研究预设，还有其他一系列描述拉美这一社会群体的词汇，比如“middle statuses”“middle levels”“middle elements”“middle groups”“middle segements”“middle components”“middle mass”[②]，甚至特指墨西哥的 clasemediero[③]。这最后一个术语是墨西哥发展研究中心（CIDAC）2010 年出版的一本书的书名，书的副标题完整地解释了这个术语的意思：不再受穷，但也不发达。本书的两位作者就此宣称墨西哥正向“中产阶级社会转变”。

笔者认为，虽然中产阶级存在着无法否认的异质性，但事实上这种异质性到底有多强，其群体内部的差异到底有多大仍未可知。20 世纪 90 年代以来的一个总体趋势是，研究拉美中产阶级的海外文献集中于弃“middle sector”而选“middle class”。不过，必须指出的是，这里的“中产阶级”并非传统意义上的或者欧美参照系下的中产阶级。事实上，中产阶级的定义，特别是其标准具有随时空而变换的特点，既具有时间的动态性，也有其空间的动态性。因此就当前的拉美现实而言，“现在出现的中产阶级与以前的中产阶级有着很大区别。更准确地说，他们是‘下中产阶级（lower middle class）’”[④]。这一点可以从 OECD 发展中心的《2011 年拉丁美洲经济展望》和巴西瓦加斯基金会 2008 年发布的《巴西新中产阶级》得到印证。这两份报告中所言的“中产阶级”或“新中产阶级”，并非 1953 年美国社会学家 C. 莱

① 事实上，在为撰写 2011 年报告而专门于巴黎召开的会议预告中，通篇没有一处选用“middle sector”，全部选用“middle class”。参见 OECD 网站，Experts meeting: Middle class & development in Latin America，2010 年 9 月 23 日，http://www.oecd.org/dev/americas/expertsmeetingmiddleclassdevelopmentinlatinamerica.htm，访问日期：2019 年 7 月 28 日。

② Anthony Leeds and Roger Sanjek, *Cities, Classes, and the Social Order,* NY: Cornell University Press, 1994, p146.

③ Luis de la Calle y Luis Rubio, *Clasemediero: Pobre no más, desarrollado aún no,* Mexico: Felou-CIDAC, 1st Edición, 2011, 102 páginas.

④ 郎嘉：拉美下层中产阶级在成长，中国商报网站，2007 年 9 月 25 日，http://www.cb-h.com/2008/shshshow.asp?n_id=34576，访问日期：2019 年 11 月 20 日。

特·米尔斯（Charles Wright Mills）所说的由于工业化进程导致社会结构变迁而产生的新阶层，即技术阶层和管理阶层。事实上，仔细分析两份报告的研究过程和结论可以发现，其中所说的拉美（新）中产阶级，并非社会结构中增加的一个阶层，而是现有阶级的向上流动而形成的一种脆弱中产或不稳定中产。笔者以为，界定拉美的这些“新”中产阶级最恰当的词汇不是new，而应是emerging（意为“形成中的”），也就是说，这类群体刚刚踏入中产阶级的门槛，外部脆弱性比较明显，亟须加强政策保护和培育。从这个意义上说，当前所说的拉美中产阶级的壮大更多是指“下中产阶级的成长”[①]。基于此，为减少文献分析的麻烦与误解，笔者在本文中将最常用的“middle sector”（或西班牙语的capa media和strata media）和“middle class”（或西班牙语的clase media）统一译为“中产阶级”。

三、什么是拉美的中产阶级？

丹尼斯·吉尔伯特在针对新近出版的几本拉美中产阶级专著[②]撰写的书评中开篇就坦言：“有关拉美中产阶级研究的学术文献长期存在三大迷思”，其中第一个就是“中产阶级是不可能界定的”[③]。中产阶级本身的异质性纵使

① *Special report: The new middle classes in emerging markets*, The Economist, Feb 12th 2009. http://www.economist.com/node/13063314, 访问日期：2019年10月2日。

② 这几本书包括：*The Argentine Silent Majority: Middle Classes, Politics, Violence, and Memory in the Seventies.* By Sebastian Carassai, Durham, NC: Duke University Press, 2014, 357 pages; *Latin America' s Emerging Middle Classes: Economic Perspectives,* Edited by Jeffrey Dayton-Johnson, New York: Palgrave Macmillan, 2015, 209 pages; *Latin America' s Middle Class:Unsettled Debates and New Histories,* Edited by David S. Parker and Louise E. Walker., Plymouth, Lanham: Lexington Books, 2013, 236 pages; *Creating a Common Table in Twentieth-Century Argentina: Doña Petrona, Women, and Food,* By Rebekah E. Pite. Chapel Hill, NC: University of North Carolina Press, 2013, 326 pages; *Waking from the Dream: Mexico' s Middle Classes after 1968,* By Louise E.Walker. Stanford, CA: Stanford University Press, 2013, 321 pages.

③ 另外两大迷思分别是：中产阶级是“焦虑的”，因其是濒危的、脆弱的，甚或正在消失；中产阶级是政治革新和经济改革的进步希望（抑或反动的障碍）。Dennis Gilbert,*The Middle Class: Political, Economic, and Social Perspectives. Latin American Research Review,* vol. 51 no.1, 2016, pp.255—265.

是宽泛地给予定义都存有困难，更何况经济学家、社会学家、历史学家和政治学家基于各自的表达动机采用不同的视角和不同的标准。而露易丝 · 沃克甚至表示，“中产阶级是指一系列的物质条件，一种精神状态，一种政治话语”①。

定义中产阶级困难，然而准确地定义拉美的中产阶级更加困难。一方面不可能脱离传统的中产阶级理论框架自行其是，另一方面也不可能不考虑拉美地区的特定现实。尽管拉美的中产阶级和欧美的中产阶级具有相似的观念、期望和要求，但在中产阶级的具体特征上，拉美和这些工业化国家并不完全相同。在先进工业化国家，中产阶级可能意味着具有较高教育水平、职业岗位和收入安全的群体。但“在拉美，中产阶级由于历史根底浅和内部的驳杂，其社会和经济基础比工业化世界薄弱。拉美中产阶级的大部分是由不久前才创造出来的职业所形成的。”②

从拉美中产阶级的研究文献来看，定义拉美中产阶级的方法主要有两种：一种是从收入的角度，一种是从职业的角度。不过，在此之外，拉美主要国家还有一种基于“社会经济分层指数”（Socio Economic Strata，SES）界定中产阶级的分层方法（参见表 1–2）。

表 1–2：拉美国家按照社会经济水平划分的社会阶层

分层 / 国家	高等	中等	低等	边缘
阿根廷（城市，1996）	ABC_1C_2（22%）	C_3（24%）	D（50%）	E（4%）
巴西（2003）	AB（29%）	C（36%）	D（31%）	E（4%）
智利（1985）	ABC_1C_2（29%）	C_3（25%）	D（36%）	E（10%）
墨西哥（2005）	ABC^+（21.1%）	C（18.8%）	D^+（32.6%）	DE（27.6%）

① Louise E. Walker, *Waking from the Dream: Mexico's Middle Classes after 1968,* CA: Stanford University Press, 2013，p2.

② [英]莱斯利·贝瑟尔主编，中国社会科学院拉丁美洲研究所译：《剑桥拉丁美洲史》，中文版第六卷（上），北京：当代世界出版社，2000 年，第 316 页。

（续表）

秘鲁（2003）	AB（14.4%）	C（28.7%）	D（36.2%）	E（20.7%）
乌拉圭（2005）	上上、上中（7.5%）	中上、中中、中下（51.9%）	下中、下下（28.3%）	下下（12.3%）
巴拉圭（2003）	ABC_1（7%）	C_2（25%）	C_3D（68%）	—
委内瑞拉（2006）	AB（4%）	C（16%）	D（36%）	E（44%）
玻利维亚（2003）	AB（12%）	C（31%）	D（42%）	E（15%）
厄瓜多尔（2002）	AB（13.7%）	C（34.6%）	D（33.5%）	E（18.1%）

资料来源：Norah Schmeichel, Manuel Barberena and Barbara Corrales, *Latin American Profile:Demographics and Socio Economic Strata*, paper delivered to Latin American Conference, Rio de Janeiro, Brazil, 25-27, Octubre, 2006.

从表 1-2 可以看到，除乌拉圭和巴拉圭外，多数拉美国家利用 SES 方法将本国家庭划分为 A、B、C、D、E 五个阶层，分别对应于社会上层（AB）、中层（C）、下层（D）和边缘群体（E），其中 C 阶层普遍被视为是中等阶层，C_1 被视为中上层，C_2 被视为中中层，而 C_3 则被视为中下层。这种划分方法综合考虑收入、职业和教育水平等因素，尤其为市场调查或民意调查公司所钟爱。但就观测拉美地区的中产阶级来看，SES 方法的缺陷是非常明显的。从表 1-2 可以发现：首先，划分拉美各国不同阶层的层级并不一致。多数国家将 AB 视作高等阶层，但有的国家比如阿根廷、智利、墨西哥和巴拉圭则同时将在其他国家被视作中等阶层的中上层（C_1 或 C^+）甚至中中层的（C_2）一并归入高等阶层。其次，虽然在绝大多数国家 C 阶层都被视作中产阶级，但在阿根廷和智利被视作中等阶层实际上只有中等阶层的下层（C_3）。不仅如此，事实上在不同国家划分高等、中等、低等以及边缘阶层的变量也是不一样的。这种严重的差异性导致很难比较不同拉美国家之间的中产阶层的规模。最后，鉴于利用这种方法调查的历史资料缺乏，更无从分析历史上拉美中产阶级的演变。基于上述因素，尽管 SES 方法在大众读者中比较受欢迎，但本书并不考虑采用。

从收入角度定义拉美中产阶级的文献比较多，也比较繁杂，有的采用中间值标准，有的采用收入分位数标准，更有采用绝对限值标准的。这样一来，不同的收入定义方法得到的结果是不同的，甚至相差很大。就效用而言，这种定义方法的参照意义不大。相对于收入标准，职业标准更具有参照意义，而且历史文献在界定方法上也存在某些共性可资借鉴。基于此，笔者这里主要分析从职业角度界定拉美国家中产阶级的方法，而且笔者也拟在此基础上给出一个拉美中产阶级的定义。

在比较拉美和东亚的中产阶级时，戴安 · E. 戴维斯基（Diane E. Davis）于新韦伯学派的职业视角确定了自己的中产阶级研究路径①。她认为，拉美的中产阶级是由三种职业类型构成的，即受薪雇员（salaried employee），包括商业、服务业、工业等领域的雇员，以及专业人士和国家雇员。自雇者，比如技工、工匠和其他独立的小生产者。工业和农业领域的“小企业”（small enerprises）所有者和管理者。在第三种类型中，规模是区分中产阶级（即小资产阶级）和资本家（即资产阶级）的重要标杆。乌戈 · G. 努蒂尼（Hugo G.Nutini）和巴里 · L. 伊萨克（Barry L. Isaac）在研究墨西哥中部的社会分层时②，首先将中产阶级划分为三个亚类，即上中产阶级（upper middle）、稳定的中产阶级（solid middle）和下中产阶级（lower middle）。上中产阶级多由企业主和农场主，以及高级专业人士（主要是律师、医生、会计和工程师）组成；稳定的中产阶级在职业方面更加多元化，既包括诸多一般专业人士，也包括中等规模的企业主和农场主，以及中等级别的银行官员和政府官员；而下中产阶级则包括薪水丰厚的蓝领工人，一般白领工人（比如教师、护士、

① Diane E. Davis, *Discipline and Development: Middle Classes and Prosperity in East Asia and Latin America,* Cambridge: Cambridge University Press, 2004, p2.

② Hugo G.Nutini and Barry L. Isaac, *Social Stratification in Central Mexico, 1500—2000,* Austin: University of Texas Press, 1st ed. 2009, 272 pages.

商店职员和办公文员）和小企业主。

同样是研究墨西哥，吉尔伯特则采用了混合标准，即将职业和收入相结合[①]。他认为中产阶级家庭的标准是，“家庭成员的职业是非体力、非程式化、家庭生活舒适，收入超过大众平均收入但在全国金字塔收入结构的顶端之下的家庭。”按照他的意见，墨西哥中产阶级的职业群体大致包括独立或受薪专业人士、经理人、教授、技术员、官僚和商人（但不包括低级职员或零售店销售员）。这一职业标准接近2000年墨西哥全国家庭收支调查（ENIGH）划分的中产阶级职业[②]。罗兰多·弗兰克（Rolando Franco）等人在对拉美中产阶级的最新动态进行研究时，也采用了类似的混合标准，但仅限于上中产阶级。他从两个维度，即家庭收入主要提供者的职业（职业维度）和收入（收入维度）定义中产阶级[③]。在收入维度上，中产阶级的下限是拉美城市平均贫困线的4倍，而其上限是收入分配的第95个百分位数。在职业维度上，将中产阶级家庭也划分为三个亚类：“持续的”（consistent）中产阶级，即主要收入挣取者（main income provider，MHIR）从事非体力职业，全部家庭收入的下限是拉美城市平均贫困线的4倍，上限是收入分配的第95个百分位数；“非持续的”（inconsistent）中产阶级，主要收入挣取者从事体力职业，但家庭总收入处于中产阶级水平；“不稳固的”（precarious）中产阶级，工作不稳定、薪水不高，通常既没有签订劳动合同，也没有享受社会保障覆盖的非体力工薪劳动者。

通过以上分析，可以看到，从职业维度定义中产阶级的一个共同特点是，

① Dennis Gilbert, *Mexico’s Middle Class in the Neoliberal Era,* Tucson: University of Arizona Press, 2007, p114.

② 大致包括公务员、专业人士、技术人员、教育工作者、艺术工作者、手工艺和制造行业管理人员、行政管理人员、企业或社会公共机构的经营者，（保险、证券和房地产行业的）销售代表和代理人，慈善事业的赞助人/雇主等。

③ Rolando Franco, Martín Hopenhayn and Arturo León, *The growing and changing middle class in Latin America:an update*, CEPAL Review 103, April 2011, pp.7—25.

既考虑中等有产者阶层，同时更考虑技术和智识阶层。借鉴以上分类方法，同时参照《剑桥拉丁美洲史》关于中产阶级的传统观点[①]，笔者在本书中将中产阶级大致归结为两种类型，即小资产者和技术有产者。前一类型主要包括雇主和独立专业人士，其中独立专业人士是自雇者阶层，但其既拥有一定的技术，又拥有一定的物质资本。这一群体，通常随着现代化程度的提高而日渐萎缩，特别是独立专业人士，通常也被称为“旧中产阶级”。而所谓“技术有产者”，是指拥有操作性、管理性或服务性技能的非体力劳动者，其拥有的是一种“无形资产”，这一群体非经一个时期的技能或知识训练是没有能力从事物质或服务生产的。这一类人主要包括公共机构雇员、受雇的专业人士和技术人员、经理人员，以及办公职员等，通常也被称为“新中产阶级”。技术有产者的地位和规模通常随着现代化程度的增强而提高。

必须承认，即使做了多重考虑，但这种宽泛的、易操作的中产阶级定义并不是完全没有问题。比如，这里缺乏对中产阶级的再分类。事实上，有美国社会学家将美国的社会阶层分为上上、下上，上中、下中，上下、下下六个阶层[②]。不过，在拉美这种贫富分化比较严重的地区进行六个层次的细分并不太适用，因为上层阶级人数较少，且具有同质性，很难进行深入的细分；而下层阶级人数虽众，但同质性强，境遇和状况大同小异，不具有细分的意义。惟有异质性的中产阶级具有细分的必要性。许多韦伯派的阶级分析人士认为，

---

① 该书将非体力劳动阶层（雇主、独立专业人员、经理、受雇的专业人士和技术人员）和办事员阶层界定为拉美的城市中产阶级。[英]莱斯利·贝瑟尔主编，中国社会科学院拉丁美洲研究所译，《剑桥拉丁美洲史》，中文版第六卷（上），北京：当代世界出版社，2000年，第274页。

② 20世纪40年代，美国社会学家W.L.沃纳等人依据多重标准提出了六个层次的划分方法。这实际上是把上、中、下三个阶级各分两层，即上上层：由世世代代的富有者所组成；下上层：财产虽不逊于上上层，但还不具备上流社会的生活方式；上中层：成功的企业家和专业技术人员；下中层：主要包括一些小店员、神职人员等；上下层：收入不比上中层和下中层少，但主要从事体力劳动；下下层：主要是指无固定收入者、失业者以及只能从事一些非熟练劳动的人。

基于地位及财产和市场地位获得的差异，中产阶级内部也存在着重要的阶层差别。因此，有充分的理由将拉美的中产阶级分为上中产（upper middle）、中中产（middle middle）和下中产（lower middle）[①]。而事实上，作为一种政策取向的研究，本书也确实有必要对中产阶级进一步细分，因为在拉美，上中产和中中产，以及下中产之间存在着极大的差别，而本书实际关注的焦点恰恰是中中产阶级和下中产阶级。基于此，笔者将在行文中另行涉及。

① Maureen O'Dougherty, *Consumption Intensified: The Politics of Middle-Class Daily Life in Brazil,* Durham: Duke University Press, 2002, 280 pages.

第二章　拉美中产阶级的形成和发展

在拉美，中产阶级的形成经历了一个相对漫长的过程。从殖民地，特别是独立革命以来，拉美各国基于商品出口而产生了资本主义生产关系的萌芽，由此开启了早期的工业化进程。经济关系的变动深刻地影响着拉美传统的社会结构，其结果之一就是中产阶级的萌芽。到19世纪末20世纪初，拉美国家，特别是与外部市场联系紧密的国家已经有了一定数量的中产阶级。这一时期，科学技术的发展也带动了对技术岗位的需求，促使中产阶级的力量稳定增长。进入20世纪30年代以来，伴随着国家主导的工业化进程的发力，以及城市化和公共教育的扩张，拉美的社会流动性日益增强，中产阶级经历了一个相对快速的发展进程。其中，基于国家作用的增强而导致的公共部门的扩张是中产阶级增长的主要来源之一。经过近40年的发展，到20世纪70年代末和80年代初，拉美的中产阶级占城市就业人口的比重已经超过30%，初具现代社会结构的雏形。中产阶级的形成和发展源自几个深刻的内部和外部的结构性变化，比如工业化、城市化、国际移民、公共教育、现代资本主义技术和技能的传播，以及国家在社会和经济领域的干预性增强等。基于这种特性，拉美中产阶级的形成往往主要发生在城市。因此，本章的考察区域也主要集中于城市。

第一节　拉美中产阶级的发展历程

基于殖民的历史因素和后殖民时期的经济结构，拉美国家成为较早与世界经济建立密切联系的发展中地区之一，但这也导致拉美的经济发展在很大程度上受世界经济波动的影响。作为经济增长的投射，拉美的社会结构在不同的时期发生了不同的变化。就中产阶级而言，其发展历程大致经历了三个阶段，即萌芽阶段（1870—1930 年）、初步形成阶段（1930—1960 年），以及发展和巩固阶段（1960—1980 年）。

一、拉美中产阶级的萌芽（1870—1930 年）

从 19 世纪后半叶开始，拉美多数国家都建立了一种外向型的发展模式。该模式的基础是对外出口农矿等初级产品，同时从欧洲（及后来的美国）进口工业制成品。由此带来了专门服务于出口的经济大幅扩张，并随之深刻地改变了拉美的社会结构。首先，农村的土地所有制模式发生了改变，建立了许多更有利于出口的大型农业企业，由此大幅提升了对农业工人的需求。在劳工稀缺的阿根廷和巴西南部，欧洲移民成了主要的劳动力来源。其次，在智利、玻利维亚和秘鲁等高地国家，铜矿和锡矿开采深刻地改变了其发展进程，矿业出口经济的兴起扩大了对矿业工人的新需求。出口经济虽然直接带来了长期工薪工人的大量增加，但不经意间也催生了一个服务于出口经济的中间职业群体，比如管理者、律师、会计师和职员等。这一点在阿根廷表现最为明显。这一时期，“阿根廷社会结构的一个最明显的变化就是，律师、国家公务员和职业政治家成为依附于出口部门利益的中产阶级。”[①]

尽管出口经济一片繁荣，但到 1930 年，拉美总体上仍然是一个以农业

① ［英］莱斯利·贝瑟尔主编，涂光楠等译：《剑桥拉丁美洲史》，中文版第四卷，北京：社会科学文献出版社，1991 年，第 314 页。

为主的地区。甚至在一些重要的城市，比如布宜诺斯艾利斯、圣保罗和麦德林等，都依赖其同农业出口部门的联系而得到发展。虽然这一时期，农业和农村仍占据主导地位，但城市的快速发展也不容忽视。从 1870—1930 年，拉美 8 个国家中居住在城市的人口占总人口的比重有了大幅增长，特别是阿根廷、智利和委内瑞拉三国。在阿根廷，居住在 1 万人以上的城市人口占全国人口的比重从 17.3% 增加到 38.1%；同期，智利从 15.2% 增加到 38%，委内瑞拉则从 16.8% 增加到 36.7%。① 与这种急速的城市化相伴随的，是早期工业化的起飞。受出口经济繁荣的驱动，还出现了一批加工和制造业企业，由此催生了一个现代工业企业家阶层。这个新的社会阶层一方面来自进出口商品经营者向制造业领域的转移，另一方面则是部分农牧业主兼营制造业。

出口贸易和城市工业经济的发展使得几个主要的拉美国家在 19 世纪末和 20 世纪初形成了一定数量的中产阶级，其中阿根廷的中产阶级规模堪居拉美之首。这一时期中产阶级的出现主要基于三个方面的推动。其一，1918 年肇始于阿根廷，席卷拉美多数国家的教育改革运动推动了教育，特别中高等教育的新发展。其二，在拉美多数国家，主要依靠贸易税建立的公共部门（包括公用事业公司）扩大了公共部门就业，创造了大量公共雇员，从而壮大了中产阶级。其三，服务于出口贸易和工业经济的商业和金融公司的开设和扩张也进一步壮大了中产阶级队伍，因为这些公司都需要律师、会计师、工程师、行政管理人员和职员等职业技术人员。

总体来看，到 1930 年，拉美的中产阶级虽有一定程度的增长，但规模仍然相当有限。尽管如此，这一时期，中产阶级却发挥了与其数量不相称的政治影响力。以职业化的军人、大学生、行政管理人员、专业人士和商业雇员等为主的中产阶级掀起了一系列的示威活动，进而推动了新的变革。他们

① [英] 莱斯利·贝瑟尔主编，涂光楠等译：《剑桥拉丁美洲史》，中文版第四卷，北京：社会科学文献出版社，1991 年，第 242 页。

反对经济和政治权力向精英集团的过度集中，要求扩大公民的政治参与。在这一过程中，还出现了一批城市中产阶级领导人，组建了一批中产阶级领导的政党，在国家的政治生活中发挥着愈来愈重要的，甚至主导性的作用。中产阶级的政治影响力最强的国家集中在阿根廷、巴西、智利、墨西哥和乌拉圭等5国[①]。

二、中产阶级的初步形成（1930—1960年）

制造业和工业化的进一步发展推动着拉美社会结构的持续演变。到1930年前后，拉美城市的社会结构变得更加多元化了。“在最大的城市里，最高度地集中了土地或商业精英、牧师、自由职业者、外国侨民，以及为他们服务并构建了大城市基础设施的各阶级——各种各样的家庭仆人和劳工。”[②]尽管这个时期，大地主和商业精英仍然是社会的主导，但一个明显的趋势是，在大多数中小城市中，中产阶级的人数相对增多。“中产阶级”是一个更加多元和异质性的群体，其中不仅包括城市中小企业主，还包括政府或私人机构雇佣的白领阶层。在20世纪30—40年代仍以农业为主的拉美国家中，由小企业主和独立手工业者组成的中产阶级分布非常广泛。无论是独立劳动者还是白领阶层，这些职业都蕴藏着一种地位意识，以使自己区别于“卑贱”的体力劳动者。总体来说，这个中产阶级的上层是律师、会计师、医生、教授等专业人士，而其下层则是个体手工业者或商店店主。从历史发展进程来看，20世纪30年代的社会分层结构可以说是由传统社会向现代社会的过渡形态。[③]

20世纪40年代以来，随着拉美发展模式向进口替代工业化的转型和国

① John J. Johnson, *Political Change in Latin America: the Emergence of the Middle Sectors*, CA: Stanford University Press, 1958, p4.

② [英]莱斯利·贝瑟尔主编，中国社会科学院拉丁美洲研究所译：《剑桥拉丁美洲史》，中文版第六卷（上），北京：当代世界出版社，2000年，第265页。

③ 袁东振:《现代化进程中的社会变迁》，载苏振兴主编:《拉美国家现代化进程研究》，北京：社会科学文献出版社，2006年，第423页。

家作用的增强，拉美的社会和职业结构发生了更加显著的变化（参见表 2–1）。首先，农村向城市的大规模移民导致农业占经济自立人口的比重大幅下降，从 1940 年的 61.6% 下降到 1960 年的 46.7%，降幅超过 25%。其次，制造业中以体力劳动为主的薪金工人的就业比重增幅放缓，同期从 35.9% 提高到 40.4%。最后，在 1940—1960 年间，职业结构最明显也是最大的一个变化是，雇主、独立专业人员和个体经营者的比重大幅下降，与此同时，诸如销售和家庭服务等传统服务业作为就业来源的重要性也下降了，取而代之的是对职员、医疗卫生工作者、专业人士和技术人员等现代服务业需求增加。这一时期，拉美中产阶级[①]的平均规模从占就业人口的 15%，分别上升到 1950 年的 19.4% 和 1960 年的 21.2%。这种增加主要是由“新”的城市中产阶级的扩张带来的——他们通常受雇于政府和商业机构，接受过中等或高等教育，不仅能够获得稳定的薪金收入，而且还享有较好的福利保障。[②]而相应地，由雇主和独立专业人员构成的“旧”中产阶级出现了明显的萎缩，其比重同期从 4.4% 下降到 1.9%，降幅高达 132%。

表 2–1：1940—1980 年[a]拉丁美洲的城市职业分层[b]（单位：%）

非农业人口	1940 年	1950 年	1960 年	1970 年	1980 年
较高的非体力劳动阶层	6.6	9.4	10.1	12.7	15.9
雇主、独立专业人员	4.4	5.2	1.9	2.6	2.4
经理、受雇的专业人士和技术人员	2.2	4.2	8.2	10.1	13.5
较低的非体力劳动阶层	15.2	16.0	16.9	18.5	19.0
职员	8.4	10.0	11.1	11.7	13.2
售货员	6.8	6.0	5.8	6.8	5.8
小企业主	0.8	2.5	2.6	2.5	2.5
经商者	0.8	2.3	1.5	1.2	1.3
其他（制造业、服务业）	0.0	0.2	1.1	1.3	1.2

① 这里的中产阶级包括雇主、独立专业人员、经理、专业人士和技术人员，以及办事员阶层。

② 在拉美多数国家，特别是在阿根廷、智利、墨西哥、秘鲁和乌拉圭等国，在 20 世纪 20—70 年代建立了面向大部分社会中间阶层的养老金制度，是最早享有养老金待遇的群体之一。参见：Carmelo Mesa-Lago, *Social Security in Latin America: Pressure Groups, Stratification, and Inequality,* Pittsburgh: University of Pittsburgh Press, 1 edition, 1978, p264.

（续表）

个体经营者	28.5	19.8	20.5	17.4	18.6
经商者	9.5	7.1	7.5	6.6	5.8
其他	19.5	12.7	13.0	10.8	12.8
工资劳动者	35.9	41.3	40.4	39.4	36.4
运输业	6.1	3.8	4.5	3.7	2.7
建筑业	5.4	7.0	7.1	7.8	7.1
工业	20.1	19.2	19.1	16.3	16.5
服务业	4.3	11.3	9.7	11.6	10.1
家庭服务员	13.0	11.0	9.5	9.5	7.6
总计	100.0	100.0	100.0	100.0	100.0
农业（占经济自立人口）	61.6	52.5	46.7	39.5	30.6

资料来源：[英]莱斯利·贝瑟尔主编，中国社会科学院拉丁美洲研究所译：《剑桥拉丁美洲史》，中文版第六卷（上），北京：当代世界出版社，2000 年，第 269 页。

注：a：年份系数：1940 年的数字包含 1941 年阿根廷人口统计的数字；1980 年的数字不包括哥伦比亚。b：根据阿根廷、巴西、智利、哥伦比亚、墨西哥和秘鲁的全国人口统计数字计算。

不过，这种平均化掩盖了国家间的显著差异。在阿根廷，经理、专业人士、技术人员在城市就业中的比重从 1947 年的 1.9% 增加到 1960 年的 8.4%，增幅高达 342%。中产阶级占就业人口的比重同期从 26% 提高到 26.7%。这种增速放缓的主要原因是，旧中产阶级的比重下降明显，从占就业人口的 8.9% 下降到 3.3%（见附录一）。与阿根廷相比，其他国家的中产阶级规模相对较小，但增长速度却不低。比如在智利，中产阶级在就业人口中的比重从 1940 年的 14.1% 稳步提高至 1952 年的 18.9% 和 1960 年的 21%，其中以经理和受雇的专业人士与技术人员的比重提高最为显著（见附录二）。巴西也经历了大致相同的发展历程，但其中产阶级的规模明显偏低一些，其增幅相对平缓。1940 年，巴西城市中产阶级的规模和智利接近，只有 14%，1950 年略微增至 16%，到 1960 年时城市中产阶级的比重仍然不足 20%（见附录三）。

三、中产阶级的发展和巩固（1960—1980 年）

从 20 世纪 50 年代末到 70 年代中期，拉美的城市职业结构呈现一种独特的现象：一方面，依然庞大的工薪体力劳动者阶层同不断扩大的非体力劳动者阶层并存;另一方面,个体劳动者阶层的规模日益萎缩。与此相伴随的是,这个时期劳动的性质也在发生显著的变化，即曾占据职业主流的独立专业工作者和小企业主让位于公共机构或私人大企业中的工资劳动者，社会关系也从占主导地位的依附关系转变到主要是契约性质的劳动关系。[①]

在这种新的劳动契约关系下，拉美的城市职业结构演变继续深入，演变并在 1980 年左右开始稳定下来。首先，1950—1980 年间，制造业部门的增长率与以前相比下降了，由此导致制造业就业相对于其他非农就业的重要性显著下降。在拉美 6 个国家（阿根廷、巴西、智利、哥伦比亚、秘鲁、墨西哥）中，除巴西外，所有国家的工业部门的就业比重都明显下降了。在阿根廷，工业就业比重下降了近 2 个百分点，而智利和墨西哥均下降了大约 4 个百分点[②]。其次，20 世纪六七十年代，除阿根廷外，经济现代化的持续推进导致个体经营者的比重进一步下降，其中下降最明显的是哥伦比亚，而秘鲁的下降幅度最不显著。再次，这个时期最大的变化是服务业的扩张和由此带动的非体力劳动者的急剧增加。服务业就业比重的增加很大程度上是由于商业服务（金融和技术）以及社会和行政服务的需求增加带来的。这些现代服务业与国家的发展和资本密集型的制造业紧密联系，成为 20 世纪六七十年代服务业就业最有活力的来源。

需要指出的是，在阿根廷，这种非体力劳动阶层扩张的趋势出现得更早（参见附录一）。早在 1914 年，阿根廷的非体力劳动阶层占城市劳动力的比重已经接近 30%。从 1914—1960 年，阿根廷最显著的职业变化是经理、专业人员和技术人员增加了，雇主和独立专业人员减少了；职员阶层增加了而商店售货员阶层减少了。而在 1970—1980 年的 10 年间，管理、专业人员和技术人员的数量增幅进一步加快。在巴西和墨西哥，非体力劳动阶层的增加

① [英] 莱斯利·贝瑟尔主编，中国社会科学院拉丁美洲研究所译：《剑桥拉丁美洲史》，中文版第六卷（上），北京：当代世界出版社，2000 年，第 280 页。

② [英] 莱斯利·贝瑟尔主编，中国社会科学院拉丁美洲研究所译：《剑桥拉丁美洲史》，中文版第六卷（上），北京：当代世界出版社，2000 年，附录二到附录七，第 320—325 页。

主要体现在经理、专业人员和技术人员的迅速增长上。工业化在两国的迅速扩张也带动了与工业化相联系的服务业的扩张。在淘汰体力劳动者的同时，技术变革也创造了更多的技术岗位和行政管理岗位。比如，在墨西哥，非体力劳动阶层的上层占工业企业雇员的比重从1940年的约11%增长到1980年的24%（参见附录四）。需要特别指出的是，职员阶层的相对扩大在六国中任何一国都是最快的，这种增长主要是由于公共部门而非私人部门就业的扩大。数据显示，比如在秘鲁，职员阶层在1940—1981年间占城市就业的比重增加了一倍以上，墨西哥同期的增幅也接近100%。而在六七十年代，公共部门的非体力劳动者是增长最快的就业群体；不仅如此，它也是获得社会福利最好的职业群体。最后，作为现代职业结构的天然组成部分，妇女就业从1950年以来大幅增加，成为拉美城市职业结构中最重要的变化之一。迅速的城市化或许是推动对妇女劳动力需求增加的主要因素。数据显示，与20世纪上半叶相比，中产阶级中妇女的就业机会明显扩大了，妇女在非体力职业中的相对比重甚至超过了男性。这主要是与公共行政和教育卫生等领域的扩张相联系的技术、专业和事务性职业的需求增加有关——女性从事这些职业显然优于男性等。这种变化在阿根廷、巴西和智利三国表现最为明显。

城市职业结构的这种变动带来的一个明显后果是中产阶级所占比重的稳定提高。到1980年，拉美中产阶级的比重已经超过30%，拉美主要国家都已经显现出现代社会结构的雏形。表2-2显示了拉美六国城市中产阶级规模在40年间的变化。可以说，自1940年以来，拉美中产阶级的规模就一直呈现稳定扩张的态势，到1960年已经有超过20%的城市劳动者跨入了中产阶级，到1980年这种比重进一步扩大到30.3%。当时这6个国家占拉美85%的人口，因此能够大体反映出拉美的总体趋势。不过，由于拉美国家的经济和社会水平的显著差异，这六个国家的中产阶级比重也存在明显的差别。比如，早在1950年，阿根廷中产阶级职业的比重就已经达到26%，而哥伦比亚直到20年后还低于这一水平。巴西的中产阶级在各个历史阶段都一直是六个国家中最少的，到1980年仍低于地区平均数，和秘鲁一起成为1960年拉美仅有的两个中产阶级比重没有超过20%的国家。不过秘鲁在1960—1980年的20年间增速惊人，从19.8%骤然增加到33%，增幅超过67%。虽然不同国家存在着诸多差异，但无疑有一点是确定的，即到1980年，拉美主要国家已经有30%左右的就业人口跨入了中产阶级。这40年间职业结构的转换无疑奠定了一种通向橄榄型社会结构的趋势。

表2-2：1940—1980年拉美6国城市中中产阶级职业阶层的比重[a]（单位：%）

国家＼年份	1940	1950	1960	1970	1980
阿根廷	18.4[b]	26.0[c]	26.7	25.5	31.0
巴西	14.0	16.0	18.2	22.3	27.6
智利	14.1	18.9[d]	21.0	26.3	29.9[e]
哥伦比亚	16.7[f]	17.4[g]	20.5[h]	23.4[i]	—
墨西哥	13.0	18.9	22.3	27.5	30.1
秘鲁	17.2	17.9	19.8[j]	25.6[k]	33.0[l]
简单平均	15.6	19.2	21.4	25.1	30.3

资料来源：作者根据[英]莱斯利·贝瑟尔主编，中国社会科学院拉丁美洲研究所译：《剑桥拉丁美洲史》，中文版第6卷（上），北京：当代世界出版社，2000年，第320—325页，附录二到附录五的相关数据计算得出。

注：a：表中数据是中产阶级职业层次（包括雇主、独立专业人员、经理、专业人员、技术人员、职员）占城市就业人口的比重。b：1917年数据。c：1947年数据。d：1952年数据。e：1982年数据。f：1938年数据。g：1951年数据。h：1960年数据。i：1973年数据。j：1961年数据。k：1972年数据。l：1982年数据。

第二节 推动中产阶级形成的主要因素

一、工业化

在所有国家，经济增长无疑是推动中产阶级形成的主动力。在20世纪80年代之前的拉美，这种经济增长主要体现为工业化。工业化进程吸引了大量的人口集中，推动了城市的发展，由此也增加了对现代城市管理和服务人才的需求。与此同时，诸多工厂的兴建和技术设备的引进，对技术人才和管理人才提出了新要求。从这个意义上说，工业化对于新的职业结构的形成发挥了关键性的推动作用。不仅如此，工业化还带动了产业结构升级，扩大了城市就业，促进了国民收入的增长。可以说，中产阶级早期形成的关键因素，正是1870年，特别是1930年以来的工业化。

拉美的工业化进程大致可以分为两个阶段，即从19世纪70年代到20世纪30年代的早期工业化和从20世纪30年代到80年代的进口替代工业化。

从1870年开始，拉美进入了一个出口贸易的黄金时期，其中1870—1890年间的出口年均增长率高达27%，是1850—1870年增长率的6倍。出口经济的繁荣带来了一系列重要的变化，比如，加剧了人口的地域集中和城市化进程，推动了就业和收入增长。随着国际市场竞争的加剧和出口需求的增加，出口加工工业在技术革新的推动下开始迅速发展起来，并出现了一批现代生产企业，其中率先矿产品提炼、制糖和肉类加工为主的出口加工工业获得发展。到20世纪初，几个工业化起步较早的国家，如阿根廷、智利、巴西和墨西哥等国还发展了钢铁、化工、汽车制造等高端工业。经过几十年的发展，到1928年，拉美制造业产值在国民收入中的比重日益提高。阿根廷、巴西、智利、墨西哥、委内瑞拉和乌拉圭（1930年）等国的制造业净产值占国内生产总值（GDP）的比重均超过10%，而在拉美当时工业化程度最高的阿根廷，这一比重甚至接近20%[①]。

从1930年开始，拉美进入了工业化进程的新阶段，即进口替代工业化阶段（到1982年债务危机爆发时结束）。这个阶段是拉美国家工业化最重要的时期。尽管受经济大萧条的影响，但在1932—1939年间，制造业仍然是

① [英]维克托·布尔默-托马斯著，张凡等译：《独立以来拉丁美洲的经济发展》，北京：中国经济出版社，2000年，第227页。

带动拉美国民经济增长的主导力量，其中有 7 个国家[①]的制造业年均增长率超过 5%，哥伦比亚和墨西哥分别高达 11.8% 和 11.9%。1939 年这 7 个国家的制造业产值占 GDP 的比重均超过 9%。不过各国增速并不均匀，制造业产值比重最高的阿根廷（22.7%）是较低的哥伦比亚（9%）的 2 倍多[②]。从 1950 年开始，拉美国家的工业化进程进入了一个加速期，经济持续稳定增长。从 1950 年到 1980 年，拉美国家的工业化水平稳步提高（参见表 2–3）。拉美地区制造业产值占 GDP 的比重，从 1950 年的 18.4% 增加到 1980 年的 25.4%，人均工业产值从 1950 年的 87 美元增加到 1980 年的 225 美元（1970 年美元平价汇率加权平均数），30 年里提高了近 160%。工业化程度较高的国家是阿根廷、乌拉圭、巴西、智利和墨西哥。阿根廷的人均工业产值从 1950 年的 239 美元增加到 1977 年的 516 美元，增加了 116%；巴西是增幅最显著，从 1950 年的 59 美元增加到 1978 年的 253 美元，增加了近 330%。[③]

表 2–3：拉美国家（地区）制造业产值占 GDP 的比重（单位：%）

年份 国家(地区)	1950	1960	1970	1980	1990
阿根廷	21.4	24.2	27.5	25.0	21.6
巴西	23.2	28.6	32.2	33.1	27.9
智利	20.6	22.1	24.5	21.4	21.7
哥伦比亚	17.2	20.5	22.1	23.3	22.1
墨西哥	17.3	17.5	21.2	22.1	22.8
秘鲁	15.7	19.9	21.4	20.2	18.4
委内瑞拉	10.2	12.7	17.5	18.8	20.3
中美洲[a]	11.3	12.9	15.5	16.5	16.2
拉丁美洲	18.4	21.3	24.0	25.4	23.4

① 这七个国家是阿根廷、巴西、智利、哥伦比亚、墨西哥、秘鲁和乌拉圭。

② [英]莱斯利·贝瑟尔主编，中国社会科学院拉丁美洲研究所译：《剑桥拉丁美洲史》，中文版第六卷（上），北京：当代世界出版社，2000 年，第 105 页，表 2.7。

③ CEPAL, *América Latina en el umbral de los años 80*, Santiago de Chile, 1980, p56.

资料来源：*Anuario estadístico de América Latina y el Caribe* 1991, 1992, CEPAL, Santiago, Chile. 1950 年、1960 年和 1970 年按 1970 年市场不变价格计算；1980 年、1990 年按 1980 年市场不变价格计算。

注：a：包括中美洲共同市场 5 个成员国。

工业化的迅猛发展给拉美带来了一系列积极的变化。首先，工业化成为拉美经济增长的引擎。2001 年霍夫曼选取拉美 8 个国家作为样本[①]，与拉美之外的其他地区进行了比较（参见表 2-4）。结果发现，玻利维亚的经济增长速度最慢，巴西和委内瑞拉表现最好；阿根廷、智利、墨西哥和秘鲁则介于二者之间，经济年增长率平均保持在 3.5% 左右。这一经济增长速度甚至超过了发达国家，但低于亚洲国家。1929—1950 年间，第二次世界大战导致世界经济的增长中断，大部分国家陷入经济衰退。但这一时期，拉美地区的经济表现可谓“一枝独秀”。拉美的与众不同正在于这一时期开始的进口替代工业化政策。这一点在阿根廷、巴西、哥伦比亚和墨西哥表现尤其明显。这些国家拥有较大的国内市场和相对稳固的工业基础。1950—1973 年是世界经济的黄金时期。拉美国家的发展速度并不一致。这一时期，巴西、委内瑞拉、秘鲁、哥伦比亚和墨西哥的经济增长是最快的，而此前增长强劲的智利和阿根廷则出现了回落。1973—1980 年间，拉美经济再次表现出它的不同之处：几乎所有的发达国家都因石油危机而陷入衰退，但拉美国家依然保持较高的经济增速。巴西和墨西哥的表现最为突出，这一时期的年均增长率高达 7.2% 和 6.4%，是发达工业国家平均数的近 3 倍。不过，这一时期，亚洲新兴工业化国家和地区的经济表现同样不俗。

① 1998 年，这 8 国占拉美总人口的 80%，占拉美总面积的 80%，占拉美 GDP 的 90%，具有较强的代表性。

表 2–4：1900—1998 年拉美 GDP 的年均复合增长率及与其他国家（地区）的比较（单位：%）

国家(地区)＼年份	1900—1913	1913—1929	1929—1950	1950—1973	1973—1980	1980—1989	1989—1998	1900—1998
阿根廷	6.4	3.5	2.5	4	3	–1.1	5	3.5
玻利维亚	2.7	2.7	2.5	3.3	2.9	–0.3	4.3	2.7
巴西	4.5	4.7	5	6.9	7.2	2.3	1.1	4.9
智利	3.7	2.9	2.2	3.6	2.8	3	7.2	3.4
哥伦比亚	4.2	4.7	3.6	5.1	5	3.3	3.7	4.3
墨西哥	2.6	0.8	4	6.5	6.4	1.5	3.3	3.7
秘鲁	4.5	5.4	2.6	5.3	3.6	–0.7	3.5	3.8
委内瑞拉	3.3	8.2	5.9	6.4	4.1	0	3.6	5.2
加权平均	4.1	4.1	3.9	5.4	4.8	1.5	4	4.2
韩国	2	3	0.7	7.5	7.1	8.7	5.9	4.5
中国台湾	1.8	3.8	1.8	9.3	8.3	7.4	5.1	5.2
加权平均	1.9	3.4	1.3	8.4	7.7	8	5.5	4.8
法国	1.7	1.9	0.6	5.1	2.8	2.2	1.7	2.4
德国	3	1.2	1.4	5.9	2.2	1.9	2.4	2.8
日本	2.5	3.7	1.1	9.6	2.9	4	1.6	4.2
荷兰	2.3	3.6	1.5	4.7	2.4	1.8	2.8	2.9
英国	1.5	0.7	1.7	3	0.9	2.9	1.7	1.8
加权平均	2.2	2.2	1.3	5.7	2.3	2.6	2	2.8
美国	4	3.1	2.6	3.7	2.1	3	2.4	3.1

资料来源：André A. Hofman, *Long run economic development in Latin America in a comparative perspective: Proximate and ultimate causes*, Table 1, p10, CEPAL-SERIE Macroeconomía del desarrollo N° 8, Santiago, Chile, 2001.

与经济增长相呼应的是，工业化也带动了国民收入的增长。以人均 GDP 来看，20 世纪 80 年代之前，拉美国家的人均 GDP 保持了 2% 左右的年增长率（参见表 2–5）。表现最好的是巴西，1900—1980 年都保持了稳定的增长态势。其他拉美国家虽然同期也保持了一定的增速，但呈现出两个方面的特点：一是总体而言，增速不太高；二是不同阶段的增速波动性较大。尽管如此，除1950—1973年外，拉美国家人均GDP的增速都超过了发达国家，且几乎在所有时期都超过了美国。尽管20世纪50年代之前，拉美人均GDP的增势相对亚洲显著，但1950年之后情势发生了逆转，拉美国家开始落后于亚洲。与发达国家相比，拉美人均GDP的增速仍然相对落后。1950—1973年，拉美人均GDP的年增长率为2.4%。这一比重虽然高于1929—1950年的1.5%，但同期发达国家的人均GDP年增长率为4.6%，几乎是拉美国家平均数的两倍。

表2-5：1900—1998年拉美人均GDP年均复合增长率及与其他国家（地区）的比较（单位：%）

国家（地区）\年份	1900—1913	1913—1929	1929—1950	1950—1973	1973—1980	1980—1989	1989—1998	1900—1998
阿根廷	2.5	0.9	0.6	2.3	1.4	–2.5	3.7	1.3
玻利维亚	1.7	1.6	1.3	1.1	0.5	–2.4	1.9	1.0
巴西	2.3	2.5	2.6	3.9	4.7	0.2	–0.6	2.5
智利	2.4	1.6	0.6	1.4	1.2	1.4	5.6	1.7
哥伦比亚	2.1	2.1	1.6	2.2	2.7	1.3	2.0	2.0
墨西哥	1.9	0.1	1.6	3.3	3.5	–0.7	1.5	1.7
秘鲁	3.4	4.1	0.8	2.5	0.9	–3.1	1.6	1.8
委内瑞拉	2.3	7.3	3.8	2.6	0.5	–2.5	0.4	2.7
加权平均	2.3	2	1.5	2.4	2	–1	2.2	1.9
韩国	0.8	1.3	–1.3	5.2	5.3	7.4	6.6	2.7
中国台湾	0.4	2.1	–0.9	6.2	6.2	5.9	5.2	3
加权平均	0.6	1.7	–1.1	5.7	5.7	6.6	5.9	2.8
法国	1.5	1.9	0.5	4.1	2.3	1.7	0.8	2.0
德国	1.6	0.8	0.4	4.9	2.3	1.8	1.8	2.1

（续表）

日本	1.3	2.4	–0.2	8.3	1.8	3.4	2.0	3.1
荷兰	0.9	2.1	0.3	3.4	1.7	1.3	1.6	1.7
英国	0.7	0.3	1.3	2.5	0.9	2.7	0.4	1.4
加权平均	1.2	1.5	0.4	4.6	1.8	2.2	1.3	2.1
美国	2.0	1.7	1.5	2.2	1.0	2.0	1.2	1.8

资料来源：André A. Hofman, *Long-run economic development in Latin America in a comparative perspective: Proximate and ultimate causes*, Table 2, p11, CEPAL-SERIE Macroeconomía del desarrollo N°　8, Santiago, Chile, 2001.

其次，工业化不仅推动了产业结构的升级，而且推动了城市的就业，深刻地改变了就业结构。随着进口替代工业化进程的加速，拉美的产业结构调整不断深化。[①]一个总体的趋势是，农业在国民经济中的比重逐步下降，从 1960 年的 17.2% 下降到 1980 年的 10.2%，降幅接近 70%；工业所占比重同期稳定上升，从 1960 年的 32.9% 上升到 1970 年的 35.4%，直到 1980 年仍继续保持上升态势。工业化进程中产业结构最明显的改变并不是发生在工业领域，而是在服务业领域。服务业占国民经济的比重在 60—80 年代一直保持在高位，到 70 年代这一比重已经超过 50%。与此相呼应，劳动力的结构也发生了相应的变化。农业劳动力从 1960 年的 47.9% 稳步下降到 1980 年的 32.1%；工业部门的劳动力虽有增加，但增幅并不大，20 年间增加了不足 5%。服务业劳动者的数量出现了稳定的上升态势，20 年间增加了 11%。[②]另一方面，就就业类型而言，1950—1980 年间，拉美国家的就业结构表现出两个方面的特点：其一，城市就业和农村就业呈截然相反的变化。这一时期，城市就业人口占经济自立人口的比重从 1950 年的 44.1%

① 按联合国拉美经委会统计年鉴的分类，农业包括：农业、狩猎、林业与渔业；工业包括：矿业和采掘，制造业，电力、水、气，建筑业；服务业包括：批发及零售、餐馆、旅店，运输、仓储与通信，金融、保险、房地产及商业服务，社区、社会及个人服务。

② 张勇：《拉美劳动力流动与就业研究》，北京：当代世界出版社，2010 年，第 81 页，表 2–5。

增加到 1980 年 64.3%[①]，而同期农村就业人口的比重降幅接近 20%。其二，虽然农村劳动力向城市的大量流动造成城市就业压力增加，但这一时期，正规部门就业仍是主流，城市正规部门的就业增加了 14.4%，而非正规部门就业仅增加了 5.8%。这意味着工业化进程虽然无法完全吸纳劳动力的结构性流动，但仍具有强大的吸收能力。

二、城市化

城市化和工业化密不可分，事实上，二者之间存在着一种互相促进的关系。工业化推动着城市化，城市化也助推工业化。如同工业化一样，城市化也在推动着社会结构的变化，特别是在塑造中产阶级方面发挥着重要的催化作用。这主要是因为城市的快速发展催生了一系列的社会需求，比如教育、科学、文化、管理、行政等，而这些职位是构建中产阶级的重要来源。可以说，中产阶级和城市化是并行不悖的，城市化的过程就是中产阶级不断壮大的过程。

拉美的城市化发轫于 19 世纪出口经济的繁荣。19 世纪末，西欧和美国工业化的深入发展扩大了对拉美原材料的需求，由此导致拉美部分国家的出口经济繁荣，进而推动了城市的复兴。根据相关资料，1850 年，人口超过 10 万的拉美城市只有 4 个（巴西的里约热内卢和萨尔瓦多、墨西哥的墨西哥城和古巴的哈瓦那）。但到 1900 年，人口超过 10 万的城市已经发展到 10 个，其中人口最多的是布宜诺斯艾利斯（87 万），其次是里约热内卢（69 万）、墨西哥城（54 万）、蒙得维的亚（30.9 万）、圣地亚哥（28.7 万）和圣保罗（23.9 万）。进入 20 世纪以来，城市化的发展速度更为惊人。到 1930 年，这样的大中型城市已经猛增到 28 个。这一时期，某些城市的人口发展速度更加迅速：布宜诺斯艾利斯的人口从 19 世纪 50 年代的 9 万人暴增至 1930 年的 300 多万人；同期，里约热内卢的人口从 18.6 万增加到

① Víctor E.Tokman, *the development strategy and employment in 1980s*, *CEPAL Review* 1981(15), p136.

150 万，墨西哥则从 20 万增加到 130 万，圣保罗从 2.6 万增加到 100 万。

1950 年到 1980 年是拉美城市化进程最快的一个时期。这 30 年间，许多拉美城市的年扩张速度都超过了 4%，一些城市甚至更快，比如利马、墨西哥城和圣保罗的增速超过 5%、加拉加斯超过 6%、波哥大甚至超过 7%。如果以 2 万人以上的城镇作为城市的标准，那么每十年的发展速度是非常惊人的：1930 年拉美的城市人口增速为 17%；1940 年为 33%，1960 年为 44%，1970 年超过 64%。1960—1970 年间，拉美的总人口增加了 33%，而同期城市人口增加了 54%。[①] 到 20 世纪末，拉美已经成为城市化率最高的发展中地区。就国别而言，到 1980 年，拉美主要国家的城市化率都超过了 60%（参见表 2–6）。其中，乌拉圭、阿根廷和智利等是欧洲移民最多的国家，其城市化率名列前茅，均超过 80%；而秘鲁和巴西这两个城市化起步较晚的国家则是发展速度最快的，1950—1980 年的 30 年间，两国的城市化率分别提高了 29.1% 和 30.2%。

表 2–6：拉美主要国家的城市化水平（单位：%）

国家＼年份	1950	1960	1970	1980
乌拉圭	78.0	80.1	82.1	85.2
阿根廷	65.3	73.6	78.4	82.9
委内瑞拉	46.8	61.2	71.6	79.4
智利	58.4	67.8	75.2	81.2
巴西	36.0	44.9	55.8	66.2
墨西哥	42.7	50.8	59.0	66.3
哥伦比亚	37.1	48.2	57.2	63.9
秘鲁	35.5	46.3	57.4	64.6

资料来源：Nciones Unidas(2000)。本文转引自 Alfredo E. Lattes, *Población urbana y urbanización en América Latina*, p56, www.flasco.org.cl.

① *Encyclopedia Of Latin American History and Culture Vol.2,* New York: Charles Scribners & Sons, 2 edition, 2008, p436.

在推动拉美城市爆炸性增长的诸因素中，有三个方面的作用特别明显。

其一，人口增长率。从1870—1930年，拉美人口的增长主要是由外来移民带动的，这一点在阿根廷、巴西南部、智利、古巴和乌拉圭特别明显，而其他地区的人口增长率普遍较低。但从20世纪30年代开始，移民在推动人口增长方面的作用大幅下降，拉美进入了一个人口自然增长期。拉美的人口从1930年的1.07亿增加到1950年的1.65亿，然后又猛增至1970年的2.85亿。20世纪三四十年代，拉美人口的年均增长率保持在2.17%，而1950—1970年间则骤增至2.72%。[①] 这一时期，拉美人口的自然增长主要是由于出生率超过了死亡率。20世纪30年代中期，拉美的总体死亡率是20‰，而出生率则达到30‰。到70年代，死亡率已降至10‰，而出生率并没有同步下降，反而骤增至40‰。

其二，农村向城市的大规模移民。从1940—1970年，拉美城市的扩张有2/3可归因于农村向城市的移民。尽管农民离开农村可能出于各种原因，但最主要的是“经济机遇没有同人口的增加同步”[②]，业已固化的经济和社会体制限制了农村地区吸收新增人口的能力，而人口增长率的提升也加剧了农村人口的生活和经济压力。另外，技术的进步推动着更多地采用机械化，也降低了对劳动力的需求。

其三，20世纪40年代末到70年代，拉美的经济政策加速了城市化进程。这一时期的进口替代工业化政策呈现一种对城市的偏向，重大的生产性投资和社会基础投资都集中于城市，特别是首都或大城市。一方面，这些投资拉动了经济增长，创造了更多就业机会。另一方面，相比农村，城市提供了更多、更好的公共服务，特别是医疗、教育以及公共娱乐活动等。在城市的这种诱惑下，

① ［英］莱斯利·贝瑟尔主编，中国社会科学院拉丁美洲研究所译：《剑桥拉丁美洲史》，中文版第六卷（上），北京：当代世界出版社，2000年，第7页，表1.2。

② ［英］莱斯利·贝瑟尔主编，中国社会科学院拉丁美洲研究所译：《剑桥拉丁美洲史》，中文版第六卷（上），北京：当代世界出版社，2000年，第36页。

大量的人口开始从其他地区向城市集中。而且，拉美迁移者的特点是，他们比输出地的一般居民具有更高的教育水平和技术水平。结果，城市变成了人才高地，导致人力资本的相对集中，从而为技术和服务阶层的扩大打下了基础。

快速的城市化进程也加速了社会的流动性。1940—1980 年是拉美社会高流动性的时期，主要是由于劳动力大规模地从农业向城市职业的流动。研究表明，那些总体结构性流动速度最快的国家也是城市化速度最快的国家，比如巴西和墨西哥。而那些城市化较早的国家，比如阿根廷，其结构性流动较少，因为其农业劳动者较少，而高层次的非体力职业相对较早地形成了。在诸年龄群体中，青年人的社会流动性相对较高。这主要是教育水平提高的结果，教育成为职业流动最主要的途径。联合国拉美经委会 1989 年的一份研究报告认为，1960—1980 年是拉美社会的结构性流动最显著的一个时期。这种流动主要表现为：劳动力由农业部门的体力劳动向非农业部门的体力劳动的转移，以及劳动力由非农业部门的体力劳动向非体力劳动的转移。在该报告所研究涉及的 10 个国家中，除了乌拉圭和阿根廷外，其他 8 个国家的总体结构流动的比重都超过了 20%。其中，非农业体力劳动向非体力劳动的转移在智利、巴拿马、秘鲁、厄瓜多尔、巴西等国表现明显，由此带来了中产阶级就业阶层（即非农业部门的非体力劳动者）的大量增加。

快速的城市化也推动着职业结构和社会结构的变化。20 世纪 30 年代之前，拉美国家多数属于传统的农业社会，但在此后的四五十年间开始迅速地向工业社会转变。在传统的农业社会中，社会结构往往体现为上层的统治阶级和下层的被统治阶级，虽然这两个阶层之间也存在着诸如医生、教师、律师、公务员等专业人士等，但数量非常小。从 20 世纪 20 年代起，在部分工业化程度较高的城市，中间阶层出现了新的力量，比如专业技术人员、企业管理人员，以及技术官僚等。这些人员以其专业技能和高教育水平而成为“新中产阶级”。进口替代工业化时期，随着大批工业企业的建立，城市化进程开始加速，由此也增加了对各种服务，首先是公共服务的需求，比如饮用水、排污管道、交通、电力、医院、学校等。这些作为一种公共产品都需要由政府提供，导致政府职能的扩大，由此带动了公共部门就业的大幅增长。比如到 1980 年，阿根廷公共部门就业占城市正规就业的 33.8%，巴西为 29.3%（1982 年），秘鲁为 49.1%（1981 年），哥伦比亚为 21.2%（1982 年）。[①]20 世纪 60 年代末，随着工业化进入新的阶段，城市现代部门深入发展，制造业、商业、交通运输，以及科学技术等部门都出现了相当数量的就业人口，城市的职业结构变得更加复杂。一方面，小商人和小企业主等传统的中产阶级因为技术进步或竞争加剧而衰落，甚至沦为无产阶级；另一方面，现代服务部门涌现出大量的专业技术人员和高级管理人员。这些新阶层的出现壮大了中产阶级的力量和影响力，推动着拉美现代社会结构的形成。

三、海外移民

在拉美经济和社会发展进程中，移民是一个不容忽视的重要因素。这不仅是因为移民在早期弥补了拉美劳动力的短缺，优化了人口结构，更重要的是这些国际移民，特别是欧洲移民的文化素质相对较高，通常拥有某种技能或者更富创业精神。他们的到来为拉美劳动力市场注入了新的活力，深刻地改变了移入国的社会结构和职业结构。到 20 世纪初，移民成为拉美产业工人和城市中产阶级的重要来源。

（一）拉美国家的海外移民概况

1880—1930 年是拉美的大移民时代。19 世纪，随着交通运输技术的发展和贸易的制度性障碍的消除，商品和生产要素的流动开始加速。许多拉美国家由于本土人口相对稀少，劳动力短缺，都竭力引入外国劳工。当然，他

① ［英］莱斯利·贝瑟尔主编，中国社会科学院拉丁美洲研究所译：《剑桥拉丁美洲史》，中文版第六卷（上），北京：当代世界出版社，2000 年，第 287 页。

们更想引入文化素质相对较高的欧洲移民，以推动本国的经济和社会现代化。从 1850 年以来，拉美成为欧洲无数移民的理想目的地。到 1900 年，迁往拉美的海外移民达到高峰。数据统计显示，从独立战争到 1930 年，来到拉美的欧洲移民共计 1360 万，几乎占同期欧洲向外移民总数的 24%（参见表 2–7）。而移入国主要集中在阿根廷、巴西、古巴、乌拉圭和墨西哥等国。

表 2–7：1840—1930 年欧洲向拉美国家的移民

国家	移民总数（千人）	占拉美移民的比重（%）
阿根廷	6501	47.9
巴西	4361	32.1
古巴	1394	10.3
乌拉圭	713	5.3
墨西哥	270	2.0
智利	90	0.7
委内瑞拉	70	0.5
波多黎各	62	0.5
秘鲁	35	0.3
巴拉圭	21	0.2
其他	50	0.4
总计	13567	100
欧洲向外移民总数	56238	24.1
欧洲向新大陆移民总数	51244	26.6

资料来源：*Encyclopedia of Latin American History and Culture Vol.4*, New York:Charles Scribners & Sons,2 edition, May 2008, p576.

阿根廷是拉美地区接收移民人数最多的国家。一方面，相对于其他国家，阿根廷既有海外投资和技术等一系列便利的发展条件，还有当时全拉美最肥沃的土地和最发达的水路运输系统，这都极大地增强了人员和思想的流动性。另一方面，则是由于阿根廷移民政策的推动。阿根廷 1853 年宪法第 25 条规定：“联邦政府鼓励欧洲移民，对基于从事土地耕种、促进工业和从事科学和艺术教学活动的外国人进入阿根廷不禁止、不限制，亦不要求其承担任何税负。”[①] 阿根廷有利的环境条件和宽松的移民政策吸引了许多海外移民。1880—1916 年，海外向阿根廷的移民数量达到顶峰，阿根廷成为现代主要移民国家之一。据统计，在全球国际移民顶峰时期（1821—1932 年），有 6 个国家吸收了世界移民总量的 90%，阿根廷名列第二，接收移民总数为 640.5 万人。另一个名列其中的拉美国家是巴西，接收移民总数为 443.1 万人。[②] 阿根廷移民主要来自意大利和西班牙，其他主要移民群体来自法国、德国、英国和爱尔兰。这些国家的移民虽然人数不多，但通常拥有特别的技能，能够很快脱颖而出。移民的大量涌入有力地推动了劳动力的增长，因为移民人口大多处于工作年龄，而且从长远来看，对经济发展产生了更加积极的影响。[③]

巴西的移民潮始于 19 世纪下半叶，大致可分为三个阶段。第一个阶段从 1880—1909 年。这个阶段的移民主要来自欧洲，其中以意大利移民居多，有近 120 万人，其次是葡萄牙、西班牙，以及德国等国（参见表 2-8）。这一趋势同阿根廷大体相当。这一时期，欧洲移民主要是作为农业工人在巴西东南部的咖啡种植园工作，之后则作为产业工人和管理者参与工业化进程。移民潮的第二阶段是在 1910—1929 年，移民来源同样集中在葡萄牙、意大利、西班牙、俄罗斯和德国，但与此同时，来自中东地区的移民也开始增加。1930 年后，巴西的海外移民数量逐年下降，最大的新移民群体是日本，其次是中东地区的移民加入新兴的工业部门。事实上，这一时期，国内移民已经取代海外移民成为国内经济发展的主力。

① República de Argentina Constitución de 1853, Political Database of the Americas, Georgetown University, http://pdba.georgetown.edu/Constitutions/Argentina/arg1853.html, 访问日期：2019 年 12 月 2 日。

② Arthur P. Whitaker, *Argentina*, New Jersey: Prentice Hall, Inc., 1964, p54. 转引自 Wanda A. Velez, *South American Immigration: Argentina*, http://yale.edu/ynhti/curriculum/units/1990/1/90.01.06.x.html, 访问日期：2019 年 11 月 5 日。

③ John J. Johnson, *Political change in Latin America: The emergence of the middle sectors,* CA: Stanford University Press, 1965, p19.

表 2-8：1880—1969 年流入巴西的国际移民（单位：人）

年份＼国家	葡萄牙	意大利	西班牙	德国	日本	中东	其他
1880—1909	519629	1188883	307591	49833	861	31061	171498
1910—1929	620396	245003	263582	101703	85716	79102	266598
1930—1969	464055	142334	140538	56606	160735	30301	232939
合计	1604080	1576220	711711	208142	247312	140464	671035
比重	31%	30%	14%	4%	5%	3%	13%

资料来源：Jeffrey Lesser, *Negotiating National Identity: Immigrants, Minorities, and the Struggle for Ethnicity in Brazil*,Durham:Duke University Press,1999，Table 1,p8.

与阿根廷和巴西相比，19 世纪的乌拉圭完全是一个“移民产品”①。在独立 30 年后的 1860 年，乌拉圭进行了一次人口统计。这次普查表明，在登记入册的 223000 名居民中，有 1/3 是在外国出生的。这一比重在之后的 30 多年里基本上没有发生变化。尽管没有乌拉圭全国的统计数据，但 1889 年在首都蒙得维的亚进行的一次人口普查中，这个城市有 47% 的人口是外国出生的。如果只考虑 20 岁以上的人口，外国移民的比重竟然高达 71%，其中 21 岁以上男性的比重占 78%。这些新移民大多经济富裕，到 19 世纪的最后 10 年，其拥有的财富占国家财富的一半以上，控制着大批的工商业企业。他们大多有文凭，能够在法律、医学、中高等教育、出版和政府机构等职位同克里奥尔人②进行竞争。由于认识到教育对其后代的价值，移民都强烈支持公共教育。与拉美其他移民国家相比，乌拉圭移民的减弱趋势显然来得更早一些，1908 年的人口普查显示，乌拉圭的移民数量出现明显下降，这种趋势

① Felipe Arocena, *How Immigrants Have Shapped Uruguay*, *Culturales,* Vol. V, Núm. 9, enero-junio, 2009, pp.105—140.

② 这个名称在 16—18 世纪时本来是指生于美洲而双亲是西班牙人的白种人，以区别于生于西班牙而迁往美洲的移民。在西班牙殖民时期的美洲，克里奥尔人一般被排斥于教会和国家的高级机构之外。墨西哥、秘鲁以及其他地方独立以后，克里奥尔人进入统治阶层。他们一般比较保守，同高级牧师、军人、大地主，以及后来的国外投资者都能密切合作。

一直延续到20世纪的其余年份（参见图2–1）。海外移民的融入重塑着乌拉圭的国民性，也缔造了其经济的繁荣。拉蒙·迪亚士（Ramón Díaz）这样写道，“1871—1887年是乌拉圭经济增长最快的一个时期——当时其人均收入堪比英国、法国和德国等——同时也是人口迅速增长的时期，这是简朴、勤奋的欧洲移民为寻求经济财富而蜂涌而至的结果。所有这些价值都奠定了我们过去的辉煌。”①

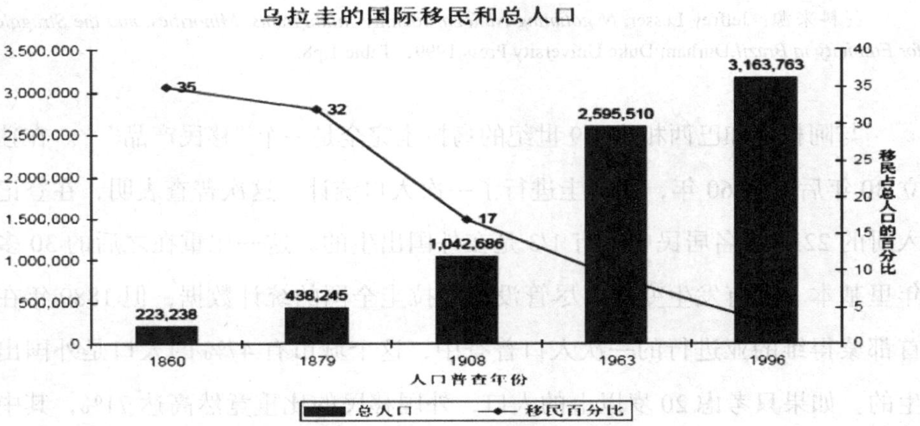

图2–1：乌拉圭的国际移民和总人口

资料来源：Felipe Arocena, *How Immigrants Have Shapped Uruguay*, Culturales, Vol.V, Núm.9,enero-junio,2009,p109.

（二）海外移民对拉美的影响

海外移民，特别是欧洲移民的大量涌入深刻地影响了拉美的经济和社会发展进程。这主要体现在城市化、文化水平，以及劳动技能和创业精神三个方面。

首先，海外移民推动了拉美移入国的城市化。相关资料显示，虽然

① Ramón Díaz, El Observador, 2004, Montevideo, 转引自 Felipe Arocena, *How Immigrants Have Shapped Uruguay*, *Culturales,* Vol. V, Núm. 9, enero-junio, 2009, p109.

当时的诸多海外移民进入拉美的首选目标是从事农业生产，但事实上大部分移民来到拉美后都生活在城市。这种现象在拉普拉塔河沿岸国家表现得特别明显。1895 年，阿根廷城市人口中外国移民占 35%，1914 年这一比重上升到 37%。首都布宜诺斯艾利斯的比重甚至更高，有近一半的人口是外国移民。乌拉圭首都蒙得维的亚也是一个外来移民较多的城市，外来移民占全市人口的 30%。移民数量最多的国家，其城市人口比重也是最高的。比如，1910 年各国城市人口比重分别是：阿根廷是 28.4%，乌拉圭是 30.3%，古巴是 28%，智利是 23%，而同年墨西哥只有 10.3%。唯一例外的是巴西，其移民数量虽然也较多，但城市化率却较低，只有 12%。某种程度上可以说，国际移民对于拉美的城市化发挥了关键性的推动作用。

其次，与移入国相比，欧洲移民的文化素质相对更高，有助于推动移入国人力资本的提升。1914 年，生活在阿根廷的 7 岁以上的西班牙人中，只有 26% 是文盲，而 1910 年西班牙本土的文盲率超过 50%。1910 年，葡萄牙本国的文盲率近 70%，而同年生活在圣保罗的葡萄牙移民只有 52% 属于文盲（参见表 2-9）。由此可见，拉美国家至少从伊比利亚半岛接受了文化水平相对较高的移民。实际上，通过与接收国人口相比较也可以看出移民文化水平的层次。欧洲移民的文化水平明显高于那些本土人口相对较多国家，比如墨西哥和巴西。不过，阿根廷和乌拉圭这两个移民数量较多的国家却很难下同样的结论，因为到 19 世纪和 20 世纪之交，两国的本土人口主要是移民后代，因此很难从人口统计学上分辨出来。但统计数据显示，1850 年左右，本土人口最小而欧洲移民流入量最大的国家，其文盲率在 1910 年的统计中是最低的。乌拉圭名列拉美第一，1908 年的文盲率只有 25%。同期阿根廷的文盲率是 38%，智利的移民人口相对低于阿根廷和乌拉圭，到 20 世纪前十年仍有 50% 的人口是文盲。

表 2-9：1870—1930 年相关国家的文盲率[a]（单位：%）

国家 年份	1870 年	1890 年	1910 年	1930 年
阿根廷	75~80	55~60	35~40	23~28
巴西	—	75~80	64~66	58~62
智利	70~80	60~65	45~50	24
古巴	70~75	60~65	40~45	28.2
墨西哥	—	80~85	72.3	61.5
美国	20	13.3	7.7	4.3
乌拉圭	—	—	20~30	15~25
加拿大	25	13.8	5~10	4.3
澳大利亚	17.9	11.3	4.5	1~5
意大利	69	54~56	39.3	23.1
葡萄牙	—	75~80	68.9	60.2
西班牙	65~70	61	52.2	30~35

资料来源：Blanca Sanchez Alonso, *The other Europeans: immigration into Latin America and the international labour market (1870—1930)*, *Revista de Historia Económica-Journal of Iberian and Latin American Economic History*, Año XXV.Invierno 2007. Nº3, Table 5,p416.

注：a：指既不能写也不能读的人口百分比。

最后，移民也因其劳动技能和创业精神影响了劳动力结构。移民通常集中于工商业，是工业劳动力和城市中下层阶级的重要组成部分。在阿根廷，经济的不断发展吸引了大批外来移民进入新的、不断扩张的部门。这些新移民可能没有带来财富，但其创造财富的能力，不仅影响着移入国的社会，也改变了自身的命运。1914 年阿根廷 46% 的移民从事与中产阶层有关的工作，比如工商企业主、教师、官僚、技工和管理者等。而在巴西，外国劳工也因其技能和勤劳而受到巴西人的青睐，通常在正规部门就业。他们不仅工资高，而且享有特别的地位，可以获得高级别的职位。这些无疑都会增加他们向上流动的机会。① 移民也是极富创业精神的一大群体。在阿根廷，德国人是现

① 不过也要看到，这种情况也导致社会分层出现了种族或民族的二元性，从而在劳动力市场埋下了冲突的种子。20 世纪 30 年代以来，部分拉美国家都进行了旨在限制移民的民族主义立法。

代化程度最高的移民，他们为企业家阶层的形成做出了独特的贡献。在巴西东南部，移民及其后代在为圣保罗工业化和农业部门现代化提供企业管理才能方面扮演了重要角色。1910 年，西班牙移民不足墨西哥人口的 0.2%（29500 人），但其在创造工业、商业公司方面的影响力是巨大的，以至墨西哥历史学家将这些移民定义为“优选移民”（privileged immigration）。① 移民的创业精神不仅推动了当地经济的进步，而且解决了就业，改善了当地的就业状况。另外，移民也帮助制造和扩大了国内市场对工业制成品的需求。移民作为消费者的角色可以让某些工业得益于规模经济，特别是纺织品等消费品工业，刺激了面向国内市场的工业品生产。

四、公共教育

在正常的社会环境中，教育是实现社会流动的重要手段，也是下层阶级迈入中产阶级门槛的敲门砖。约翰逊甚至声称 ：“1900 年之前，所有进入中产阶级的其他决定性因素在教育条件面前都变得黯然失色。”② 拉美教育事业在发展的高潮阶段就受到了两种教育思潮的影响 ：一是“人权教育运动”，一是“经济学派”。前者认为，知识是权力的源泉，主张通过普及教育和巩固社会民主化推动社会流动，缩小阶层间差异 ；后者则声称，教育在社会经济变革中具有不可替代的作用，经济和社会发展应当与人力资源开发同步。这些思想极大地影响了拉美各国政府。在拉美，教育，至少推动教育的普及，一直是各国独立伊始就着力强调的一项重要政策。完全可以说，早期的制度框架和公共教育政策基调为 20 世纪 30 年代以来，特别是第二次世界大战后拉美的教育扩张发挥了基础性作用。

---

① Blanca Sanchez-Alonso, *Labor and Immigration*, in *The Cambridge Economic History of Latin America, Volume2,The Long Twentieth Century,* Edited by Victor Bulmer-Thomas, John Coatsworth and Roberto Cortes-Conde, Cambridge:Cambridge University Press, December, 2005, p411.

② John J. Johnson, *Political change in Latin America: The emergence of the middle sectors,* CA: Stanford University Press, 1965, p6.

早在独立运动时期，美洲新大陆就深受法国大革命“自由、公平和正义”思想的影响。这种影响反映在教育领域就形成了一种进步性的教育意识形态：即致力于创建公共教育体制，普及初等教育，大幅扩张各级教育，培养有责任感和民主意识的公民，创造良性的社会流动环境。从 1823 年到 1886 年，拉美国家相继颁布了一系列推动公共教育发展的法律法规（参见表 2-10）。这些法律文件为拉美 20 世纪公共教育的扩张打下了良好的制度基础。

自 1900 年起，阿根廷、智利、乌拉圭等国积极通过公共教育培养更加积极、更有责任感的公民。在教师出身的总统萨米恩托（Domingo Faustino Sarmiento）的领导下，阿根廷的公共教育走在了拉美国家的前列。20 世纪初，阿根廷的各级教育发展迅速，在校生数量不断提高。据估计，1890—1912 年间，阿根廷初等教育的入学人数从 30 万增至 78 万。全国中等教育的发展速度同样显著：从 1890 年的近 3300 人增加到 1915 年的 11100 人。初等和中等教育的迅猛发展在某种程度上得益于师范教育的支撑。从 1890—1912 年的 22 年间，阿根廷师范学校的入学人数提高了近 500%，从不足 1300 人暴增至 7200 人。拉美最早的大学之一——布宜诺斯艾利斯大学的学生数量从 1890 年的 900 人增加到 1915 年的 4600 人。[①] 在拉美，公共教育发展堪与阿根廷媲美的当属智利。1891—1909 年间，智利公立小学的入学人数从 95000 人增加到 240000 人；公立中学的入学人数从 1885 年的 5000 人增加到 1910 年的 18700 人；大学入学人数从 1886 年的 1000 人增加至 1908 年的 2400 人。[②] 尽管这一时期的教育有所发展，但仍受到一系列客观条件的限制。比如，拉美国家的总体经济状况相对落后，工业不发达，技术水平较低，技艺的传播通常通过师徒制，而对依靠正规教育传播技能的需求相对不高。

---

① 阿根廷当时另外两所著名大学是殖民地时期创建的科尔多瓦国立大学和 1890 年创建的拉普拉塔国立大学。

② John J. Johnson, *Political change in Latin America: The emergence of the middle sectors,* CA: Stanford University Press, 1965, p33.

表 2-10：拉丁美洲规定普及初等教育的第一批法律文件相关内容

国家	年份	法律文件相关内容
秘鲁	1823	宪法规定，教育是所有人的共同需要，共和国有责任满足所有公民的这种需要
玻利维亚	1825	法令明确通识教育是政府的一种责任
秘鲁	1828	宪法规定，所有人享有免费的初等教育
智利	1833	宪法规定，讲授自由，不独教会享有此种权力。1920 年初等义务教育法规定实行初等教育义务制
厄瓜多尔	1835	第一部公共教育法
古巴	1841	皇家法令规定，穷人子女享有免费教育
玻利维亚	1851	宪法规定教育普享权，在国家监管下教育自主；明确创建女子学校，实行免费的初等教育
墨西哥	1867	第一部公共教育法规定，对穷人实行初等教育免费和义务制
哥斯达黎加	1869	法令规定，初等教育免费和义务制
委内瑞拉	1870	法令规定，初等教育免费和义务制并创建教育部
阿根廷	1884	第一部法律规定，初等教育免费和义务制
哥伦比亚	1886	宪法规定，初等教育免费和义务制

资料来源：Fernando Reimers, *Education and Social Progress*, in *The Cambridge Economic History of Latin America, Volume2, The Long Twentieth Century,* Edited by Victor Bulmer-Thomas, John Coatsworth and Roberto Cortes-Conde, Cambridge:Cambridge University Press,December,2005,p435.

第二次世界大战后，拉美国家的经济开始出现高增长态势。与此同时，工业化进程的推进也使各国的社会和经济结构发生了重大的变化，刺激着传统工业和农业部门日渐现代化。先进技术和设备的引进不可避免地刺激了对教育的社会需求，而劳动力市场也扩大了对有较高文化水平和技能的人才的需求。20 世纪初，甚至在发展水平相对滞后的巴西，教育也取得了惊人的进展。到瓦加斯执政时期，巴西的教育发展速度非常之快。从 1930 年到 1985 年，巴西的成人文盲率下降了近 300%，初等教育入学人数增加了 10 倍以上，中等教育和高等教育的发展速度更是惊人，分别增加了近40倍和100倍。初等教育和高等教育学生的比重从1930年的143：1骤然降至1980年的16：1。同期，中等教育和高等教育学生的比重则从5：1下滑到2：1（参见表2–11）。

表2–11：1930—1985年巴西不同教育层次的入学人数（单位：千人）

年份	初等教育入学人数	中等教育入学人数	高等教育入学人数
1930	2085.0	73.0	14.5
1935	2414.0	94.0	17.0
1940	3068.0	176.0	20.0
1945	3239.0	256.0	32.0
1950	4352.0	437.0	51.0
1955	5611.0	604.0	70.0
1960	7477.0	868.0	96.0
1965	11590.0	509.0	203.3
1970	12812.0	1086.1	430.5
1975	19549.2	1935.9	1089.8
1980	22598.3	2819.2	1409.2
1985	24769.7	3016.2	1460.5

资料来源：Leslie Bethell (eds.),*The Cambridge History of Latin America, Volume 9, Brazil since 1930,* Cambridge: Cambridge University Press, November 2008, pp.458—459.

不惟巴西，在这50年间，特别是第二次世界大战后，其他拉美国家的教育，特别是中等和高等教育的发展同样惊人。中等教育是拉美国家教育体系中一个最重要的组成部分，肩负双重使命：一方面为高等教育输送生源，另一方面为就业市场输送劳动力，主要通过培养专业技术人才的职业技术学校进行输送。可以说，职业教育是拉美中等教育的最典型的特点，受到了几乎所有拉美国家的高度重视，因为职业技术人员的培养顺应了拉美各国的工业化进程，以及社会经济结构的变迁。在工业化程度相对较高的巴西、阿根廷、智利和墨西哥等国，对技术人员需求的数量和质量甚至更高，这也增强了对中等职业教育需求的迫切性。到20世纪70年代，中等职业技术教育在拉美中等教育中占有相当的比重。1975年，拉美中等教育学生的比重是68%，其中中等职业技术学生占比 23.5%，中等师范学校占比 3.5%。最突出的是阿根廷，其中等教育结构以职业技术教育为主。1979 年，阿根廷职业技术学校学生人数占中等教育学生人数的 65.6%。[①] 在 20 世纪 80 年代之前，中等教育是迈入中产阶级门槛的基础性条件。与中等教育，特别是与初等教育相比，拉美国家的高等教育发展相对滞后，但 20 世纪六七十年代是拉美国家大学入学人数增长速度最快的时期。高等教育的迅速发展，一方面是因为对个人而言，接受大学教育对进入领导岗位和实现社会与经济流动变得愈加重要；另一方面是因为拉美各国政府都认识到大学教育在国民经济现代化进程中，特别是在实现国外技术本土化方面发挥着先锋作用。根据联合拉美经委会 1981 年发布的统计年鉴，1975 年拉美高等学校入学率约为适龄青年（18~23 岁）的 11.7%，比 1960 年提高了 280%。到 1980 年，有 5 个国家的大学入学率超过 30%，分别是厄瓜多尔（45.7%）、巴拿马（43.3%）、阿根廷（36.7%）、秘鲁（32.6%）和巴西（32.0%），另有 7 个国家的入学率在 20% 以上。1974 年，拉美国家的大学毕业生人数为大约 30 万，每 1 万名居民中大学生数量是 95 人，这一比重虽然低于欧美发达国家，但远高于亚洲和非洲。

教育的迅猛发展带来的一个直接结果是，各国文盲率的大幅下降（参见表 2-12）。拉美主要国家的文盲率从 20 世纪初的最高 77%（墨西哥）降至 1980 年的最低 6%（阿根廷）。拉美多数国家的文盲率保持在 15% 上下。识字率的提高相应地提高了公民和劳动者的文化素质。以阿根廷为例，与 1960 年相比，1970 年全国经济活动人口中，接受过正规中等教育的人数从 260.6 万增至 386.4 万，所占比重从 33% 上升到 43.6%；受过正规高等教育的人数从 52.1 万增至 82.6 万，所占比重从 6.6% 上升到 9.3%。阿根廷教育的普及和高素质人口也是其在 20 世纪中期自称是“中产阶级国家”的佐证之一。

---

① 陈作彬，石瑞元等编：《拉丁美洲国家的教育》，北京：人民教育出版社，1985 年，第 28 页。

表 2-12：1900—1980 年拉美主要国家的文盲率（单位：%）

国家	1900	1950	1960	1970	1980
阿根廷	53	14	9	7	6
乌拉圭	—	—	10	6	—
智利	50	20	16	15	—
秘鲁	—	—	39	28	18
哥斯达黎加	—	20	16	12	—
厄瓜多尔	—	44	33	—	24
墨西哥	77	35	35	26	17
委内瑞拉	—	48	—	24	15
哥伦比亚	58	38	27	19	14
巴西	65	51	39	34	26

资料来源：1950 和 1960 年数据来自 Nassif, Rama, and Tedesco, *El sistema educativo en America Latina.* 其他数据来自 UNESCO Statistical Database.

战后拉美各国教育的发展离不开教师的支撑，更离不开师范教育的发展。可以说，教师在通过教育推动中产阶级的形成方面发挥了枢纽性的作用。一方面教师本身是中产阶级的重要组成部分，同时也在为中产阶级的队伍培养和输送力量。基于拉美各国早期的公共教育理想，师范教育一直是各国教育的重心之一。比如，从 1869 年起，阿根廷就建立了师范学校用于培养教师。1956 年的教师法进一步赋予教师以公务员地位。1961 年，99% 的初等教育教师学历达标，这是拉美其他国家所无法比拟的。到 1967 年止，阿根廷全国有 325000 名教师，其中 72% 集中在初等教育，17% 在中等教育，5% 在高等教育；同年，师范院校的在校生数量从 1953 年的 75000 名上升到 200000 人，其中 86% 是女性。① 就拉美整体而言，教师的人数也大幅增加，从 1960 年的 115 万人，增加到 1980 年的 341.4 万人，其中初等教育教师从 76.5 万人增加到 205.4 万人，中等学校教师由 31.8 万人增加到 101 万人，高

① *World Education Encyclopedia: A Survey of Educational Systems Worldwide Vol.I*, Detroit: Thomson Gale, edition 2001, p43.

等学校教师则从6.7万人增加到35万人。[①] 师范教育的优先发展和教师队伍的壮大为拉美中产阶级的发展提供了关键性的智力支撑。

拉美国家教育的迅猛发展，其背后的一个根本性动力源于制度化的教育投入，这是教育发展的物质保证。拉美国家普遍实行免费义务教育制度，20世纪60年代以来，教育投入一直是拉美国家公共支出的重点领域之一，教育经费普遍呈增长态势。教育投入的稳定性首先得益于制度化的法律保障，比如，许多国家都明文规定教育经费不得低于政府总预算的10%。1960年拉美20个国家的教育经费总计25.33亿美元，1975年增加到58.5亿美元（以1970年美元价格计算），增长了130%，其中10个国家的教育经费年增长率超过6%。1960—1975年间，委内瑞拉教育经费的年均增长更是达到10%以上。同期，拉美有10个国家的教育经费占GDP的比重接近或超过4%。[②] 这在当时的发展中国家是不多见的。

五、公共部门的扩张

所谓“公共部门”是指负责提供公共产品或进行公共管理，致力于增进公共利益的各种组织和机构。最典型的公共部门是政府部门，它以公共权力为基础，具有明显的强制性，依法管理社会公共事务。[③] 在拉美，一般政府（中央和地方各级政府）、金融机构、大型公共企业和教科文卫等机构构成了公共部门的核心，是拉美各国制定和实施公共政策最重要的实体机构。从1820—1930年，几乎所有的拉美国家都在公共服务（教育、医疗卫生、社会保障、福利和文化娱乐等）的供给方面取得了巨大的进步。1930年后，公共部门在推动拉美的政治和经济演变方面承担了更具战略意义的作用。

---

① 陈作彬，石瑞元等编：《拉丁美洲国家的教育》，北京：人民教育出版社，1985年，第12页。

② 联合国教科文组织，《教育年鉴：1976年》，转引自陈作彬，石瑞云等编：《拉丁美洲国家的教育》，北京：人民教育出版社，1985年，第44页。

③ 张建军：《我国公共部门人力资源管理的特点及改进对策》，《人才资源开发》，2007年第1期，第17页。

拉美公共部门的扩张主要是由于工业化进程中国家干预的增强。20世纪三四十年代，在拉美民族主义思潮高涨的背景下，拉美各国政府在推进工业化进程的同时，提高了国家干预的程度，建立了一系列由国家投资的企业。在阿根廷，庇隆政府（1946—1955年）以国有企业为基础大力推进工业化进程。在巴西，瓦加斯总统两次执政期间（1930—1945年和1950—1954年），都将国家主导国内工业化视作其"新国家"体制（Estado Novo）的基本国策。在委内瑞拉，自1945年第一届民主行动党政府上台以来，就采取了类似巴西的做法，比如创建国有银行和国家开发机构，吸收石油收入并将资金再度投入工业等。

国家干预的增强带来的强大社会效应就是其对就业的支撑。1930年前，在整个拉美地区，政府直接雇佣的人员不足总人口的1%。根据联合拉美经委会的估计，1925年政府雇员占拉美总人口的0.8%，换句话说，整个拉美地区的国家雇员只有40万。而到1950年，这一比重增加到1.1%，约合170万人。到1960年，大致为250万人，又增加到1.2%。而如果将公共企业和国家银行雇员也计算在内的话，到1980年，公共部门雇员在总人口中的比重为4.8%，计1700万人。[①] 就国家来看，1955—1969年，乌拉圭公共部门吸收了50%的人就业，而1961—1969年则至少吸收了35%的人就业。在智利，1940—1973年间，公共部门就业的增速是整体就业增速的3倍，特别是1970—1973年间，公共部门就业的增长速度尤其显著。[②] 表2-13展示了1950—1986年，拉美各国公共机构雇员的演变趋势。从中可以清楚地看到，1950—1980年间，拉美各国公共部门的雇员均有明显的扩张，但到80年代，则出现了停滞或下降，不过各国之间存在显著的差异。在阿根廷、乌拉圭和

① [英]莱斯利·贝瑟尔主编，中国社会科学院拉丁美洲研究所译：《剑桥拉丁美洲史》，中文版第六卷（下），北京：当代世界出版社，2001年，第36页。

② Adriana Marshall (Comp.), *El Empleo Publico Frente a la Crisis: Estudios sobre America Latin*, Instituto Internacional de Estudios Laborales, 1a edición, p3.

委内瑞拉三国，公共部门雇员始终保持较高的比例，到 1986 年三国公共部门雇员占就业人口的比例分别达到 16.7%、20.7% 和 19.3%；而在巴西、哥伦比亚和墨西哥三国，这一比例相对不高，同期分别只有 8.2%、9.2% 和 7.5%。第三类国家玻利维亚、哥斯达黎加、巴拿马和秘鲁等国，公共部门雇员同期则经历了一个从相对较低（1950 年的大约 1.7%~3.0%）到相对较高（1986 年的 11.5%~19.8%）的增长过程。古巴是一个特例。古巴革命胜利后，实施了社会主义制度，所有的雇员均在公共部门就业，因此到 1987 年时，公共部门雇员的就业比例高达 93.3%。

表 2–13：1950 年以来拉美公共部门（含公共企业）雇员占就业人口的比重[a]（单位：%）

国家 / 年份	1950	1965	1980	1986	备注
阿根廷	9.0	17.7	16.1	16.7	1950 年数字估计过低，1965 年数字由 1960 年的代替。
玻利维亚	1.7	—	11.7	11.5	1965 年的数字可能过高
巴西	1.8	—	—	8.2	这两个年份的数字估计过高
智利	4.4	（5）	8.1	6.9	1973 年最高
哥伦比亚	2.7	4.0	9.7	9.2	—
哥斯达黎加	2.5	10.1	19.6	19.8	—
古巴	3.9	86.3	（90）	93.3	1970 年和 1987 年
墨西哥	2.0	—	7.2	7.5	不包括国家企业
巴拿马	3.0	9.4	19.4	—	—
秘鲁	（1.5）	6.0	17.2	—	1981 年的数字代替 1980 年的
乌拉圭	（约 9）	22.5	21.6	20.7	1963 年的数字代替 1965 年的
委内瑞拉	6.7	17.6	22.1	19.3	1967 年的数字代替 1965 年的

资料来源：1950 年数字来自《1945—1955 年拉丁美洲雇员结构的变化》，载《拉丁美洲简报》，I，2，圣地亚哥，1956 年版。转引自：[英] 莱斯利·贝瑟尔主编，中国社会科学院拉丁美洲研究所译：《剑桥拉丁美洲史》，中文版第六卷（下），北京：当代世界出版社，2001 年，第 38 页。

注：a：括号里的数字为粗略估算。

公共部门的扩张给社会结构带来的显著影响是壮大了中产阶级规模。在拉美，公共部门雇员传统上是中产阶级的重要来源，这不仅得益于国家提供的稳定收入，而且源于一系列社会保护的特权，比如，在医疗保健、就业保障、养老金等方面拥有稳定的制度保障。不仅如此，在行政部门就业的雇员还能获得政府贷款、享有专门提供的住房，以及到国有商店购买政府补贴的商品等。可以说，这些享有高度的社会保障和职业保护的行政雇员、专业人士、技术人员和职员构成了一个独特的城市阶级："新"中产阶级——这与传统上由独立专业工作者和小企业主构成的"旧"中产阶级是截然不同的。就职业分布而言，这些新的社会阶层主要集中在教科文卫等机构。几乎在所有拉美国家中，教育都是公共部门就业的一个最大来源，也是推动公共部门扩大的最强大的因素之一；其次是科学、卫生和社会保险等国家机构。比如在墨西哥，公共部门就业的大体分布是，公共企业占大约 24%，行政机构占 33%，卫生和教育部门占 43%。[①] 事实上，公共部门的扩大也得益于教育水平和文化素质的提高。同样以墨西哥为例。1930 年墨西哥公共部门中，只有 33% 的雇员有中等教育水平；而到 1975 年，这一比重已经上升到 2/3，其中 27% 是"专业技术人员"。[②] 总而言之，我们可以看到，这一时期，拉美中产阶级的比重上升主要是国家职能的扩大和国家作用的增强，而不是像 90 年代和当前那样主要依靠市场的力量。

① ［英］莱斯利·贝瑟尔主编，中国社会科学院拉丁美洲研究所译：《剑桥拉丁美洲史》，中文版第六卷（上），北京：当代世界出版社，2000 年，第 286 页。

② ［英］莱斯利·贝瑟尔主编，中国社会科学院拉丁美洲研究所译：《剑桥拉丁美洲史》，中文版第六卷（下），北京：当代世界出版社，2001 年，第 38 页。

第三章　拉美中产阶级的脆弱性

经过 50 多年的持续发展，到 20 世纪 80 年代初，拉美中产阶级的规模已达到 30% 左右，主要国家形成了现代社会结构的雏形。然而，1982 年债务危机的爆发将整个地区的发展拖入泥潭。随后的结构性调整导致社会收入减少，生活水平下降，公共部门萎缩，失业率和通货膨胀率急剧上升。中产阶级的发展势头不仅受到遏制，甚至部分中产阶级因此陷入了“新贫困”。就此而言，80 年代更是中产阶级的“失去的十年”。90 年代，席卷整个拉美的新自由主义改革不仅没有改变经济颓势，反而加剧了贫困和不平等。中产阶级进一步受到挤压，经济和生活条件不断恶化，焦虑和不安全感日益上升。中产阶级对此做出的一种反应是“用脚投票”：以专业和技术人员为主体的中产阶级大量移民海外。可以说，整个 20 世纪八九十年代，一度充满希望、结构不断优化的拉美社会坠入了一个“中产阶级陷阱”：中产阶级的增长回落，不再继续扩大，甚至萎缩和陷落。到 1985 年，中产阶级劳动者占就业人口的比重与 1980 年相比下降了近 31%，只有 23.2%。尽管之后略有回升，但即使是整个时期的最高水平（1993 年的 24.9%），都远远低于 1980 年的水平。[①] 总体上来看，整个八九十年代，拉美中产阶级的规模始终

① 参见表 3－6。

在23%~24%之间波动。这意味着中产阶级社会的雏形尚未成熟和稳固就遭受创击，构建中产阶级社会的理想似乎渐行渐远。

第一节　中产阶级的贫困化

一、结构性调整和新自由主义改革的影响

20世纪80年代初，拉美中产阶级持续增长的态势开始减速，甚至陷入萎缩。这一方面是由于80年代债务危机引发严重的经济衰退，另一方面则是因为90年代危机频发导致经济低迷和震荡。根据联合国拉美经委会的统计，1980—1990年，拉美和加勒比23个国家的GDP年均增长率只有1.2%，阿根廷（−0.9%）、尼加拉瓜（−1.3%）和秘鲁（−1.2%）等7个国家甚至出现了负增长。在人均GDP方面，整个地区的平均增长率为−0.9%，只有智利等5个中小国家出现了小幅增长。可以说，20世纪80年代的经济衰退使拉美陷入了“失去的十年”。进入90年代，新自由主义改革席卷整个拉美地区，但并没有从根本上挽回经济衰退的态势，不断爆发的经济和金融危机导致拉美经济剧烈波动。尽管如此，这个十年，拉美仍然出现了恢复性增长，1991—2000年，拉美地区的GDP和人均GDP的年均增长率分别恢复到3.3%和1.5%。不过，这种低增长并不普遍，部分国家仍然出现了负增长。[①]如果与20年前相比较，90年代的经济恢复态势与80年代之前是不可同日而语的。

20世纪八九十年代的经济衰退和震荡带来的直接后果是，收入和实际工资下降，贫困人口大量增加。80年代是拉美国家工资下降最迅猛的十年，这一点无论是从城市最低工资，还是从实际工资来看都是如此。根据联合

① 联合国拉美经委会1995和2000年报告，转引自袁东振：《现代化进程中的社会变迁》，载苏振兴主编：《拉美国家现代化进程研究》，北京：社会科学文献出版社，2006年，第452—453页。

国拉美经委会的统计：阿根廷、巴西、智利、墨西哥、乌拉圭等 8 国的城市最低工资水平比 1980 年下降了 20%~73%；实际工资方面，10 个拉美国家的平均降幅高达 28%。[①] 90 年代前半期，拉美经济开始恢复增长，但好景不长。90 年代中后期，墨西哥、阿根廷和巴西等国爆发的一连串经济和金融危机再度中断了收入增长态势。到 2003 年，多数拉美国家的实际工资总体上并没有发生明显的变化。

相应地，拉美国家的贫困形势也恶化了。1970 年前后（拉美经济增长最快的一个时期），拉美地区城市贫困家庭占家庭总数的比重为 26%，阿根廷和乌拉圭甚至只有 5% 和 10%。但债务危机和随后的结构性调整明显加剧了城市贫困。到 1990 年，拉美的城市贫困率比 1970 年上升了 10 个百分点，达到 36%。而从 1997 年到 2003 年，除 2000 年略有减少外，拉美贫困人口的比重一直呈逐年上升态势。到 2003 年已经达到 2.266 亿人，约占总人口的 44.4%，其中阿根廷最为严重：1999—2002 年间，大布宜诺斯艾利斯地区的贫困率从 19.7% 骤增至 41.5%。[②]

二、收入下降对中产阶级群体的影响

在经济和收入双双下滑的背景下，拉美地区的社会贫困出现了一个新的特点——新贫困，亦即中产阶级的贫困化。通常认为，经济危机首先会冲击传统的、结构性穷人。但证据表明，危机同样给中产阶级带来了严重冲击，甚至导致相当一部分中产阶级家庭滑到贫困线以下。在某些情况下，中产阶级收入的降幅甚至等于或高于低收入群体。

20 世纪 80 年代，拉美国家中间收入家庭（第二和第三个四分位数）收

---

① 联合国拉美经委会 1995 和 2000 年报告，转引自袁东振：《现代化进程中的社会变迁》，载苏振兴主编：《拉美国家现代化进程研究》，北京：社会科学文献出版社，2006 年，第 452—453 页。

② 袁东振：《现代化进程中的社会变迁》，载苏振兴主编：《拉美国家现代化进程研究》，北京：社会科学文献出版社，2006 年，第 462—465 页，表 7-19、表 7-20、表 7-21。

入下降幅度是非常显著的（参见表3–1）。首先，在除哥斯达黎加以外的6个拉美国家中，中间收入家庭的收入下降幅度均超过平均数。其次，在布宜诺斯艾利斯、墨西哥和巴拿马，中间收入家庭的收入下降幅度接近，甚或超过低收入家庭（第一个四分位数）。最后，除哥斯达黎加和乌拉圭之外，其他国家的高收入家庭（第四个四分位数）是所有收入群体中收入下降幅度最低的，而巴西、墨西哥和巴拿马等国的收入变动更加悬殊：中等和低等收入家庭收入下降，而高收入家庭的收入反而出现了上升。

表3–1：拉美7国城市家庭平均收入的变化[a]（单位：%）

国家（地区）	年份	总变动	Quartile1	Quartile2	Quartile3	Quartile4
布宜诺斯艾利斯	1980—1990	–22	–31	–33	–27	–13
巴西	1979—1987	–2	–20	–17	–6	4
哥斯达黎加	1981—1988	–13	–25	–12	–10	–12
墨西哥	1984—1989	9	–12	–13	–11	24
巴拿马	1979—1989	8	–7	–6	–6	21
乌拉圭	1981—1990	–5	–14	–13	–10	–13
委内瑞拉	1981—1990	–25	–38	–34	–31	–14

资料来源：*Panorama Social de América Latina,* 1994, CEPAL. 转引自：Alberto Minujin, *Squeezed: the middle class in Latin America, Environment and Urbanization,* Vol.7, No.2, Table 2, p157, October 1995.

注：a：按收入的四分位数。

20世纪90年代，这种收入结构基本上没有发生什么变化，在大多数国家，新自由主义改革的结果仍然不利于中等和低等收入群体（参见表3–2）。总体来看，1990—2002年间，中等（第六到第九个收入十分位数）和低等（第一到第五个收入十分位数）收入群体占社会总收入的比重都下降了，而高等收入阶层的收入比重则增加了。不过，不同国家之间存在着巨大的差异。除了墨西哥、巴西和哥伦比亚等少数几个国家外，其他国家都反映出拉美的这种总体变动趋势。比如1997—2002年，秘鲁收入最高的10%的群体在总收入中的比重增加了 2.79 个百分点，而 40% 的中间收入群体所占比重下降了 2.12 个百分点。在乌拉圭大致也是如此，1989—2002 年，10% 的最高收入群体占社会总收入的比重增加了近 2 个百分点，50% 的低收入群体的收入比重下降了 2.15 个百分点，中间收入群体尽管有所提升，但基本上可以忽略不计。墨西哥和巴西是这一时期为数不多的几个中低收入群体收入比重改善的国家。1989—2002 年，墨西哥中等和低等收入群体所占收入比重分别增加了 0.45 和 0.85 个百分点，而同期高收入群体反而下降了 1.27 个百分点。巴西在大致同一时期也表现出类似的变化，不过中等收入群体的收入比重的增幅要比墨西哥小得多，变化最明显的是低收入群体，这一群体所占收入比重在 1990—2002 年间提高了 1.32 个百分点。

表 3-2：1990—2002 年不同收入阶层占社会总收入比重的变化 [a]

国家	年份	低收入阶层（D1—D5）	中等收入阶层（D6—D9）	高收入阶层（D10）
阿根廷	1990—2002	−4.68	+0.94	+3.74
秘鲁	1997—2002	−0.67	−2.12	+2.79
厄瓜多尔	1995—2003	+1.82	−1.49	−0.33
巴拉圭	1995—2002	+0.86	+1.54	−2.4
巴西	1990—2002	+1.32	+0.07	−1.39
巴拿马	1989—2002	−0.33	−2.46	+2.79
委内瑞拉	1989—2002	−2.97	−0.62	+3.68
萨尔瓦多	1991—2002	−0.45	+2.78	−2.33
智利	1990—2003	+0.51	−0.28	+0.23
玻利维亚	1997—2002	−1.24	−0.66	+1.9
洪都拉斯	1991—2002	−2.66	+0.89	+1.78
墨西哥	1989—2002	+0.42	+0.85	−1.27
危地马拉	1990—2000	+1.53	−2.92	+1.4
多米尼加	1996—2002	−1.61	−0.74	+2.35
乌拉圭	1989—2002	−2.15	+0.16	+1.99
哥斯达黎加	1990—2002	−2.82	−3.23	+6.05
尼加拉瓜	1993—2001	+3.63	+1.0	−4.63
哥伦比亚	1996—2003	+0.36	+0.84	−1.24
平均数		−0.63	−0.3	+0.93

资料来源：Giovanni Andrea Cornia, *Inequality Trends and their Determinants Latin America over 1990—2010, Working Paper No.2012/09,* World Institute for Development Economics Research (WIDER), United Nations University (UNU).

注：a：按收入的十分位数统计。

很明显，总体上来看，80年代的调整和90年代的改革给富人造成的影响最小（甚至可以从中渔利），穷人变得更穷，而中间收入群体则经历了大规模的向下流动，沦为“新穷人”[①]。“新穷人”的出现使“穷人”的范围变得更加复杂和更具异质性。与传统的结构性穷人相反，这些“新穷人”并不是居住在贫民窟里，而通常住在中产阶级社区里，且往往受过良好的教育。这种中产阶级的贫困化在阿根廷最为典型。阿根廷是拉美中产阶级形成较早、规模相对较大的国家之一。20世纪以来，阿根廷保持了长期的经济增长，居民收入和教育水平不断提高，医疗覆盖面持续扩大。到70年代初，按照某些标准，阿根廷已经具有了中产阶级社会的雏形，中产阶级占全国职业人口的比重名列拉美前三。联合国拉美经委会的报告显示，1970年，阿根廷只有3%的城市贫困家庭，主观上自认为是中产阶级的人口超过70%。[②] 但到70年代中期，镇压和军事独裁导致中产阶级大量外流，许多人改变了这种自我认同。债务危机后的结构性调整更使阿根廷社会出现了历史上第一次大规模的经济衰退。1980—1990年间，阿根廷的国家收入减少了25%，家庭平均收入下降了22%。中产阶级职业的收入降幅更加明显：比如教师收入下降了28%，公共雇员的收入下降了32%，小企业主的收入下降了36%。[③] 就新穷人的增幅来看，在阿根廷经济开始恶化的1974年，只有很少的家庭是新

① 阿尔韦托·米奴金（Alberto Minujin）将新穷人定义为：能够继续拥有房产和资产，能够继续维持一定的教育水平却无法获得足够的收入维持在贫困线上的中产阶级家庭。

② 显然这种主观感知和客观标准之间仍存在巨大的差距，但从另一个侧面也反映了一个事实：中产阶级在不断成长中。

③ Alberto Minujin, *Squeezed: the middle class in Latin America*, *Environment and Urbanization,* Vol.7, No.2, October 1995, p161.

穷人，到1984年新穷人占总人口的比重上升到4.2%，而到1990年，进一步猛增至18.4%。① 可以说，90年代的新自由主义改革不仅没有缓解新贫困问题，反而使中产阶级陷入更深的危机。根据阿尔韦托·米奴金的数据，90年代的10年间，阿根廷有700万中产阶级（约占总人口的20%）沦为新穷人。② 而在1980—2002年，阿根廷新穷人的数量从占总人口的3.1%上升到35.8%。就绝对数量而言，阿根廷生活在贫困线下的前中产阶级从1980年的21.9万人骤增至2002年的430万人，20多年间增长了近20倍！③

墨西哥也存在大体相同的趋势。1981—1990年，墨西哥中产阶级的贫困化甚至比其他群体更加严重。这里不妨以汽车消费量来观察，因为这一指标尤其能反映中产阶级家庭收入的变化。1977—1982年繁荣时期，墨西哥家用轿车的登记量增加了68%，但之后的5年间一直陷入停滞状态。墨西哥全国消费研究所（INCO）对全国收入动态进行的研究也表明，80年代危机期间，职员、白领和秘书等中产阶级群体的收入降幅是非常大的。从1985年6月到1988年2月，这一群体的家庭收入下降了26.4%。尽管到80年代末和90年代初，随着经济的恢复，墨西哥中产阶级的收入重新实现了增长，但好景不长，1994年比索危机的爆发再次打破了中产阶级的繁荣梦想。中产阶级再度陷入了收入震荡（income shock）：1994—1996年，中产阶级平均收入的降幅高达40%！④ 这场比索危机几乎影响了大多数中产阶级家庭。美国学者吉尔伯特在对墨西哥库埃纳瓦卡地区实地采访时发现，大多数受访的中产阶

---

① Alberto Minujin, *Squeezed: the middle class in Latin America*, *Environment and Urbanization,* Vol.7, No.2, October 1995. p161.

② 源自阿尔韦托·米奴金和安吉塔（Eduardo Anguita）所著的《中产阶级：被诱惑和被抛弃的》一书的数据，转引自：Ludolfo Paramio, *Economía y política de las clases medias en América Latina*, *Nueva Sociedad* No 229, septiembre-octubre de 2010, p63.

③ Mario Osava, *Brazil' s Shrinking Middle Class*, Inter Press Service News Agency, Sept. 21 2004，http://www.ipsnews.net/africa/interna.asp?idnews=25559, 访问日期：2020年10月9日。

④ Dennis Gilbert, *Mexico' s Middle Class in the Neoliberal Era,* Tucson: University of Arizona Press, 2007, p41.

级家庭都流露出一种绝望和愤世嫉俗的情绪："什么中产阶级？这个阶级完蛋了"。[①]

三、中产阶级消费模式的变化

收入下降使中产阶级面临经济和社会的双重挤压，这一点可以从消费模式的变化中得以反映。20世纪六七十年代，拉美的中产阶级形成了一种拔高（upscale）的消费模式，比如住宽敞、精装修的房子，上私立学校和到国外度假等。但从70年代后期，特别是在八九十年代期间，部分中产阶级家庭的收入降至与富裕的体力劳动者家庭大致相当的水平。收入的下降迫使中产阶级首先做出的反应就是削减家庭预算，改变消费模式，比如，放弃奢侈品，转买普通廉价品，以及减少或取消国外度假等。中产阶级家庭对危机做出的另一种反应是改用公共医疗和教育设施以取代私人医疗和教育服务。通常而言，中产阶级家庭很少会让孩子到公立学校接受初中等教育，因为公立学校的教育质量和师资相对比较差，且生源主要来自下层阶级。但到20世纪90年代，拉美中产阶级家庭到公立医疗机构就诊和送孩子去公立学校上学的数量逐渐增多。[②]

另外，还出现了一种"消费民主化"趋势，即中产阶级和低收入群体之间的消费趋同现象。这主要是由于经济危机消除了中产阶级，特别是下中产阶级与体力劳动阶层之间的经济差异。在巴西，中产阶级用于住房和交通方面的开支增加了（实际上这两方面是工人阶级的主要开支），而在服装和象征中产阶级社会地位的休闲方面的支出下降了。比如：1987—2003年间，巴西中产阶级的住房消费从17%增加到29%，交通消费从8%增加到16%；

① Dennis Gilbert, *Mexico' s Middle Class in the Neoliberal Era,* Tucson: University of Arizona Press, 2007, p42.

② 事实上，在拉美，让孩子接受高质量的私立教育同样是维持中产阶级身份和地位的重要象征。高质量的教育某种程度上更是一种投资，是借由培育文化资本进行中产阶级再生产的一种重要手段。因此，和下层群体不一样的是，中产阶级家庭通常不会让其孩子放弃学业辍学的。

而服装支出从 11% 下降到 5%，食品支出从 24% 下降到 15%。[①] 事实上，在经济压力之下，中产阶级还放弃了象征社会地位的家庭佣工。比如，对墨西哥主要城市的统计数据显示，整个 80 年代，领薪家庭佣工的绝对数量都明显下降了。

第二节 就业形势恶化和中产阶级的萎缩

劳动收入是拉美国家居民的主要收入来源，因此收入的下降大体可以从就业状况得到印证。从债务危机爆发以至整个 90 年代，拉美国家的城市公开失业率一直在高位徘徊。不过，在不同的时期，失业率高企的主导致因是不同的：80 年代主要是由债务危机及其后的结构性调整导致就业减少造成的；而 90 年代则主要是由劳动力供大于求和经济震荡导致创造就业不足造成的。本节主要分析 20 世纪八九十年代的结构性调整和新自由主义改革对中产阶级就业的影响，以及由此导致的中产阶级的萎缩。

一、危机对拉美国家就业的影响

债务危机之后的结构性调整是 20 世纪 80 年代拉美失业率剧增的主要原因。在债务危机爆发后的 6 年间（1982—1987 年），拉美国家在国际金融机构的压力下被迫进行了结构性的经济调整，比如阿根廷的奥斯特拉尔计划、巴西的克鲁扎多计划，以及秘鲁的阿普拉计划。这些计划最后均以失败而告终，由此带来的后果是极其严重的：实际工资猛降、失业率剧增。在债务危机爆发后的两年内，拉美 22 国的城市公开失业率已经超过 8%（参见图 3−1）。之后数年，随着经济的恢复，失业率开始呈下降态势，但降幅并不明显，到 1989 年仍保持在 5.4%。进入 90 年代后，拉美经济虽然出现波动，但总体上

---

① Andriei Gutierrez, *Middle class and Brazilian State in the Nineties*, Second International Initiative for Promoting Political Economy (IIPPE) International Research Workshop, Sep 2008, Procida, Italy.

呈增长态势。不过，与80年代不同的是，经济的增长并没有随之带来失业率的下降，失业形势反而更加严重了。城市失业率稳定下降的态势发生逆转。从1991年开始，城市公开失业率再度回升，只有两年略有下降：1997年（从7.9%下降到7.5%）和2000年（从8.8%下降到8.5%）。1997年是由于拉美大多数国家的GDP实现了高增长，而2000年则是由于1998年受亚洲和俄罗斯金融危机影响的国家开始恢复了增长。整个90年代，拉美22个国家的城市公开失业率从1990年的5.8%上升到2000年的8.5%，失业率达到两位数的国家超过10个。

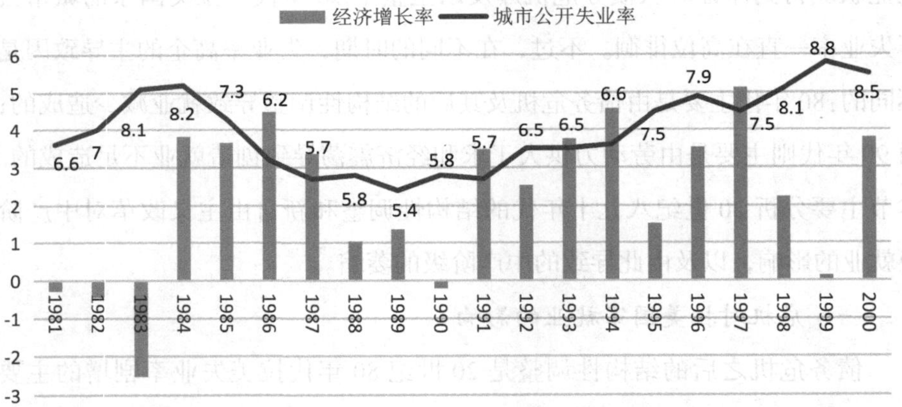

图3-1：1980—2000年拉美的GDP年均增长率和城市公开失业率（单位：%）

资料来源：*A Decade of Social Development in Latin America, 1990—1999,* Figure III.3，p135, CEPAL, Santiago, Chile, 2004.

与80年代结构性调整引发的失业不同，90年代拉美就业形势的恶化主要是受四个方面的影响。其一，经济低增长。90年代，经济虽然恢复增长，但无论是增长速度还是增长质量都不太好，且其间数度爆发的经济或金融危机使拉美经济不断动荡。其二，劳动力市场供大于求。90年代拉美劳动力的供应年均增长2.6%，而劳动力的需求年均增长只有

2.2%，结果经济增长无法充分吸纳新增劳动力。其三，私有化改革大大削弱了公共部门创造就业的能力。90 年代改革的一项重要内容就是减少国家对市场的干预，由此导致部分国家机构的裁撤和国有企业私有化，造成公共部门失业严重。其四，自 80 年代中期开始的劳动力市场弹性和灵活性改革，造成长期合同大幅减少，短期合同和临时合同大量增加，加剧了就业的不稳定。

与失业率上升相伴随的是新增大量的非正规就业。这也是 1980 年以来的 20 年间，拉美劳动力市场的一个显著特点。根据拉美和加勒比就业计划处的数据，从 20 世纪 80 年代初到 80 年代末，拉美非正规部门就业的比重从 25.6% 上升到 30%。非正规就业的增加主要是由于大型私有企业提供的就业岗位减少了。同一来源的数据显示，10 年间，拉美大型私有企业的就业贡献率从 44.1% 下降到 31.6%，而同期小型私人企业的就业贡献率出现了近 8% 的增长。[①] 进入 90 年代，受失业率上升的影响，正规部门就业呈下降态势，而非正规部门就业比重稳定上升（参见表 3–3）。相应地，正规和非正规部门吸纳新增就业的能力发生了类似的变化。整个 90 年代，非正规部门吸收的城市就业占全部就业的比重已经达到 68.5%。换言之，10 年间，每 10 个进入劳动力市场的人员中就有近 7 个在非正规部门就业。由于非正规就业通常意味着不稳定和缺乏社会保障的保护，因此非正规部门就业比重的上升说明了整体就业质量的下降。

表 3–3：1990—1999 年拉丁美洲的城市就业（单位：%）

	分布比重（%）			
年份	1990	1994	1997	1999
正规部门	57.0	54.3	52.5	51.6
非正规部门	43.0	45.7	47.5	48.4

① 拉美和加勒比就业计划处（PREALC）。转引自：Ananya Roy, Nezar AlSayyad (eds.), *Urban informality : transnational perspectives from the Middle East, Latin America and South Asia,* Lanham: Lexington Books, 2004, p56.

（续表）

年份	吸纳新就业的比重（%）			
	1990—1994	1994—1997	1997—1999	1990—1999
正规部门	32.7	31.1	29.3	31.5
非正规部门	67.3	68.9	70.7	68.5

资料来源：*Social Panorama of Latin America, 2000–2001*, Table III.4, p96, CEPAL, Santiago, Chile.

二、对中产阶级就业的影响

劳动力市场的动荡不仅影响了穷人和非熟练工人，而且给中产阶级职业带来了严重的影响。这里主要从中产阶级的失业、中产阶级就业的非正规化和中高学历青年的失业三个方面进行分析。

（一）中产阶级的失业

20 世纪 90 年代的新自由主义改革同样给中等收入群体的就业带来了严重影响，尽管其程度不及低收入群体（参见表 3–4）。从整个地区来看，40% 的中等收入家庭（第三和第四个五分位数）的失业率远高于收入最高的 20% 的家庭，但低于收入最少的 40% 的家庭。整个 90 年代，40% 的中等收入家庭的失业率出现了显著的增长。到 90 年代末，中等收入家庭的失业率比 90 年代中期上升了近两倍。同期，在高失业率国家，这一情势甚至更加严重。1994 年，处于第三和第四个五分位数家庭的失业率在 1994 年分别为 5.5% 和 3.7%，尚低于拉美 17 国的平均数，但到 1999 年，这两个数字已经猛增到 11.2% 和 8%，大大高于拉美平均数。这两组数字充分说明，整个 90 年代，拉美国家中等收入群体的就业状况明显恶化了。因此，中等收入群体和低收入群体一样是改革的牺牲品。

表 3–4：拉美（17 国）和高失业率国家的城市失业率（单位：%）

项目名称	拉丁美洲		高失业率国家	
年份	1994 年	1999 年	1994 年	1999 年
男 / 女性	7.1	10.6	6.6	13.1
15~24 岁青年	14	20	14	24.8
第一个五分位数（收入最低的 20% 的家庭）	14.8	22.3	15.8	27.8

（续表）

第二个五分位数	8.1	12.7	8.3	15.6
第三个五分位数	5.6	9.4	5.5	11.2
第四个五分位数	3.9	6.5	3.7	8
第五个五分位数（收入最高的20% 的家庭）	2.3	4.3	2	4.6

资料来源：*Social Panorama of Latin America, 2000—2001,* Table III.8, p106, CEPAL, Santiago, Chile.

从职业方面来看，也可以发现大致相同的情况。这里，我们分析一下 20 世纪 90 年代拉美 5 国（阿根廷、巴西、哥伦比亚、厄瓜多尔、委内瑞拉）25~59 岁的专业和技术人员失业率的增加趋势。在这 5 个国家中均出现了专业和技术人员失业增加的情况。除巴西之外，专业和技术人员在 10 年间的失业率增幅均接近或超过 3%，其中阿根廷和哥伦比亚的变动幅度最大，两国专业和技术人员的失业率分别从 1990 年的 1.3% 和 4.5% 增加到 1999 年的 7.0% 和 9.5%，增长幅度超过 400% 和 100%。[①] 另外，中产阶级职业的失业时间也较其他劳动者更长。拉美 11 国的数据显示，专业和技术人员的失业时间高于平均数：到 90 年代末，城市劳动力平均找工作的时间是 4.3 个月，而技术人员平均为 5.2 个月，专业人士更长，为 6.6 个月。[②]

（二）中产阶级就业的非正规化

中产阶级就业形势恶化的第二种表现是就业的非正规化。这里主要从收入和教育水平两个方面进行分析。

首先，来看一下拉美国家不同收入群体的城市非正规部门就业的情况。数据显示，20 世纪 80 年代，玻利维亚、巴西、委内瑞拉等国 40% 的中等收入群体进入非正规部门就业，比重相对较高。在玻利维亚，中等收入群体在非正规部门就业的比重甚至高达 60%，接近低收入群体在非正规部门就业的

① 联合国拉美经委会报告，转引自 Alicia Bárcena y Narcís Serra (eds.), *Clases Medias y Desarrollo en America Latina,* Barcelona: CIDOB, 2008, p99.

② *Social Panorama of Latin America, 2000—2001,* CEPAL, chap.III, tableIII.9.

比重。在委内瑞拉，这一比重也保持在40%左右。中等收入群体就业非正规化同样严重的还包括洪都拉斯、危地马拉等多数中美洲国家。虽然中等收入群体在非正规部门就业的比重低于低收入群体，但远高于高收入群体。在哥斯达黎加，中等收入群体的这一比重比高收入群体高出10%以上，而在洪都拉斯甚至高出20%。① 进入90年代，在智利、厄瓜多尔和委内瑞拉等国，第二个五分位数群体在非正规部门稳定就业的比重从1990—2002年间增加了25%，而在委内瑞拉更是增加了46%。

其次，从不同受教育水平的就业状况，也可以看出中产阶级向下就业的趋势。总体上来看，1990—2002年，在阿根廷、智利、厄瓜多尔和委内瑞拉，接受8年以上教育的户主进入非正规部门就业的比重增加了。尽管阿根廷、智利和厄瓜多尔之间的变动幅度存在差异，但一个总体趋势是，受教育年限越长的户主，进入非正规部门的比重越高。比如，在智利和厄瓜多尔两国，受教育年限在16年以上的户主，其进入非正规部门就业的增幅超过40%。当然，在这4国中，最突出的是委内瑞拉。在不同的教育水平上，委内瑞拉进入非正规部门就业的增幅都比较大，其受教育年限在8~10年、11~15年，以及16年以上的户主进入非正规部门的比重分别增加了83.1%、107.7%和49.4%。② 最令人感到困惑的可能是阿根廷，因为在4国中，阿根廷不同教育水平的户主进入非正规部门就业的比重都是最低的。事实上，这主要是阿根廷的高失业率造成的。数据显示，受教育年限在13年以上的户主的失业率明显增加了，其中受教育年限在13~15年之间的户主的失业比重，从1994年的3.8%上升到2002年的5.7%，增加了近一半；而同期，受教育

① Haeduck Lee, Ariel Fiszbein, Bill Wood and Samuel Morley, *Poverty and Income Distribution in Latin America: The Story of the 1980s*, World Bank Technical Papers, 1997, p244, Table A 14.14.

② Alicia Bárcena y Narcís Serra (eds.), *Clases Medias y Desarrollo en America Latina,* Barcelona: CIDOB, 2008, p101.

年限在16年以上的户主的失业率从8.5%上升到11.5%,增加了35%左右。[①]事实上，这反映出一个严重的问题：受教育年限越长，进入非正规部门就业的概率越高。这是文凭贬值的一个强烈的信号。

（三）青年失业率

文凭贬值的现象同样可以从受教育年限较长的青年失业率的情况得到佐证。拉美青年（15~24岁）群体的失业状况同样比较严重。到20世纪90年代末，拉美青年失业率几乎是地区失业率的两倍，而且在许多国家，青年失业者数量几乎占了失业人口的一半。1994—1999年，拉美地区的青年失业率从14%增加到20%，而在8个高失业率国家，这个数字更是达到24.8%。[②]

20世纪90年代，拉美青年失业率的一个特点是，处于中间阶层的青年的失业率出现了大比重的增长。在6个国家（阿根廷、巴西、智利、哥伦比亚、哥斯达黎加和尼加拉瓜）中，阿根廷和哥伦比亚最为突出。到2002年，两国受教育年限在10~12年的青年的失业率是最高的，均接近30%；而受教育年限在13年以上的青年的失业率同样较高，分别接近23%和27%。其他国家受教育年限在10~12年和13年以上的青年的失业率虽然相对而言稍低，但也都处于较高水平。2002年，6国中受教育年限在10~12年的青年的平均失业率仍高达20%，而受教育年限在13年以上的青年的这一比重为6.7%。[③]

受过中等以上教育水平的青年的失业率增加传递了一个重要的信号：中产阶级青年面临严重的脆弱性。这似乎存在着一个高教育水平和低就业率的悖论。90年代，青年接受正规教育的年限远高于其父辈，但失业率

① *Clases Medias y Desarrollo en America Latina,* p104, grafico III.13.

② *Social Panorama of Latin America, 2000—2001,* CEPAL, p106.

③ *Clases Medias y Desarrollo en America Latina,* p107, Grafico III.15.

却是他们的3~4倍。这在某种程度上是因为技术的进步需要更长年限的正规教育才能获得现代部门就业，但同时也深刻地反映了（与20年前相比）教育的严重贬值。

三、公共部门的萎缩

公共部门传统上是拉美中产阶级就业的重要来源。这一部门的工作稳定性、社会地位，以及福利保障都吸引着大量的优质就业，推动了中产阶级的稳定发展。但20世纪八九十年代的调整和改革给公共部门带来极大冲击，从而影响了中产阶级的收入和就业。

20世纪80年代债务危机爆发后，拉美许多国家在国际金融机构的压力下推行了一系列的应对措施，其核心内容是削减公共支出，减少国家对经济和社会的干预。这些措施不仅引起公共部门实际工资的下降，更导致公共部门就业的萎缩。在委内瑞拉，1984年之前，公共部门就业的降幅相对较小（1987年公共部门就业的规模尽管有所恢复，但仍低于1983年的水平）；而在其他国家，比如阿根廷、哥伦比亚、哥斯达黎加和墨西哥等国，公共部门就业的增幅明显地下降了。1984年后，公共部门就业受影响最严重的是哥伦比亚、墨西哥、委内瑞拉等国。这充分表明了，以削减公共开支为主要内容的调整计划对公共部门就业的重要影响。总体上来看，到债务危机结束前后的1986年，拉美多数国家的公共部门就业都受到了影响。统计数据显示，在乌拉圭，公共部门就业占全部经济活动人口的比重从1980年危机爆发前的21.6%下降到1986年的20.7%；同期，智利从8.1%下降到7.5%。这一时期，公共部门就业降幅最大的是委内瑞拉，公共部门就业占经济活动人口的比重下降了2.8%，而占工薪就业的比重下降了4.7%。①

① Adriana Marshall (Comp.), *El Empleo Publico Frente a la Crisis: Estudios sobre America Latin*, Instituto Internacional de Estudios Laborales, 1a edición, p14, Cuadro 2.

20 世纪 90 年代，公共部门就业总体上继续呈萎缩态势。但与 80 年代略有不同的是，这一时期，公共部门的缩小主要是私有化进程和国家角色的深刻变化带来的。在许多国家，国家对生产部门的干预急剧收缩，社会计划的方向和范围也出现了某种变化。对中产阶级家庭影响最明显的是，传统的中产阶级工作机会减少了，白领职业不断地从公共部门向私人部门转移。20 世纪 90 年代，公共部门就业的下降和国营企业私有化导致数百万人失去稳定的工作岗位。

表 3-5 显示了 20 世纪 90 年代大部分时期公共部门就业占非农就业比重的变动。整体而言，这个时期的公共部门就业呈现三个方面的特点。首先，从总体上来看，拉美公共部门占非农就业的比重在 90 年代稳定下降，不过降幅有限，1990—1997 年的降幅不足 3%。其次，尽管就整个地区而言，公共部门就业的降幅不大，但不同国家之间存在巨大的差别。比如在阿根廷，1990 年公共部门占非农就业的比重为 19.3%，但到 1997 年已经下降到 12.7%，降幅接近 52%，是平均水平的两倍多。在哥伦比亚、墨西哥、乌拉圭和委内瑞拉等国，公共部门就业的比重则下降了 3~5 个百分点。最后，少数国家出现了先降后升再降的波动态势，但总体上呈上升状态。在智利，公共部门就业占非农就业的比重到 1992 年已经上升了 1 个百分点，达到 8%，但之后稳定下降，到 1997 年已降至 7.2%，但仍高于 1990 年的水平。总而言之，公共部门的萎缩使中产阶级的规模和发展遭受了极大的遏制。不过，同时需要指出的是，公共部门就业的下降对于公共雇员的影响是不同的：那些获得充分补偿而选择“下岗”的雇员可能发生向上的社会流动，但对于其他雇员来说，无论是继续留在公共部门内还是被迫离职，可能主要都面临向下的社会流动，因为即使那些继续留任的，也面临着因国家管理作用减弱而发生的社会地位的下降和收入的减少。

表 3-5：1990—1997 年拉美 14 国公共部门占非农就业的比重[a]（单位：%）

国别＼年份	1990	1991	1992	1993	1994	1995	1996	1997
阿根廷	19.3	18.5	17.7	16.8	14.3	13.8	13.2	12.7
玻利维亚	16.5	17.1	15.5	12.7	11.4	11.4	11.1	11.1
巴西	11.0	10.7	10.4	9.7	9.7	9.6	9.6	9.3
智利	7.0	7.8	8.0	7.9	7.7	7.7	7.6	7.2
哥伦比亚	9.6	9.3	9.0	8.6	8.3	8.2	8.2	8.2
哥斯达黎加	22.0	20.3	20.5	20.1	18.4	17.9	17.2	17.0
厄瓜多尔	18.7	17.5	15.7	14.9	14.7	14.2	14.8	14.8
洪都拉斯	14.9	16.6	16.4	14.6	12.4	12.5	11.4	10.3
墨西哥	25.0	24.7	24.5	23.0	22.9	22.5	22.0	21.7
巴拿马	32.0	27.5	25.2	24.6	24.4	23.4	23.1	21.8
巴拉圭	12.2	11.3	14.6	12.2	11.8	11.9	13.1	—
秘鲁	11.6	11.9	10.0	10.1	7.9	9.1	8.2	7.2
乌拉圭	20.1	18.1	17.5	18.2	16.9	17.7	17.0	16.8
委内瑞拉	22.3	21.6	20.2	18.8	19.3	19.5	19.1	19.0
简单平均数	17.3	16.6	16.1	15.2	14.3	14.2	14.0	13.6

资料来源：*Panorama Laboral*, 1998. 转引自：Rossana Galli and David Kucera, *Informal employment in Latin America: Movements over business cycles and the effects of worker rights*, Discussion paper, DP/145/2003, Decent Work Research Programme, International Institute for Labour Studies Geneva.

注：a：秘鲁是指利马大都市区；乌拉圭是指蒙得维的亚。

四、中产阶级规模的萎缩

受上述失业和非正规就业，以及公共部门缩减的影响，拉美国家中产阶级的规模与 1980 年相比出现了明显的下降（见表 3–6）。总体上来看，1985 年，拉美国家中产阶级的规模比 1980 年下降了近 31%，只有 23.2%。到 80 年代末和 90 年代初，这一比重虽然有所恢复，但增幅不大，不到 2 个百分点。到 90 年代末，这一比重再度回落，平均只有 24.6%，与 1980 年相比下降了 24%。可以看到，这个时期拉美中产阶级的比重始终在 23%~24% 之间波动，陷入了一种“中产阶级陷阱”，即中产阶级的增长回落，不再继续扩大，甚至萎缩和陷落。尽管总体趋势如此，但在不同的国家，这种变化并不一致。比如在智利，尽管在 1985 年中产阶级的规模降至 21.5%，但在之后一直保持稳定增长，尽管增幅有限，到 1997 年，中产阶级的规模已经恢复到 27%，这一比重虽然是这一时期的最高水平，但仍低于 1980 年。智利是这一时期拉美 8 国中唯一的中产阶级继大幅萎缩之后恢复持续增长的国家。与之相反，秘鲁则表现出了截然不同的趋势。1980 年，秘鲁中产阶级的规模在拉美 6 个国家中是最高的，达到 33%，超过平均数近 3 个百分点。① 虽然同样无法免于债务危机的影响，但从 80 年代中期到末期，秘鲁中产阶级的比重仍然保持在 30% 以上，是拉美 8 国中比重最高的。不过，进入 90 年代后，其中产阶级的规模一直呈连续下降态势，从 1993 年的 28.7% 降至 1997 年的 25.8%。事实上，整个八九十年代，除上述两国外，其他国家的中产阶级比重总体上没有发生明显的变化，而只是保持微幅的波动。这一点和拉美地区的总体趋势是一致的。

表 3-6：拉美 8 国中产阶级城市职业阶层比重（单位：%）[a]

年份 国别	1985	1989	1993	1997
巴西	19.8	22.4	19.5	21.7
智利	21.5	23.7	26.9	27.0
哥伦比亚	26.1	27.6	25.4	28.6
墨西哥	18.6[b]	19.7[c]	18.5	19.2
秘鲁	30.2[d]	30.5[e]	28.7	25.8[f]
乌拉圭	23.2	28.3	29.6	24.0[g]
委内瑞拉	24.6	26.5	26.8	25.7
哥斯达黎加	21.6	20.4	21.3	22.5
简单平均数	23.2	24.9	24.6	24.3

资料来源：作者根据国际劳工组织数据库（LABORSTA）计算得出。

注：a，这里的年份统计数据是指最接近该年份的数据；表中数据是中产阶级职业占全部城市就业人口的比重，中产阶级职业是指国际劳工组织国际统一职业分类表（ISCO, 1968）的前三项，即 0~1 为专业和技术人员，2 为行政和管理人员，3 为职员。b:1988 年数据。c:1991 年数据。d:1986 年数据。e:1989 年数据。f:1998 年数据，来自 Statistical yearbook for Latin America and the Caribbean 1999。g:1996 年数据。

① 参见表 2-2。

第三节 技能移民潮

国际移民是拉美社会的重要特征之一。从历史上来看，拉美的国际移民过程大致有三种流动模式，即欧洲向拉美移民、拉美国家间移民，以及拉美向海外移民。这里主要考察最后一种，即拉美向海外移民。早在20世纪六七十年代，拉美就出现了海外移民潮，这一时期，移民的主动力是政治层面的，比如阿根廷、智利和巴西等国的军事独裁和政治迫害。80年代以来，拉美再现海外移民潮，不过其主动力已经从政治层面转向经济和社会层面。债务危机的爆发给拉美经济造成严重冲击，导致失业率飙升，居民收入锐减。拉美人开始选择用脚投票，出走海外，其中许多是属于中上阶层中受教育水平较高的专业和技术人员。90年代的新自由主义改革不仅没有缓和，反而因其间爆发的几场经济危机加剧了向外移民的趋向。根据联合国拉美经委会的统计，1990年，拉美国家专业和技术人员中居住在出生地以外的人口数量已经超过30万，到2000年猛增至100万左右。① 人才外流不仅大大削弱了国家人力资本，减少了人才储备，更给拉美国家诸方面的可持续发展带来严重挑战。本节主要分析20世纪80年代以来拉美国家构成中产阶级重要来源的"技能移民"（skilled migration）② 的动态结构，同时选择阿根廷和乌拉圭作为典型案例进行比较分析。

一、80年代以来拉美向外移民概况

20世纪70年代，拉美的国际移民出现重大转向，即从净移入国变成了净移出国。传统上，美国和欧洲是拉美海外移民的主要目的地。鉴于地理和

① CEPAL, *International Migration, Human Rights and Development in Latin America and the Caribbean* (summary and conclusions), March 2006, p35.

② 这里的技能移民主要是指拥有高等教育或后中等教育层次的人士。在美国和欧盟的官方统计中，通常是指专业人士和技术人员，有些情况下包括管理人才和完成高等教育的人士。

经济因素，美国成为大多数拉美人首选的移民目的国。而对于墨西哥和加勒比国家来说，移民美国并非什么新现象，事实上早在 20 世纪 50 年代就已经颇具规模。统计数据显示，1980—1990 年，在美国的拉美移民存量翻了一番，接近 840 万，也就是说，到 1990 年拉美移民已经占在美国的外国人总数的 43%。10 年之后，这一数字进一步飙升至 1450 万。进入 21 世纪，拉美向美国移民的增长趋势并没有发生改变；到 2004 年，拉美移民总数（1800 万）占美国移民存量的比重已经超过 50%。① 美国的拉美移民表现出极大的异质性，具有明显的地理和区域因素。比如，在性别方面，墨西哥和中美洲主要是男性移民，而加勒比和南美洲则以女性居多。另外，加勒比和南美洲的移民，无论是在教育水平还是在来源国的职业层次上，都远高于墨西哥和中美洲。也就是说，前两个地区的移民以专业和技术人员为主，而后两个地区则以低层次劳动者为主。

拉美海外移民的另一个主要目的地是欧洲，特别是西班牙、葡萄牙、意大利、荷兰和英国。早在 20 世纪 70 年代，欧洲和拉美之间的国际移民流向就发生了逆转，拉美（主要是中美洲和南美洲）开始大幅向欧洲移民。这一时期的移民潮主要是拉美国内的政治镇压和社会暴力所致。而向欧洲的劳动移民始于 80 年代，90 年代末期进一步增强并延续至今。到 2001 年，在欧洲的拉美移民已经增至 230 万左右，其中占比最大的是西班牙（38.7%），其次是荷兰（19.5%）、葡萄牙（11.6%）和英国（6.7%）。② 西班牙是拉美第二大海外移民目的国，仅次于美国。2001 年的统计数据显示，在西班牙居住的拉

---

① Jorge Martínez Pizarro and Miguel Villa, *International Migration in Latin America and the Caribbean: a Summary of View of Trends and Patterns*, United Nations Expert Group Meeting on International Migration and Development July, 2005.

② Beatriz Padilla, João Peixoto, *Latin American Immigration to Southern Europe*, Table 2, June 28, 2007，http://www.migrationinformation.org/Feature/display.cfm?id=609, 访问日期：2020 年 8 月 18 日。

美人达到 84 万，且主要来自南美洲。[①] 与在美国的拉美移民特征相类似的是，在西班牙的拉美移民同样以女性为主，且具有相对较高的技术和教育水平，这种移民特质能够使他 / 她们在西班牙实现快速的社会和职业流动。

20 世纪从 80 年代，特别是 90 年代以来，拉美向海外移民的数量大大增加了，其背后的原因大体可以归为"拉力"和"推力"两种。拉力是外部因素，比如受欧美高工资、高福利，以及相对宽松的移民政策的吸引。不过，这种拉动因素并不是主要的，更重要的是内部因素导致的推动，即推力因素。80 年代的结构性调整给拉美各国带来极大的负面影响，比如生活水平和实际工资严重下降、失业率居高不下、公共部门私有化给专业和技术人员带来的不安全感。长期的贫困和社会不公，以及不断恶化的治安环境。在拉力因素的作用下，这些内部因素不断地推动和强化着向外移民的倾向。可以说，经济和社会危机是这一时期拉美人，特别是专业和技术人员向海外移民的关键动因。毕竟在危机的环境下，拥有不同技能、工作经验和教育水平的人逃离本国的动力都增强了，移民倾向陡增。比如，1999—2001 年期间，因厄瓜多尔危机有 50 万人离开厄瓜多尔，这一数字约占全国总人口的 8%。[②] 而在阿根廷，2001 年经济危机导致 1970 年以来阿根廷人最大规模的出逃。根据阿根廷国家移民局的数据，2001—2002 年间，阿根廷共有 25.5 万人移民海外，这一数字是 1993—2000 年向外移民总量的近 6 倍。[③]

① *Emigration of skilled human resources from Latin American and Caribbean countries: Current trends and prospects, Regional Meeting: Emigration of skilled human resources From Latin American and Caribbean countries*, Caracas, Venezuela, 17 and 18 June 2009, SP/RR-ERHCPALC/DT N° 1-09.

② *Emigration from Latin America: Making the most of an exodus*, The Economist, Feb 21st 2002. http://www.economist.com/node/999559, 访问日期：2020 年 9 月 17 日。

③ Khalid Koser, *The Impact of Financial Crises on International Migration: Lessons Learned*, IOM Migration Research Series, MRS No.37,2009.

二、“技能移民”的教育水平和职业层次分析

经济和社会条件的恶化导致相当比重的高素质人才移民海外，这一点至少可以从移民的教育水平和职业层次两个方面加以佐证。

20世纪后半期，拉美海外移民在人口方面的一个变化是，受过更长年限教育的技能移民逐渐增多。80年代，到达美国的拉美移民中接近17%至少拥有大学以上学历——10.4%拥有学士学位，6.5%拥有研究生学历。就次区域而言，南美洲移民的技能移民比重相对较高。同一时期到达美国的拉美移民中拥有大学学历的比重，巴西是27%，阿根廷是33%，委内瑞拉是40%，智利是30%。[①]90年代大体维持了同样的流动模式。18%的拉美移民拥有高等教育学历，且其分布比重与80年代大致相同。在美国的墨西哥移民拥有大学学历的比重不足1999年美国平均数（24.7%）的一半。但对南美洲来说就不一样了，南美洲移民拥有大学学历的比重接近美国的平均数。1995—2000年间，南美洲的移民中拥有大学学历的比重从大约21%上升到26%。[②]

通过移出国和移入国的比较，也可以印证这种显著的差别。根据2000年的数据，生活在美国的拉美移民，所受的教育程度普遍高于其母国。就整个地区而言，在美国的拉美移民完成高等教育层次的比重高出其母国近3个百分点，而在中等教育层次上则高出母国30.1%。不过，在不同地理区域间存在着一些显著的差异。在美国的墨西哥移民完成高等教育的比重同墨西哥国内基本持平，但在中等教育层次上，前者却是后者的两倍多。相反，来自中南美洲的移民拥有高等教育水平的比重高出地区平均水平70%，是墨西哥

① Adela Pellegrino, *Skilled Labour Migration from Developing Countries: Study on Argentina and Uruguay, International Migration Papers No.58, Graph 2.*

② Rolando Franco, Arturo León and Raúl Atria (coordinadores), *Estratificación y movilidad social en América Latina: Transformaciones estructurales de un cuarto de siglo,* 1a ed.616 p.Santiago: LOM Ediciones, 2007, p591, Cuadro XIII.9.

同一比重的近3倍。[①]

拉美移民的职业层次也大体反映技能移民流失的程度。20世纪七八十年代是在美国的拉美移民增速最快的10年。10年间，专业和技术人员向美国移民的增速有10个国家超过了100%，其中增速最为惊人的是秘鲁，70年代一共增加了1658.3%！其次是萨尔瓦多和委内瑞拉，分别增加了221%和181%；而即使增速最低的阿根廷也接近60%。80年代，这种情势出现了明显的多样性。中美洲和加勒比国家继续保持强劲增长；而秘鲁、墨西哥和委内瑞拉的增速较70年代下降了，但仍保持在70%以上；增速相对较低的只有阿根廷和智利，分别只有23.8%和15%。不过，尽管增速和比重下降了，但考虑到大国的人口规模，其移出总量并不见少。比如，1980—1990年，移民美国的墨西哥专业和技术人员虽然增幅下降明显，但就移民总量而言，10年间增加了26028人。[②]

20世纪90年代以来，技能移民的趋势更加显著（见表3-7）。数据显示，南美洲的海外移民中，专业人士和行政管理人员的比重在90年代出现了显著的增长，在7个国家中平均增速均超过200%，哥伦比亚甚至超过400%。就绝对数量而言，阿根廷、巴西、智利、委内瑞拉等国明显较多。另外，从这些移出的专业和技术人员占其母国经济活动人口的比重也可以看出人才流失严重性。1990年，在15个有相关数据的国家中，专业和技术人员移民占母国经济活动人口的比重超过10%的国家达1/3，其中阿根廷甚至高达

① Ximena Clark, Timothy J. Hatton and Jeffrey G. Williamson, *What Explains Emigration Out of Latin America*?, *World Development, Elsevier,* vol. 32(11), pp1871—1890, November, 2004, Table 4.

② Adela Pellegrino, *Migrantes latinoamericanos: síntesis histórica y tendencias recientes: Informe realizado en base a IMILA*, 2000, Universidad de la República.

23.7%，乌拉圭和墨西哥次之，分别为 10.8% 和 12.4%。①

表 3-7：1990—1999 年南美洲在美合法移民中专业人士和管理人才的比重[a]（单位：%）

国家	职业	1990 年	1994 年	1997 年	1999 年
阿根廷	专业人士	17.4	35.7	33.3	43.4
	管理人才	14.8	16.2	13.4	17.3
	总数	32.2	51.9	46.7	60.7
巴西	专业人士	18.8	31.0	24.9	43.4
	管理人才	10.2	16.0	18.2	17.3
	总数	29.0	47.0	43.1	60.7
智利	专业人士	11.4	30.7	21.0	30.8
	管理人才	9.5	9.8	9.8	21.3
	总数	20.9	40.5	30.8	52.1
哥伦比亚	专业人士	3.2	15.4	14.4	22.7
	管理人才	3.9	4.9	6.2	5.9
	总数	7.1	20.3	20.6	28.6
厄瓜多尔	专业人士	4.1	10.6	10.3	16.8
	管理人才	3.3	3.5	4.4	4.2
	总数	7.4	14.1	14.7	21.0
秘鲁	专业人士	8.5	15.9	13.1	21.8
	管理人才	6.9	8.2	5.4	6.7
	总数	15.4	24.1	18.5	28.5
委内瑞拉	专业人士	26.8	40.4	27.1	38.9
	管理人才	16.8	22.9	17.8	24.8
	总数	43.6	63.3	44.9	63.7

来源：*U.S. Immigration and Naturalization Service, Statistical Yearbook,* Washiongton, D.C., Departamento de Justicia de los Estatos Uniods, Números de 1990 a 1999. 转引自：Rolando Franco, Arturo León, Raúl Atria (coordinadores), *Estratificación y movilidad social en América Latina. Transformaciones estructurales de un cuarto de siglo,* 1a ed. p616, Santiago:LOM Ediciones, 2007, p591, Cuadro XIII.8.

注：a：占 25 岁以上人口的比重。

欧洲的拉美移民在职业层次分布上也大体表现出类似的特征。这里不妨以拉美移民的主要欧洲目的国西班牙和葡萄牙为例。根据西班牙 1990 年《外

① 联合国拉美经委会拉美和加勒比国际移民调查项目（CELADE—IMILA）估计数字。转引自：Adela Pellegrino, *Skilled Labour Migration from Developing Countries: Study on Argentina and Uruguay*, International Migration Papers, No.58, Table 3.

国人工作许可统计》的数据，这一时期，西班牙的拉美移民多数是在白领岗位就业。阿根廷、秘鲁、哥伦比亚和厄瓜多尔的移民主要是技术人员和专业人士（26%~46%）、行政管理岗位（13%~16%）、商人（11%~15%），另有 5% 集中于高级经理和商业主管。①葡萄牙的巴西移民主要来自巴西的中产阶级，至少受过中等以上的教育，且主要是专业和技术人员。这些人能够和葡萄牙本地人平等地进入劳动力市场，主要在服务业、艺术和体育行业就职，通常能够流动到较高的社会地位。根据葡萄牙国家统计局的数据，葡萄牙的巴西移民中有 28.4% 是专业和技术人员；27.3% 是学生；16% 在中等技术岗位就职，比如技术员、银行职员和职员等；10.3% 是教师；只有 5.3% 从事非技术性工作，比如建筑业。②

三、移民净流出国分析：以阿根廷和乌拉圭为例

阿根廷和乌拉圭是拉美海外技能移民的典型案例。选择两国作为案例是基于三个方面的考虑。首先，阿根廷和乌拉圭传统上一直是拉美最重要的移民输入国，但 20 世纪 70 年代以来都变成了移民净输出国。其次，两国是 20 世纪拉美国家中教育发展较早、民众教育水平较高、历史上中产阶级比重相对较大的国家。最后，两国的向外移民中，专业人士和熟练劳工的比重相对较高。

阿根廷和乌拉圭移民大量外流始于 20 世纪 70 年代，且以受过高等教育的中产阶级和拥有工作经验的技术人员为主。这一时期，阿根廷经历了第一次向外移民的高峰，乌拉圭也经历了同样的过程。这种移民主要是两国国内军事独裁和政治镇压的结果。美国移民和归化局（INS）的数据显示，20 世纪 70 年代获得美国居民签证的阿根廷移民中，以医生、保健

① Adela Pellegrino, *Migration from Latin America to Europe: Trends and Policy Challenges, IOM Migration Research Series,* No.16, May 2004, p31.

② Adela Pellegrino, *Migration from Latin America to Europe: Trends and Policy Challenges, IOM Migration Research Series,* No.16, May 2004, p36.

专业人士、大学教授和教师居多。而乌拉圭的海外移民在1963—1985年占其经济活动人口的比重达到20%，其中1972—1976年的移民净流出率达到历史最高水平。[①]80年代，债务危机肆虐拉美，阿根廷和乌拉圭亦不能免。两国的失业率和贫困率大幅上升，中产阶级的生活水平也受到严重影响。进入90年代，在经济持续低迷和新自由主义改革造成诸多压力，以及工业发达国家对专业人才需求上升的作用下，海外移民成为一种大众选择。由于受教育水平较高，对教育作为社会流动机制的期望也较高，而面对经济增长停滞的现实时却理想受挫，因此，“用脚投票”成了相当一部分中产阶级的一种自然选择。一大批各领域的专业人士、教师、大学教授和其他受教育水平较高的劳动者都加入到海外移民潮中。总而言之，在20世纪的最后20年里，以中产阶级为主的海外移民在两国已经形成一种结构性趋势。

通过观察两国在美国的移民状况，可以发现两国海外移民的一些共同特征（参见表3-8）。比如，在年龄层次上，移民人口以中青年为主，年龄中位数显示38~39岁之间正处于劳动力成熟期；在教育水平上，完成后中等和高等教育层次的移民比重占绝对多数；在职业分布上，专业和技术人员的比重相对于其他拉美国家，更加显著和突出。事实上，相对于阿根廷，乌拉圭人的移民情结更浓，这主要是由于乌拉圭地域狭小，发展有限。对乌拉圭人来说，海外移民是一种摆脱诸多局限的生活方式。而危机和失业更是强化了这种情结，因为危机限制了个人价值充分实现的可能性，同时挫伤了中产阶级追求与发达国家同等生活方式和消费水平的欲望。事实上，在乌拉圭已经形成了一种强烈的移民条件反应，也就是说，任何一种危机的征兆都可能在乌拉圭人中激起即刻的移民意识和行动。几十年的移民潮在乌拉圭形成了一种向外

① Adela Pellegrino, *Skilled Labour Migration from Developing Countries: Study on Argentina and Uruguay*, International Migration Papers, No.58, p7.

移民的“文化”并内化于乌拉圭人的精神，特别是在乌拉圭年轻人中：即致富的希望在国门之外。1989—1990年，乌拉圭进行的全国青年调查显示，1/4的乌拉圭青年渴望在国外生活，而那些受教育水平较高的青年的移民意愿更加强烈。除了美国，西班牙和意大利等欧洲国家都是乌拉圭海外移民的目的地。

表3-8：1990年在美国的阿根廷和乌拉圭移民的部分特性

项目名称	阿根廷	乌拉圭
移民总量	77986	18211
年龄中位数（人）	39.9	38.6
完成12年以上教育的移民的比重（%）	74.43	81.2[a]
雇员和家政服务员分布比重（%）	70.2	19.4[b]
专业和技术人员分布比重（%）	19.14	28.6[c]
操作员和手艺人分布比重（%）[d]	11.4	21.6
农业劳动者（农民，畜牧业者和其他）分布比重（%）	0.6	1.5
社区、社会和个人服务分布比重（%）	20.53	35.1
批发、零售贸易和酒店服务分布比重（%）	38.9	18.9

资料来源：作者根据Pellegrino的数据进行的整合。Adela Pellegrino, *Migrantes latinoamericanos: síntesis histórica y tendencias recientes: Informe realizado en base a IMILA*, 2000, Universidad de la República.

注：a：完成9年以上教育的百分比。b：指在工业部门就业者。c：包括主管和经理人。d：不包括农业工人和机器操作员。

技能移民的大量流失给两国的发展带来了一系列的负面影响。

首先，技能移民的大幅外流冲击了两国宝贵的人力资源储备，对于地域狭小的乌拉圭更是如此。尽管没有移民对两国劳动力市场供应的影响的数据，但可以明显地感觉到某些领域劳动力素质的下降和专业人员的缺少。比如乌拉圭，20世纪70年代，海外移民的主体是建筑师和医生；八九十年代是工程师和电子计算机专家。不过，教师和大学教授的流失也相当严重，而在护士和医疗服务领域，有些年份几乎整个毕业班都选择了移民。

其次，从人口学的角度来看，海外移民进一步加速了两国人口的老龄化，因为移民主要集中在年轻人中间。由此造成的直接影响是国内年轻人的减少，间接影响是出生率的下降。

最后，海外移民给两国社会带来的最严重的影响并不是集中在中短期内的经济层面，而更主要是心理和精神层面。向外移民在移出国滋生了一种对国家发展的集体失望情绪，而成功的移民形象更是强化了一种意识，即国门之外才是希望所在。尽管这种主观层面意识很难量化，但却造成了一种无形的、极具穿透力的负面影响，这恐怕是更令人忧心的。

第四节　虚假的社会流动性

所谓“社会流动”（social mobility）通常是指职业阶层或收入的变动。社会学通常关注的是前者，即社会成员从一个社会阶层向另一个社会阶层的转移过程；而经济学通常关注的是后者，即从一个时间点到另一个时间点收入地位的变动过程。无论是职业阶层的变动，还是收入地位的变动，社会流动性都有一个共同的基础，即打破个人成就对初始条件的依赖，这正是流动性的本质所在。如果流动的方向是从较低的职业 / 收入阶层流动到较高的职业 / 收入阶层，就是向上流动，反之是向下流动。向上流动是社会开放度的重要表现之一。

20 世纪 50—80 年代是拉美国家社会流动性大大增强的时期，且以向上流动为主。这一时期，城市化的深入推进导致城乡之间的水平流动规模急速扩大了，而与此相伴随的工业化发展带动了对流入到城市的劳动力的生产性吸纳，导致非农就业在全部劳动力就业中的比重大大增加，产生了一种结构性流动。与此同时，教育事业的发展大大提高了经济活动人口的受教育水平，由此提高了非体力劳动者的规模，其中专业技术阶层比重的提升最为明显。因此，可以说，20 世纪 50—80 年代是中产阶级的黄金年代。但进入 80 年代，特别是

90年代以来，拉美国家的社会流动性总体上陷入停滞，或者以向下流动为主，而在中产阶级层次上，这种社会流动性却出现了一种相悖的趋势，即职业向上流动，收入向下流动，是为“假流动”（spurious mobility）①。本节将主要从职业和收入视角分析这一时期拉美主要国家的中产阶级的社会流动。

一、拉美专业技术阶层的社会流动

受债务危机的影响，20世纪80年代，拉美大多数国家的公共部门就业率都下降了。从现有数据来看，除哥伦比亚在这10年间略有增长外，哥斯达黎加、巴拿马、乌拉圭、委内瑞拉等国公共部门的就业比重总体呈稳定下降态势。相应地，公共部门的平均收入也出现了下降态势。

公共部门就业的萎缩导致拥有专业技术资格的熟练劳动者退出公共部门就业市场，从而使60年代以来公共部门就业稳定增长的态势发生逆转。由此带来了专业技术阶层的就业方向发生了重大转移。在许多国家，专业技术阶层在私人部门就业的比重都增加了，比如在哥斯达黎加、墨西哥、巴拿马、乌拉圭，以及巴西和委内瑞拉。这一时期，专业技术阶层就业比重的增加，一方面是劳动力转移的结果，但另一方面是因为拥有专业技术资格的劳动人口进入劳动力市场。尽管专业技术阶层的就业比重增加了，但并没有带来与其地位相等的收入的增长。20世纪80年代，在考察的8个国家中，除哥伦比亚之外，其他7个国家专业技术阶层的平均收入出现了下滑态势，其中委内瑞拉专业技术阶层的平均收入占全体劳动力平均收入的比重一度从1981年的14.9%下降到6.6%，降幅超过200%。②

进入20世纪90年代，这种就业态势虽然变得相对更加复杂，但总体上

① 所谓“假流动”是指，从职业地位上来看，那些获得向上的职业流动的专业技术人员并没有获得与该职业相应的社会回报，比如收入和社会声望等，从而导致职业阶层同收入阶层的脱节。参见：Gabriel Kessler and Vicente Espinoza, *Movilidadsocial y trayectorias ocupacionales en Argentina:rupturas y algunas paradojas del caso de Buenos Aires, Políticas Sociales Serie 66,* División de Desarrollo Social, CEPAL, Santiago de Chile, mayo de 2003.

② *Social Panorama of Latin America, 2001—2002,* CEPAL, p73.

并没有发生什么变化。一方面，公共部门的就业比重继续在缩小，但这个部门的平均收入出现了更加复杂的变化。在哥伦比亚、哥斯达黎加和乌拉圭等国，80 年代以来的公共部门收入下滑态势出现逆转，开始出现恢复性增长；而在其他国家，比如委内瑞拉则继续保持下行态势。不过，在私人部门就业的专业技术阶层的就业增速同收入下行的反差更加显著。这主要是因为，首先，90 年代以来，随着教育的普及和中高等教育入学率的大幅提升，拉美拥有后中等技术资格或职业资格的劳动年龄人口（25~59 岁）迅速增加。在有数据的 11 个拉美国家中，有 10 个国家，其技术人员和专业人士数量的平均增速超过 5.5%。这种趋势在城市最为明显。1990—1999 年，在新增的 3200 万劳动年龄人口中，有 790 万人拥有后中等教育证书（430 万拥有技术证书，360 万拥有职业证书）。[①] 其次，比 80 年代更严重的是，专业技术人员的急速增加并没有伴随着相应的收入增长，而是收入的持续下降。这充分说明，这 20 年间专业技术阶层的收入总体上是下降的。

二、国别案例分析：墨西哥

20 世纪 80 年代以来，在拉美许多国家，特别是大国（比如阿根廷、巴西和墨西哥），中产阶级的社会流动虽然存在一定的差异，但总体上呈现出相似的流动模式，为了更好地加以说明，这里选择最具代表性的墨西哥为例，以窥拉美之全“豹”。

20 世纪 80—90 年代，墨西哥的社会流动模式表现出三个明显的特征。

首先，继续保持 60 年代以来的高流动率和向上的社会流动。20 世纪 60 年代，墨西哥社会流动的一个特点是，向上的职业流动比较高，这一点无论是代际流动还是代内流动都得到了明显的反映。这种高流动主要是由于农村向城市的流动（严格来说是向上流动）和疾速的工业化进程（提供了向非农业职业流动的机会）带来的。表 3-9 反映了 20 世纪最后 40 年间墨西哥职业

① *Social Panorama of Latin America, 2001—2002,* CEPAL, p71.

结构的巨大变化。1960 年农业就业占据主导地位（50.5%），而高级职位（立法者、高级官员、管理者、专业和技术人员）的比重只有 6.1%。60 年代的变化反映了进口替代工业化的推动作用。到 1970 年，农业就业的比重降至 39%，而高级职位出现稳定的增加，达到 9.2%。80 年代，职业结构出现重大变化，与服务业相关的就业成为最具活力的部门，其中专业技术阶层的高级职位增加到 14.2%，职员和售货员职位增加到 23.6%。进入 90 年代，这种变化的幅度开始减弱，但非熟练服务岗位的增速最为明显，达到 17.8%。而除了专业人士外，管理者、技术人员和职员的职业比重都略有下降。总体而言，这 20 年间，墨西哥继续保持了以前较高的总体流动性和向上的职业流动。不过必须特别指出的是，在进口替代工业化时期，向上的社会流动主要是从农业向体力职业的流动，而 80 年代以来，社会流动的来源主要是农业和体力岗位向体力和非体力职业的流动。

表 3–9：1960—2000 年墨西哥的职业结构比重（单位：%）

职业分类 \ 年份	1960	1970	1990	2000
立法者、高级官员和管理者	0.9	2.7	2.6	2.1
专业人士	3.9	4.5	7.9	8.8
技术人员	1.4	2.1	3.7	3.4
职员	6.1	8.5	10.3	9.5
社会服务工作者和售货员	10	11.2	13.3	17.8
农业和渔业工人	50.5	39	20.9	14.9
手艺人和相关的生意人	15	18.3	18.6	18.5
机器操作工和组装工	5.5	7.4	10.8	10.8
制造业基础工作	1.2	0.6	4.2	4.3
服务业基础工作	4.8	5.4	7.5	9.7
武装部队	0.7	0.4	0.2	0.2
总计	100	100	100	100

资料来源：根据 Integrated Public Use Microdata Series International,Minnesota Population Center 微观统计数据估计。转引自：Patricio Solís, *Social mobility in Mexico:Trends, Recent Findings, and*

Research Challenges, Paper presented at the Summer 2008 Meeting of the Research Committeeon Social Stratification and Mobility (RC28) of the International Sociological Association (ISA), Stanford,CA, August 6—9, 2008.

其次，与向上的职业流动相关的收入减少。社会流动的一个基本假定是，在现代社会中，个人的总体地位是通过其在劳动力市场的位置反映出来的。根据这一假定，职业是连接个人与财富及个人地位的制度化桥梁。有鉴于此，社会学研究往往将职业流动等同于社会流动。如果一个人经历了向上或向下的职业流动，就等于经历了社会流动。20 世纪八九十年代，墨西哥的个人收入总体上呈下降趋势,这主要是由于这一时期墨西哥危机导致的。① 不过，这种收入下降在不同职业之间是不一样的。非体力职业，特别是专业人士、技术人员和职员的下降幅度是最大的，而最高级和最低级职业的下降幅度相对较小。其结果是，中低级职业的收入差距大大缩小了。这种变化对墨西哥向上的职业流动产生了重要影响。首先，这表明，与向上的流动，特别是与向上的非体力职业流动相关的经济收入在 80 年代债务危机爆发之后下降了。换而言之，个人必须获得比过去更高的职业层次才能获得个人收入的提升。这种职业向上流动，而收入下降的现象并非墨西哥独有，其他拉美国家也大体这样。比如，加布里埃尔·凯斯勒（Gabriel Kessler）和文森特·埃斯皮诺萨（Vicente Espinoza）对阿根廷的研究发现②，20 世纪八九十年代虽然职业流动到中产阶级职业，但由此带来的社会和经济回报却下降了，因此产生了一种“虚假流动”。此外，内尔森·杜瓦列·席尔瓦（Nelson do Valle

① Patricio Solís, *Social mobility in Mexico:Trends, Recent Findings, and Research Challenges*, Paper presented at the Summer 2008 Meeting of the Research Committeeon Social Stratification and Mobility (RC28) of the International Sociological Association (ISA), Stanford,CA, August 6—9, 2008.

② Gabriel Kessler and Vicente Espinoza, *Movilidad social y trayectorias ocupacionales en Argentina: rupturas y algunas paradojas del caso de Buenos Aires, CEPAL-SERIE Políticas sociales 66,* Santiago de Chile, mayo de 2003.

Silva）对巴西的研究[①]，弗洛伦西亚·托尔谢（Florencia Torche）和吉耶尔莫·沃莫尔德（Guillermo Wormald）对智利的研究[②]均表明，在专业技术阶层存在着相似的流动模式。这种"虚假流动"的相对普遍的存在反映了这一时期经济危机和结构性重组对拉美劳动力市场造成的负面影响。

最后，职业流动的刚性大大增强。尽管墨西哥的职业流动率和向上的职业流动率从总体上来看比较高，但这种流动很大程度上反映的是职业结构的总体变化，而不是出身阶层与现处阶层之间流动性的增强。费尔南多·科尔特斯（Fernando Cortés）等人的研究[③]表明，20世纪八九十年代，墨西哥的相对职业流动率下降了，由此表明，社会分层的刚性增强了。勒内·森特诺（René Zenteno）和帕特里西奥·索利斯（Patricio Solis）以父亲的职业、出生地和受教育年限作为独立变量进行的研究[④]发现，在年龄最大的出生期群（全国样本是1936—1938年，蒙特雷市样本是1925—1932年），与父亲的职业的关联度不大，由此表明对于这些出生期群来说，社会出身并不是直接影响职业获得的条件。相反，对1966—1968年全国城市样本和1963—1967年蒙特雷市样本的研究发现，父亲的职业是决定职业获得的重要因素。这充分说明，尽管继续存在着绝对高流动率，但个人社会出身阶层和现处阶层之间的关联度可能在不同的出生期群之间增加了，至少在城市地区如此。从这个意义上说，20世纪80年代的债务危机和之后的结构性调整增强了职业流动的刚性。

---

① Nelson do Valle Silva, *Cambios sociales y estratificación en el Brasil contemporáneo (1945—1999)*, *CEPAL-SERIE Políticas sociales* 89, Santiago de Chile, julio de 2004.

② Florencia Torche and Guillermo Wormald, *Estratificación y movilidad social en Chile: entre la adscripción y el logro*, *CEPAL-SERIE Políticas sociales 98,* Santiago de Chile, octubre de 2004.

③ Fernando Cortés, Agustín Escobar y Patricio Solís (Coord.), *Cambio estructural y movilidad social en México,* México: El Colegiode México, 2007, 382 pages.

④ René Zenteno y Patricio Solis, *Continuidades y Discontinuidades de la Movilidad Ocupacional en México*, *Estudios Demográficos y Urbanos,* 2006, Vol.21, No.3, pp.515—546.

三、虚假流动的原因分析

20世纪80年代以来，特别是90年代，拉美国家专业技术阶层中普遍存在的“职业上流，收入下流”现象，究其根本，源于专业技术阶层就业的第三产业化（tertiarization）。专业技术阶层的供给过剩和失业增加带来的两个后果是，工资水平的下降和选择低工资岗位就业。其中的一个主要表现是专业技术阶层向第三产业的就业流动增加。从20世纪80年代开始，一直到整个90年代，向第三产业就业的流动趋势都持续存在。除洪都拉斯之外，几乎所有拉美国家的城市，在商业、交通、通信、金融等第三产业就业的比重都增加了大约3%。第三产业吸收了相当比重的熟练劳动者，大约85%的拥有技术或职业资格的雇员都在这些服务相关的领域就业，而在那些不需要这些技术或资格的岗位，这一比重只有68%。[①]具体而言，第三产业创造的新增就业大部分集中于商业部门是一个总体趋势。从整个地区来看，在这一部门就业的比重占整个城市就业比重的近1/4。不过商业通常吸纳的是没有技能或职业资格的劳动者，而政府或社会服务等部门则吸收了相当比重的高技术能力的劳动者。在巴西和墨西哥这两个人口最多的国家，有将近58%的第三产业雇员属于专业和技术人员。这种低就业反映在收入上就是平均工资的下降。通常而言，专业技术阶层的平均工资最低的就业部门集中在政府和服务领域（社会、社区和个人服务）。在商业领域也出现了相似的趋势。按照惯例，熟练劳动力在商业和服务领域的平均工资是最低的。因此，尽管专业技术阶层的劳动力供应在相对快速地扩张，但拉美各国并没有创造足够的岗位吸纳新增的熟练劳动力，甚至在经济增长较快的时期，也是如此。

① *Social Panorama of Latin America, 2001—2002,* CEPAL, p82.

第五节　中产阶级的焦虑和不安全感

20世纪八九十年代，中产阶级的不安全感大大增加了。这种不安全感既来自物质层面，也来自精神层面。收入减少、失业或就业质量下降遏制了消费能力，通货膨胀的上升又进一步限制了中产阶级的购买力。而另一种影响，即物质生活重压下滋生的悲观和焦虑情绪可能给中产阶级造成的压力更大。维持中产阶级的生活方式和价值观、防止社会地位下降、为下一代的教育和未来提供保障都成为中产阶级的精神压力来源。不仅如此，公共安全形势的恶化、暴力犯罪活动的增加，进一步恶化了中产阶级的生存环境，使其面临更加严峻的挑战。

一、公共形势不安全

20世纪80年代以来，随着经济形势的恶化，拉美的失业率和贫困率上升了，收入不平等也恶化了。这些因素在某种程度上成为犯罪的温床和暴力滋生的土壤。整个八九十年代，拉美地区的犯罪和暴力活动都明显增加。20世纪末，拉美已成为全球犯罪率最高的地区之一。数据显示，1980年，拉美大多数国家的凶杀率都较低，甚至好于发达工业国家，但到1990年，公共安全形势急剧恶化（参见表3-10）。除巴拉圭和哥斯达黎加等国以外，多数拉美国家的凶杀率都明显增加。其中，增幅最明显的是哥伦比亚和秘鲁，1990年的凶杀率是1980年的4~5倍。到90年代中期，巴西和墨西哥的公共安全形势进一步恶化，凶杀率上升明显，到1995年已经分别高达十万分之三十和十万分之二十左右。此外，其他形式的暴力犯罪活动也增加了，比如绑架和抢劫。

表 3-10：1980—1985 年拉美 13 国的凶杀率（单位：每十万人）

国别＼年份	1980	1990	1995
萨尔瓦多	—	138.2	117
哥伦比亚	20.5	89.5	65
巴西	11.5	19.7	30.1
墨西哥	18.2	17.8	19.5
危地马拉	11.7	15.2	22
秘鲁	2.4	11.5	10.3
巴拿马	2.1	10.9	—
厄瓜多尔	6.4	10.3	—
阿根廷	3.9	4.8	—
哥斯达黎加	5.7	4.1	—
乌拉圭	2.6	4.4	—
巴拉圭	5.1	4	—
智利	2.6	3	1.8

资料来源：Irma Arriagada and Lorena Godoy, *Prevention or repression? The false dilemma of citizen security, CEPAL Review*, Table 2, p116, Nº70, April 2000.

不断恶化的公共安全形势加剧了公众对生活环境的忧虑。著名民调机构拉美晴雨表的调查表明，犯罪和公共安全被认为是 1997 年公众最担心的问题之一，有超过 8.4% 的受访者将其视作本国最大的问题，仅次于失业（19.2%）和教育（16%）。[①] 事实上，从公众对犯罪行为变化的感知上也能够反映出来这种忧虑。20 世纪 90 年代后半期，拉美地区的公众认为在过去 5 年间本国犯罪行为加剧了的受访者比重不仅非常高，而且还在大幅攀升（参见图 3-2）。调查数据显示，1995 年高达 81.8% 的拉美受访者认为本国犯罪行为在过去 5 年里增加了，而这一比重到 1998 年提高了将近 10 个百分点，高达 91.4%。就国别来看，在拉美 5 个主要国家中，除了墨西哥以外，其他国家在这 2 个考察年份期间，认为本国犯罪行为增加的受访者比重都增加了，且均高达 90% 以上。阿根廷、巴西、智利等国的增幅均在 8 个百分点左右。

① Latinobarómetro 1997，www.latinobarometro.org.

委内瑞拉的增幅虽然是最少的，但在1995年就已经有高达94.5%的受访者认为，过去5年间本国的犯罪行为增加了，这个比重在同期所有国家中是最高的。公民的安全焦虑催生了私人安保经济在拉美的快速发展。在整个拉美地区，私人安保人员和正规警察之间的数量比例至少达到2:1；在巴西、哥伦比亚、萨尔瓦多、洪都拉斯和墨西哥等安全形势更加严峻的国家，这一比例甚至更高。①

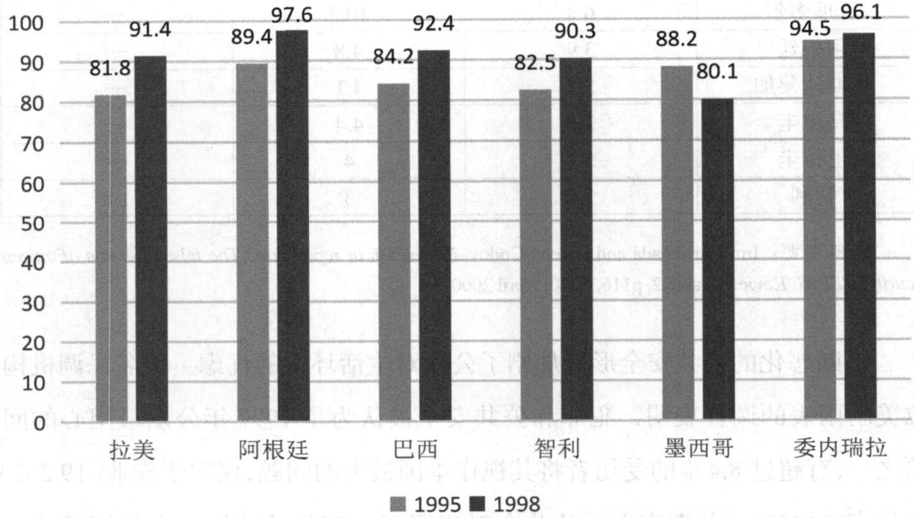

图3–2：1995年和1998年拉美5国公众对本国犯罪行为的感知[a]（单位：%）

资料来源：拉美晴雨表（Latinobarómetro）在线数据库，www.latinobarometro.org。

注：a：调查的问题是“您认为在过去五年里犯罪行为增加了还是减少了？”这里的数据是“增加很多”和“略有增加”的百分比。

公共安全形势的恶化影响了整个社会，但不同的社会群体所受到的影响并不一样。拉法埃尔·迪特拉（Rafael Di Tella）等人对布宜诺斯艾利斯地区

① Robert Muggah & John de Boer, *Security Sector Reform and Citizen Security:Experiences from Urban Latin America in Global Perspective*, SSR Paper 18, p20, 2019, London: Ubiquity Press.

的调查发现①，1990—1994 年，高收入家庭成为入室抢劫受害者的概率远高于低收入家庭，但在 1995—2000 年和 2001 年这两个时期，低收入家庭和高收入家庭遭遇入室抢劫的概率基本上没有明显的差别。这意味着经济形势的恶化，使得抢劫对象低收入化。尽管入室抢劫方面，高收入家庭和低收入家庭在 90 年代总体上没有多少差别，但街头抢劫则呈现明显的变化。调查发现，在这三个时期，高收入家庭遭受街头抢劫的次数都高于低收入家庭，而且两个收入群体遭遇的犯罪行为都明显增加了。阿莱杭德罗·加维里亚（Alejandro Gaviria）和卡门·帕赫斯（Carmen Pagés）对拉美 17 国 1996—1998 年的受害率进行研究之后则发现②：大城市的犯罪率高于中小城市；收入的高低与遭受犯罪行为的概率成正比，也就是说，中高收入群体更容易成为犯罪行为的目标。我们通过表 3-11 可以发现，在参与调查的 17 个拉美国家中，普遍存在的一种趋势是，收入阶层越高，遭受犯罪侵害的比重越高。最高收入阶层（Q5）和中等收入阶层（Q4 和 Q3）比低收入阶层（Q2 和 Q1）受侵害的概率平均高出 5~10 个百分点。不过，玻利维亚是唯一的一个例外：中等收入阶层遭受侵害的比重最高，低收入阶层次之，高收入阶层受侵害的比重是最低的。在哥斯达黎加、厄瓜多尔、巴拉圭和墨西哥等国，中产阶级群体遭受犯罪行为侵害的比重甚至高于富人。尽管存在着这些细微的差异，但这些数据都充分说明，公共安全的恶化更容易使中产阶级和富人首先成为冲击的对象。

① Sebastian Galiani & Rafael Di Tella & Ernesto Schargrodsky, *Crime Victimization and Income Distribution,* Working Papers 50, Universidad de San Andres, Departamento de Economia, Aug 2002.

② Alejandro Gaviria and Carmen Pagés, *Patterns of crime victimization in Latin America.* Washington, DC: Inter—American Development Bank, Working Paper, No.408, 1999.

表 3–11：犯罪受害者比重[a]（单位：%）

国别	收入五分位数					城市规模		
	Q1	Q2	Q3	Q4	Q5	小	中	大
阿根廷	34.1	37.7	34.5	40.4	41.2	19.37	30.75	40.29
玻利维亚	33.0	32.9	37.8	37.7	30.7	—	33.94	35.48
巴西	34.1	34.5	32.0	40.5	45.8	42.2	43.7	40.19
哥伦比亚	29.4	34.3	34.9	39.4	42.2	—	35.5	44.38
哥斯达黎加	33.7	35.5	36.0	43.2	35.0	35.4	45.53	—
智利	27.8	32.2	27.2	33.2	33.6	11.59	28.56	33.18
厄瓜多尔	42.0	39.7	45.5	42.6	43.0	40.05	45.32	62.28
萨尔瓦多	45.3	38.5	47.5	41.6	59.8	42.83	52.22	—
危地马拉	54.8	50.9	52.5	58.9	58.5	50.27	51.5	—
洪都拉斯	28.4	27.8	39.7	44.3	41.4	38.46	53.51	—
墨西哥	40.3	39.1	44.5	48.2	47.6	29.0	43.64	53.39
尼加拉瓜	29.7	32.9	34.9	40.9	42.2	35.46	45.34	—
巴拿马	25.9	26.4	34.1	29.6	26.1	26.07	38.86	—
巴拉圭	27.2	32.1	37.5	38.9	32.9	29.37	36.91	36.57
秘鲁	34.9	33.8	35.4	44.0	39.3	25.63	32.81	41.93
乌拉圭	20.1	17.5	23.9	31.5	31.8	20.03	30.13	36.91
委内瑞拉	37.9	42.3	47.0	45.8	53.8	38.1	46.97	54.68
西班牙	9.4	13.3	15.2	17.3	18.0	—	—	—

资料来源：*Latinobarómetro* (1996—1998), 转引自：Alejandro Gaviria and Carmen Pagés, *Patterns of crime victimization in Latin America.* Washington, D.C.: Inter-American Development Bank, Working Paper, No.408, 1999.

注：a：按城市规模和收入阶层统计。

虽然，富人和中产阶级通常都是犯罪行为的主要目标，但与富人相比，中产阶级处于更加脆弱的地位，因为富人可以聘请私人保安或者购买安全设备寻求自我保护。自 20 世纪 80 年代以来，随着社会治安的恶化，私人保安公司的数量飞速发展，到 90 年代末大约增加了 11%。这一时期，在所有拉美国家，私人保安的数量都明显增加了，甚至在拉美两个最安全的国家——智利和哥斯达黎加，私人保安数量的年增长率都保持在 9%~10%。① 相对于

① Mark Ungar, *The Privatization of Citizen Security in Latin America: From Elite Guards to Neighborhood Vigilantes*, *Social Justice,* 2007—08, Vol. 34, No.3/4, p20.

富人，中产阶级和平民通常无法通过寻求私人保安获得安全保障，因此被迫另寻他径，持有枪支自卫。巴西的1700万件枪支中，90%掌握在私人手中，只有10%由国家控制。事实上，无论是寻求私人保安，还是持枪自卫，这种公共安全的私人化所带来的弊端远远大于其所能发挥的保障作用。一方面，私人大量持有枪支不仅没有取得预期的安全保障，反而加剧了普通民众的暴力倾向，比如对拉美8个城市进行的民意调查显示，只有15%~35%的民众认为武器能够带来安全感。另一方面，私人保安业的过度发展加剧了社会分化和社会矛盾，进一步增加了暴力活动的可能性。因为富人可以花钱购买“安全保护”，建立牢固的防御堡垒，以保护自己的财产和权利免受侵害，而穷人却被排斥在外，从而加剧了整个社会的空间隔离。

二、经济不安全

这里的“经济不安全”（economic insecurity）是指劳动者和家庭因为主要经济指标（比如就业、收入和实际工资）的无规则变动而面临一种不确定的环境。[①] 这些指标的变化有时发生得很突然，变动很大，给劳动者和家庭的未来带来很大的不确定性，即风险（risks）。因此，变动和不确定性是经济不安全的主要内容。

（一）收入不稳定

与20世纪六七十年代相比，八九十年代，拉美大多数国家的经济都表现出明显的不稳定和增长放缓的特征，唯有智利和多米尼加共和国是个例外。相关数据显示，1981—2002年，拉美国家的经济增长率均低于前20年的水平。部分国家在历经六七十年代的高增长之后，出现了一个非常缓慢的增长期。比如巴西、厄瓜多尔和墨西哥等国，1981—2002年的增长率只有1960—

① David M. De Ferranti and Guillermo Perry, *Securing Our Future in a Global Economy,* Washington, DC: World Bank, June 2000, p14, Box 2.1.

1980 年的 1/4。[①] 经济增长率的大幅下滑给居民收入带来了极大的影响。相关数据显示，1960—1980 年间，拉美多数国家的人均实际收入的增幅都在 2% 以上；但 1981—2002 年间，这一良好态势彻底逆转（参见表 3-12）。阿根廷、玻利维亚、厄瓜多尔、秘鲁和委内瑞拉等五国的人均实际收入增幅一直是负增长，其他国家（比如巴西和墨西哥等国）的表现虽然相对较好，但增幅很小，不足 1%。这一期间，只有智利和多米尼加共和国是个例外，增幅分别在 2%~3% 和 3% 以上，继续了前 20 年的增长态势。

表 3-12：拉美 12 国人均实际收入的变化

年份／增幅	1960—1980	1981—2002
低于 0%	—	阿根廷、玻利维亚、秘鲁、委内瑞拉
0%~1%	—	巴西、哥斯达黎加、哥伦比亚、厄瓜多尔、墨西哥、乌拉圭
1%~2%	智利、秘鲁、乌拉圭、委内瑞拉	—
2%~3%	阿根廷、玻利维亚	多米尼加
超过 3%	巴西、哥斯达黎加、哥伦比亚、多米尼加、厄瓜多尔、墨西哥	智利

资料来源：联合国拉美经委会（CEPAL），转引自 Andrés Solimano and Raimundo Soto, *Economic Growth in Latin America in the Late 20th Century: Evidence and Interpretation*, Paper prepared for the seminar *Latin American Growth: Why So Slow?*, Organized by CEPAL held in Santiago, Chile on December 4—5, 2003, table 2.

从实际工资层面上来看，也显现出相似的收入震荡趋势。安德烈斯·索里马诺和拉伊蒙托·索托（Raimundo Soto）对智利、墨西哥、秘鲁和委内瑞拉四国实际工资的变动进行研究[②]之后发现：一是 20 世纪 90 年代，在智利

① Andrés Solimano and Raimundo Soto, *Economic Growth in Latin America in the Late 20th Century: Evidence and Interpretation*, Paper prepared for the seminar *Latin American Growth: Why So Slow*? Organized by CEPAL held in Santiago, Chile on December 4—5, 2003.

② Dani Rodrik, *Why is there so much economic insecurity in Latin America?, Cepal Review N°73*, April 2001, table 5.

以外的其他三国，实际工资的变动性都大大增加了。只有智利的工资自 80 年代以来一直保持相当稳定的增长。二是除智利外，宏观经济的动荡将这种不稳定传递到工资领域，导致工资的变动幅度较大。事实上，综合评估显示，拉美 8 国（阿根廷、巴西、智利、哥伦比亚、墨西哥、秘鲁、乌拉圭、委内瑞拉）中除智利以外，80 年代的收入不安全水平（这里指一年内人均收入下降 5% 的概率）是整个 60—90 年代中最高的。尽管进入 90 年代后，收入不安全程度下降了，但对大部分国家而言，90 年代的收入不安全度仍大大高于 60 年代和 70 年代。在巴西、墨西哥、秘鲁和委内瑞拉，任何既定年份中平均收入下降 5% 的概率是 10%~20%。这一比重大大高于 80 年代之前，只有阿根廷和智利的收入安全度明显提高了。就 8 个国家而言，90 年代，收入不安全的平均概率是 60 年代和 70 年代的两倍（相对应的概率分别是 8.0%，3.0% 和 4.6%）。[①]

（二）就业不稳定

20 世纪 80 年代以来，拥有稳定工作的劳动者比重在拉美所有国家都下降了，也就是说工作的不安全感增加了。这可以从三个方面来观察，一是工会密度（trade union density）[②]，二是工作的受保护度，三是对未来失业的焦虑度。

工会的主要职能就是代表工会会员争取更大的工作稳定性，因此，工会密度的强弱反映出劳动者工作稳定性的保障程度。八九十年代，拉美多数国家的工会会员数量都下降了（参见表 3-13）。比如，在阿根廷，非农雇员占工会会员的比重从 1986 年的 49% 下降到 1995 年的 25%，委内瑞拉则从 1988 年的 25.9% 下降到 1995 年的 14.9%。而在墨西哥，工会密度的降

① Dani Rodrik, *Why is there so much economic insecurity in Latin America?*, *Cepal Review Nº73*, April 2001, table 7.

② 工会密度通常有两种测定方法，一种是指工会会员占全体劳动力的百分比，另一种是工会会员占全体非农劳动力的比例，因为大多数农业雇员不可能成为工会会员。第一种标准通常被称为工会密度Ⅰ，后一种标准则被称为工会密度Ⅱ。一般认为采用工会密度Ⅱ标准更为合理。

幅更加显著，在1989—1991的三年时间里从54%迅速降至31%。不过，智利是一个特例。就绝对数字而言，工会会员的数量从1985年的36.1万增加到1993年的68.4万，工会会员占非农雇员的比重同期则从11.6%增加到15.9%。智利独特的变化，主要源于皮诺切特独裁统治结束后，工会会员和工会密度的暴增。但是，尽管如此，90年代初以来，智利工会会员的数量已经下降并在90年代末回落到民主化之前的水平。

表3–13：拉美10国的就业安全指数

国别	年份	工会会员数量（千人）	年份	覆盖率（占非农劳动者的百分比）	年份	“不受保护”的就业[a]（占劳动者数量的百分比）
阿根廷	1986	3262	1986	48.7	1990	21.7
	1995	3200	1995	25.4	1996	34
玻利维亚	1994	276	1994	16.4	1991	28
					1997	34.8
巴西	1991	15205	1991	32.1	1985	63.6
					1996	68.5
智利	1985	361	1985	11.6	1990	17
	1993	684	1993	15.9	1996	22.3
哥伦比亚	1985	877	1985	11.2		
	1995	840	1995	7		
萨尔瓦多	1985	79	1985	7.9	1994	59.1
	1995	103	1995	7.2	1997	61.3
墨西哥	1989	9500	1989	54.1	1990	43.4
	1991	7000	1991	31.0	1997	49.6
秘鲁	1991	442	1991	7.5	1990	25.2
					1996	34.1
乌拉圭	1990	222	1990	19.9		
	1993	151	1993	11.6		
委内瑞拉	1988	1700	1988	25.9		
	1995	1153	1995	14.9		

资料来源：转引自Dani Rodrik, *Why is there so much economic insecurity in Latin America?*, *Cepal Review* Nº73, April 2001, table 3.

工作不安全的另一个指标是不受正式书面合同“保护”的劳动者比重，即没有被社会保障计划覆盖的比重。“不受保护”（unprotected）就业，这个定义在不同的国家有不同的标准。比如，在阿根廷，是指没有书面合同的私人雇员占布宜诺斯艾利斯全部私人雇员的比重；在玻利维亚是指那些没有被劳工法和社会立法保护的劳动者占全部工薪就业的比重；而在巴西，则是指没有工作证明(carteira de trabalho)①的雇员占全部工薪雇员和自雇者的比重。表 3-13 显示，在有统计数据的 7 个国家中，“不受保护”的就业比重在 90 年代都显著增加了：阿根廷从 21.7% 增至 34%，巴西从 63.6% 增至 68.4%，墨西哥则从 43.4% 增至 49.6%，甚至智利也不例外，从 1990 年的 17% 增至 1996 年的 22%。②

对未来失业的焦虑感是反映工作稳定性的另一大主观指标。拉美晴雨表公司 1998 年的调查数据显示，拉美地区超过 65% 的受访者比较担心未来 12 个月里会失业或者没有工作（参见图 3-3）。就国别来看，在拉美五个主要国家，担心未来 12 个月失业的受访者比重均超过半数，甚至最低的智利也达到 54%。委内瑞拉和巴西是这种失业焦虑感最强大两个国家，担心未来一年失业或没有工作的受访者比重分别高达 75.6% 和 72.5%，这种高比重反映出这两个国家在 20 世纪末劳动力市场的震荡。阿根廷和墨西哥，虽然相对好于委内瑞拉和巴西，但两国也都有超过 60% 的受访者充满着对未来失业的恐惧和不安全感。

---

① 工作证明（carteira de trabalho），是劳动者今后重新被雇佣和加入工会所必需的一种身份证明，他 / 她们必须凭借这份文件才能享有新的社会立法的好处。而且，工人必须在劳动部承认的工会注册。

② 20 世纪八九十年代，非正规经济对新增就业岗位的贡献率是 80%，这一数字也为这些结果提供了补充证据。正规部门就业比例的下降在多大程度上是由于限制性就业立法——比如最低工资和强制性参保政策——的结果还存在争论。非正规部门就业尽管通常意味着较低的就业安全，但对非正规就业者来说并非意味着糟糕的结果。在许多情况下，劳动者宁愿选择非正规性，以便逃避缴纳收入税和其他税。

三、精神的焦虑和生存战略

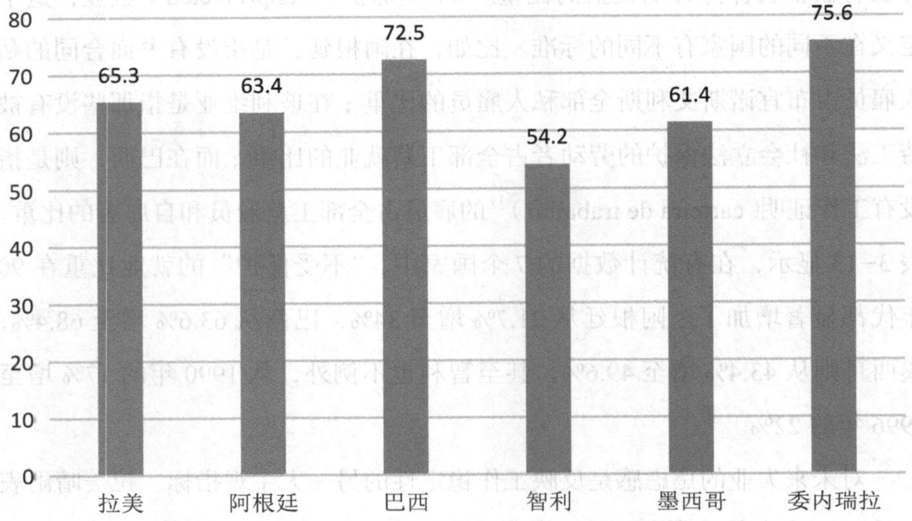

图 3–3：1998 年拉美公众对未来失业的焦虑度[a]（单位：%）

资料来源：拉美晴雨表（Latinobarómetro）在线数据库，www.latinobarometro.org。

注：a：调查的问题是“您会担心在接下来的 12 个月里没有工作或失业吗？”。这里的数据是“非常担心”和“担心”的百分比。

经济的低迷、收入的下降和就业的不稳定使得许多拉美人的精神焦虑明显上升，对未来充满一种悲观主义情绪。1999 年《华尔街日报》对美洲国家进行的调查显示①，在 14 个拉美国家中，平均有 61% 的受访者认为自己现在没有父辈生活得好；而在阿根廷、巴西、哥伦比亚、厄瓜多尔、巴拉圭等 7 个国家，这一比重均超过平均数；在秘鲁，高达 80% 的受访者认为自己过得不如父辈，哥伦比亚的这一比重也高达 78%。另一方面，多数人担心自己后代的未来。数据显示，不足一半（46%）的受访者认为他们的后代会比自己生活得好。不过，这一比重在不同的国家存在着明显的差异，墨西哥最低，

① Dani Rodrik, *Why is there so much economic insecurity in Latin America?, CEPAL Review N°73*, April 2001, table 1, p8.

只有 30%，最高的智利，也只为 61%。这种焦虑感，并非仅存在于低收入群体，中产阶级也普遍充满着对未来的焦虑和向下流动的恐惧。这份调查还显示，在拉美几个主要国家，特别是阿根廷、巴西、墨西哥和委内瑞拉，中等收入群体比低收入群体更担心后代的未来。

正是因为对未来不确定性的担心和就业的不稳定，拉美人普遍增加了对社会保护的需求。《华尔街日报》的这份调查还发现，在所有的社会阶层中，对社会保险都存在着非常强烈的需求（参见表 3-14）。将近 3/4 的受访者表示，赞同政府增加失业保险方面的开支，而希望增加养老金开支的受访者比重更高，超过 80%。事实上，并非穷人才有这种强烈的需求，在不同收入阶层、不同教育水平和不同就业类型中都普遍存在。可以预计，在对未来更加悲观的国家，对社会保险的要求通常更加强烈。不过，也有例外，比如在墨西哥，尽管对下一代的未来存在严重的悲观情绪，但增加社会保险开支的要求却很弱。在智利，尽管对未来的期望比较积极乐观，但同样有高达 85% 和 93% 的受访者支持增加社会保险开支和养老金开支。[①] 另外，通过这个调查表，还可以发现一个有趣的问题：当问到是否希望增加国防和军队开支时，只有不足 1/3 的人表示支持。这表明，与国家安全的相比，个人的不安全感更能切身地感触，对其需要也更迫切。但在工业发达国家进行的同类调查则表明，赞成增加养老金和失业保险的开支远低于拉美国家，而且在不同的收入群体，赞成的比重存在明显的差别。

---

① Dani Rodrik, *Why is there so much economic insecurity in Latin America*?, *CEPAL Review N°73*, April 2001, p9.

表 3–14：拉美 14 国有关社会保障调查[a]的回答[b]

总样本			就业类型						教育水平				收入水平		
类型	数量	百分比	自雇	政府	私人	失业	退休	主妇	文盲	初等	中等	高等	低等	中等	高等
失业保险															
A	551	3.7	4	5	3	3	4	4	3	4	3	4	4	4	3
B	10088	73.4	74	69	74	80	74	73	74	74	75	71	72	73	74
C	2543	17.1	17	19	17	13	16	17	19	16	16	19	19	17	17
D	857	5.8	5	7	6	3	6	7	5	7	5	6	4	6	6
养老金															
A	172	1.2	1	2	1	1	1	1	1	1	1	1	2	1	1
B	12426	83.7	83	84	84	88	88	84	82	83	85	83	83	85	83
C	1861	12.5	13	12	13	9	9	12	15	13	12	14	14	11	13
D	380	2.6	3	2	2	1	2	3	2	3	2	2	2	2	3
国防和军队															
A	623	4.2	4	6	3	3	5	4	3	4	4	5	5	5	3
B	4810	32.4	34	28	29	36	33	35	32	37	33	27	32	31	34
C	8359	56.3	56	59	60	56	54	52	60	50	57	62	58	56	57
D	1047	7.1	6	7	7	5	8	9	5	8	7	7	6	7	7

资料来源：Mirror on the Americas Poll (1999), Wall Street Journal Interactive Edition。转引自：Dani Rodrik, *Why is there so much economic insecurity in Latin America?*, CEPAL Review Nº73, April 2001, table 2, p9.

注：a：该项调查是由华尔街日报委托 MORI 国际网络于 1999 年 8 月 25 日—9 月 8 日进行的，调查对象是整个美洲，其中拉美国家参与调查的对象是 11 个国家的 9188 个城市家庭 18 岁以上人士。受访者是随机抽选的，面对面访谈，差错率是 1%。调查的问题是："你认为在你的国家里，下面那些项目应该增加或减少开支？" A、B、C、D 是询问的问题，其中 A：未回答；B：增加开支；C：减少开支；D：不知道。b：按社会经济条件统计。

第四章　中产阶级脆弱性的政策根源

20 世纪 80 年代初到 21 世纪初，是拉美中产阶级不断遭遇挑战和挤压的时期。这一时期，中产阶级的规模不仅没有保持 80 年代之前的扩张态势，反而陷入了停滞，甚至出现了萎缩和衰退，中产阶级向下流动的趋向增加。客观而言，这种情势的逆转首先应归咎于 80 年代债务危机导致的拉美经济衰退和 90 年代的经济动荡，因为经济增长是中产阶级成长的助推器。尽管如此，但经济增长并非是拉美中产阶级发展停滞和萎缩的唯一根源。事实上，这一时期，国家角色的巨大变化以及相应的政策滞后和缺失都减少或撤销了对中等和低等收入群体的社会保护，从而使这两类社会群体面临的社会风险明显增加。与此同时，传统上推动中产阶级发展的政策工具也失灵了，并没有发挥应有的作用。这些政策因素同样是 1982 年以来的 20 多年里拉美中产阶级坠入发展陷阱的重要原因。基于此，本章主要从教育和社会流动、收入分配、税收制度，以及公共支出和社会保障等方面分析拉美中产阶级脆弱性的政策根源。

第一节　教育和中产阶级的再生产

在现代社会中，教育是推动个体实现向上社会流动的关键因素。教育的作用如此重要，是因为教育是决定职业生涯和职业流动的重要因素，也是影响个体经济收入和社会地位的重要因素。[①]从这个意义上而言，教育是现代中产阶级形成和发展的原动力，是中产阶级再生产的主要工具。正如美国社会学家怀特·米尔斯（Wright Mills）所指出的那样，“大学教育实现的职业转变主要使旧中产阶级的孩子变成了新中产阶级，高中教育实现的职业转变使技术人员的孩子成为新中产阶级。”[②]

拉美中产阶级的发展同样无法摆脱教育的决定性影响，教育资本仍是进入中产阶级的关键因素。自20世纪60年代以来，拉美各国的教育水平均有大幅提升，各个教育层次的入学率和毕业率的提升导致经济活动人口的受教育水平发生了实质性的变化。无论是从事日常性工作还是非体力工作都需要中等教育水平证书，而在通常属于中上阶层的职业则需要专业的高等教育证书。获取后中等教育（post—secondary schooling）在工业国家被视为是获得中产阶级地位的标志，但在六七十年代的拉美，获取后中等教育基本上可以保证中上阶层地位。比如在智利和墨西哥，户主拥有后中等教育学位的家庭中，几乎有70%属于上层阶级，只有不足1/3是中产阶级[③]。总体而言，在拉美，完成中等教育是进入中产阶级的最低门槛。

尽管教育对向上的社会流动具有系统性的推动作用，但20世纪80年代

① 胡振京：《性别视角中教育与社会流动的关系摭探》，《教育科学》，2009年第3期，第19页。

② C.Wright Mills, *White Collar, The American Middle Class,* London: Oxford University Press, 1951, p268.

③ Rolando Franco, Martín Hopenhayn & Arturo León, *The growing and changing middle class in Latin America:an update, CEPAL Review* N°103, April 2011, p19.

以来，债务危机和经济低增长削弱了劳动力市场对受过更高教育水平的劳动者的吸纳能力，导致了教育的贬值和教育作为“社会地位提升机”功能的弱化。本节主要从教育的社会流动性、教育回报率下降、教育资源的不合理分配和教育质量差距等层面进行分析。

一、个体教育机会的内生继承性削弱了教育和社会的流动

社会流动理论认为，个人职业地位的获得受先赋因素和后致因素的共同作用，其中前一因素对个人职业地位的获得具有直接影响，并通过后一因素影响个人职业地位的获得。这里的先赋因素是指与生俱来的自然人条件（比如家庭出身和父母背景），具有不可选择性，而后致因素则是个人通过后天努力可以获得的能力和资质等。在开放的社会中，后致因素是决定获得职业地位的主要途径。

20世纪90年代以来，部分学者开始评估教育和代际流动的关系。杰雷·理查德·贝尔曼（Jere Richard Behrman）等人的研究[①]结果表明，尽管拉美许多孩子的教育成就水平都超过了父母，但并不意味着存在相对的流动性，即从一代人到下一代人相对位置的变化，也就是说代际流动性较低。阿莱杭德罗·加维里亚（Aleiandra Gaviria）[②]则利用拉美晴雨表的民意调查数据并与美国相比较，佐证了上述结论。联合国拉美经委会的研究也表明，在拉美，教育机会和社会出身阶层之间一直存在着紧密的联系。说明青年人的未来很大程度上仍受上一代人的不平等关系的制约，即代际不平等具有深刻的传递性。由此带来的后果是社会结构的刚性化和社会流动的减弱。这种结构性的不平等甚至限制了中期内改善收入分配的机会，因为教育资本——受教育年限和教育质量是获得高薪工作的主要途径，对于中低阶层而言甚至是唯一途

---

① Jere Richard Behrman, Alejandro Gaviria and Miguel Székely, *Intergenerational Mobility in Latin America*, *Journal of LACEA Economia,* Vol.2, No.1, 2001.

② Alejandra Gaviria, *Social Mobility and Preferences for Redistribution in Latin America*, *Journal of LACEA Economia,* 2007, Vol. 8 (1), pp.92—94.

径。研究同时发现，中等教育在拉美是避免陷入贫困的临界点，因此完成中等教育既是脱贫的关键，也是向上流动的关键。

表 4-1 显示的是城市青年人的教育成就水平和父母受教育水平之间的关系。首先可以发现，从 1990—2000 年，拉美所有国家的城市青年在不同层次上获得的教育成就总体上都增加了，这充分说明这一时期拉美正规教育的覆盖率在显著提高。不过，我们还发现，父母的受教育水平和子女完成中等教育（12 年以上）的可能性存在着密切的关联性。在中等教育覆盖率相对较低的国家（比如玻利维亚、萨尔瓦多、危地马拉、洪都拉斯和委内瑞拉等国）父母受教育年限不足 6 年的青年只有 1/3 完成了中等教育；相反，父母完成 12 年以上教育的青年中则有 3/4 完成了中等教育。同样，在阿根廷、智利、巴拿马、秘鲁和乌拉圭等中等教育入学率高的国家，出身于不同教育背景的青年，达到的教育水平也存在着明显的差异。在这些国家，完成 12 年以上教育的城市青年比重平均是 60%，这一数字高于中等教育低覆盖率组的平均数（53%）。在这些中等教育入学率高的国家，尽管父母的受教育年限不足 6 年，但其后代中有 36% 完成了中等教育；而那些完成中等教育的父母，其子女完成中等教育的比重达到 90%。[①] 从以上数据不难看出，尽管 90 年代拉美的教育覆盖率在持续扩大，但这种“成功”并没有有效地减少不同社会阶层的青少年之间的教育差距。

① *A Decade of Social Development in Latin America, 1990—1999*, CEPAL, Santiago, Chile, 2004, p187.

表 4-1：拉美 20~24 岁城市青年受教育年限的比重[a]（单位：%）

组别	受教育年限	年份	总计	按父母的受教育水平[b]			
				0—5 年	6—9 年	10—12 年	13 年以上
低水平组[c]	≥ 9 年	1990	65	49	81	90	96
		2000	69	51	81	94	96
	≥ 12 年	1990	43	28	53	74	84
		2000	53	33	63	77	91
	≥ 14 年	1990	19	10	21	39	57
		2000	20	8	18	31	57
中水平组[d]	≥ 9 年	1990	62	49	76	93	96
		2000	70	51	79	89	96
	≥ 12 年	1990	43	29	53	75	88
		2000	54	32	59	75	92
	≥ 14 年	1990	16	7	20	39	60
		2000	23	7	22	36	62
高水平组[e]	≥ 9 年	1990	77	58	80	91	96
		2000	79	58	75	94	97
	≥ 12 年	1990	52	30	51	72	88
		2000	60	36	51	75	90
	≥ 14 年	1990	16	6	12	26	48
		2000	22	6	12	29	54

资料来源：*A Decade of Social Development in Latin America,* 1990—1999, CEPAL, Santiago, Chile, 2004, p187.

注：a: 按父母的受教育水平划分。b: 户主和配偶平均受教育年限。c: 玻利维亚、萨尔瓦多、危地马拉、洪都拉斯、巴拉圭和委内瑞拉。d: 巴西、哥伦比亚、哥斯达黎加、厄瓜多尔、尼加拉瓜和墨西哥。多米尼加因缺少这两年的可比性数据，未被包含在该组内。e: 智利、巴拿马和乌拉圭。阿根廷和秘鲁因缺少这两年的可比性数据，未被包含在该组内。

家庭背景对个体教育成就的显著影响通过就业传递并影响了职业地位的获得。表 4–2 显示的是拉美 4 国和美国的白领及蓝领阶层的代际传递性。这里的白领是指专业人士、高级技师、企业主、中高级管理者，蓝领则包括所有其他职业。借助表格数据，我们可以发现：在所有国家，无论是在拉美国家还是在美国，父亲是白领、儿子也是白领的概率远高于蓝领家庭。这一事实表明，职业地位存在着代际传递性，不过在不同的国家这种关联度并不一样。根据父亲的职业是白领还是蓝领观察儿子获取白领职业的可能性，我们可以从中衡量职业地位的代际关联度。在巴西，白领父亲的儿子获得白领职业地位的概率是蓝领父亲的儿子获得白领职业地位的概率的 2.6 倍。在哥伦比亚，这一比率是 2.0，墨西哥是 3.5，秘鲁是 2.8，而美国只有 1.5。这种职业结构的关联性表明，美国的职业代际流动率是最高的，其次是哥伦比亚、巴西和秘鲁。墨西哥的职业代际流动率最低，这意味着墨西哥社会的封闭性相对较高。不过，必须指出的是，在拉美，职业的流动和教育的流动有时并不一致。比如在哥伦比亚，职业地位的流动性相对较高，而教育成就的流动性相对较低。巴西也是如此，而在秘鲁和墨西哥则相反。

表 4–2：美洲 5 国城市代际间的职业流动（单位：%）

国家和父亲的职业地位	儿子的职业地位	
	蓝领	白领
巴西		
蓝领	79.7	20.2
白领	47.2	52.8
总体或全部	75.2	24.8
哥伦比亚		
蓝领	78.1	21.9
白领	57.9	42.1
总体或全部	72.5	27.6
墨西哥		
蓝领	89.7	10.3
白领	64.1	35.9
总体或全部	84.1	15.9
秘鲁		
蓝领	80	20
白领	47.3	57.8

（续表）

总体或全部	75.9	24.1
美国		
蓝领	70.5	30
白领	53.4	46.6
总体或全部	65.5	34.5

资料来源：Jere Richard Behrman, Alejandro Gaviria and Miguel Székely, *Intergenerational Mobility in Latin America*, *Journal of LACEA Economia,* Table 3, p16, Vol.2, No.1, 2001.

二、教育回报率的明显分化导致中产阶级再生产受限

在拉美，中等教育不仅被视为脱贫的最低门槛，也被视为获取非体力劳动的最低门槛。因此，中等教育是拉美社会发展的关键，决定着中产阶级的再生产。在 20 世纪 60 和 70 年代，中等教育足以保证劳动者获得一个稳定的工作和中产阶级——确实相对优越的生活水平。但到 1990 年，中等教育既没有保证一个收入好的工作，也没有免于陷入贫困。相对于初等教育，特别是高等教育，中等教育的边际回报率总体上呈下降的趋势。

首先，从职业的平均月收入来看，尽管教育和职业收入之间的正相关系依然存在，但已经开始弱化。联合国拉美经委会 2004 年发布的《拉美社会发展十年：1990—1999》报告发现，在拉美城市地区，职业的平均月收入水平随着教育水平的提高而增加。而且，从总体上来看，高水平组国家的职业收入水平高于低水平组国家，教育所产生的收入分层作用明显（参见表 4–3）。在整个拉美城市地区，完成“后中等教育”（13 年以上）的青年主要从事专业工作和技术工作，以及管理工作，其平均月收入分别是人均贫困线的 6.4 倍和 10 倍；而完成中等教育（9~12 年）的青年在相同职位上获得的平均月收入分别降至贫困线的 3.7 倍和 8 倍。另外，还需要指出的是，在中等和后中等教育层次上还有一定比重的城市青年从事行政雇员和会计师、营业员和售货员等工作，其职业平均月收入只有人均贫困线的 3 倍左右。这一收入水平并不能体现这种教育水平应该获得的社会报偿。这说明，尽管中等教育的

覆盖面在不断地扩大，甚至受教育年限高于父母，但就其收入水平而言，教育贬值的压力已经充分展现。

表 4–3：1999 年拉美城市青年 [a] 的平均收入 [b]

国家分组 [c]	受教育年限	总计	职业类型							
			专业和技术人员	管理人员	行政雇员和会计师	营业员和售货员	工业、交通和仓储工人	建筑工人	保姆、服务员和保安	农业劳动者
低水平组	总计	2.8	4.3	7.4	3.2	2.4	2.5	2.5	1.6	1.8
	0–8	2.1	2.5	5.4	2.1	2.0	2.2	2.4	1.5	1.7
	9–12	2.8	2.8	6.3	3.1	2.4	2.8	2.7	1.7	1.5
	≥ 13	4.4	4.7	8.4	3.6	3.1	3.6	3.5	2.6	3.1
中水平组	总计	3.3	6.7	9.5	3.5	2.9	2.9	3.1	2.0	2.4
	0–8	2.4	2.7	4.4	2.8	2.4	2.6	2.6	1.7	2.3
	9–12	3.1	3.9	10.0	3.2	2.8	3.2	3.6	2.5	2.9
	≥ 13	5.5	7.3	10.0	4.1	4.5	3.9	4.0	3.8	3.4
高水平组	总计	4.0	6.6	10.6	4.3	3.6	3.6	3.6	2.9	2.8
	0–8	2.9	4.1	5.4	2.9	2.8	3	3.2	2.6	2.4
	9–12	3.7	4.8	7.1	3.8	3.6	3.7	3.9	3.2	3.1
	≥ 13	5.9	7.0	12.0	4.9	4.4	4.7	4.1	3.5	5.4
所有国家	总计	3.3	5.9	9.1	3.6	2.9	3	3.1	2.1	2.3
	0–8	2.4	2.9	5.1	2.6	2.4	2.6	2.7	1.9	2.1
	9–12	3.2	3.7	8	3.3	2.9	3.2	3.3	2.4	2.5
	≥ 13	5.2	6.4	10.0	4.2	4.0	4.0	3.8	3.2	4.0

资料来源：*A Decade of Social Development in Latin America*, 1990—1999, CEPAL, Santiago, Chile, 2004, p195.

注：a: 这里的青年指 20~29 岁，每周工作至少 20 小时；这里的平均收入是国家数据的简单平均，这里按个人贫困线的倍数。b：按职业和教育水平划分。c：根据联合国教科文组织的统计数据，按照 20 世纪 90 年代中期中等教育毛入学率进行国家分组，其中低水平组包括玻利维亚、萨尔瓦多、危地马拉、洪都拉斯、巴拉圭和委内瑞拉；中水平组包括巴西、哥伦比亚、哥斯达黎加、厄瓜多尔（城市地区）、墨西哥、尼加拉瓜和多米尼加；高水平组包括阿根廷（城市地区）、智利、巴拿马、秘鲁和乌拉圭（城市地区）。

其次，教育回报率出现明显的分化：初等和中等教育回报率下降，高等教育回报率稳定上升。20 世纪八九十年代，虽然拉美国家的教育覆盖率大幅提高，但与之伴随的却是不同教育水平之间工资差距的显著变化。这种变化一方面体现为高等教育和中等教育之间工资差距的增大，另一方面则体现为中等教育和初等教育之间工资差距的减小。工资差距的这种“一增一减”是由于中等教育的平均工资大幅下降所致（参见表 4–4）。数据显示，1987—2002 年，完成高等教育的劳动者的相对工资平均增加了 45%，而在中等教育层次上则减少了 26%。就实际平均工资而言，从 1987—2002 年，巴西和哥伦比亚完成中等教育的劳动者的平均工资分别下降了 3% 和 2%；墨西哥的降幅更高，达到 5%。与此形成鲜明对比的是，高等教育的工资溢价非常显著：2002 年，巴西和哥伦比亚完成高等教育的劳动者的每小时实际工资比中等教育劳动者高出 1.1 倍，而 1987 年只高出约 83%，增加了 33%；而在墨西哥这种溢价更加显著：高等教育劳动者的每小时实际工资比中等教育劳动者从 1987 年仅高出约 38%，但到 2002 年已经高出 65%，增幅高达 72%。

表 4–4：拉美 3 国不同教育水平每小时实际工资的差距

国别及教育水平	1987	2002	变化幅度
巴西			
高等教育 vs 中等教育	0.828	1.100	33%
中等教育 vs 初等教育	0.927	0.557	–40%
哥伦比亚			
高等教育 vs 中等教育	0.832	1.092	31%
中等教育 vs 初等教育	0.551	0.429	–22%
墨西哥			
高等教育 Vs 中等教育	0.375	0.646	72%
中等教育 Vs 初等教育	0.451	0.384	–15%

资料来源：Chiara Binelli, *Returns to Education and Increasing Wage Inequality in Latin America,* Working Paper Series 30-08, Rimini Centre for Economic Analysis（RCEA）, Italy，Table 1, p9, Jan 2008.

不仅如此，即使与初等教育的工资相比，中等教育的工资水平仍然体现不出接受更高教育所能获得的优越性。从 20 世纪 80 年代末到 2002 年，巴西、哥伦比亚和墨西哥 3 个国家的中等教育相对于初等教育的相对工资分别从 93%、55% 和 45% 降至 56%、43% 和 39%，降幅高达 40%、22% 和 15%。高等教育层次上相对工资的增加和中等教育层次上相对工资的下降，导致工资差距出现了凸化现象。可以说，凸化（convexification）是 20 世纪 90 年代拉美工资不平等的主要特征。2008 年，弗洛伦西亚·洛佩斯·博（Florencia López Bóo）对 1992—2003 年阿根廷的教育回报进行分析①之后发现，阿根廷不同教育水平间的工资凸化现象越来越明显，这主要是由于高等教育的回报率上升、中等教育的回报率下降的结果。事实上，不仅在阿根廷，而且在巴西、哥伦比亚和墨西哥 3 个国家，这种凸化现象也都比较突出（参见图 4–1）。这种态势从根本上扭转了 20 世纪七八十年代的工资凹化（Concavification）现象，即中间的中等教育工资增幅高，而两头的初等和高等教育的工资增幅低的现象。

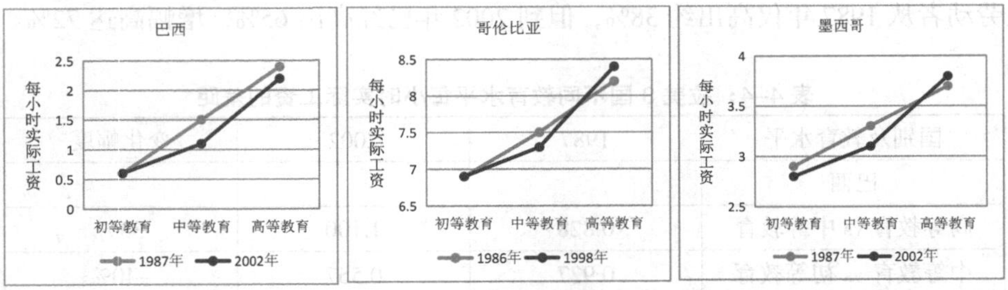

图 4–1：1986—2002 年巴西、哥伦比亚和墨西哥三国教育回报率的凸化

资料来源：Chiara Binelli, *Returns to Education and Increasing Wage Inequality in Latin America*, Working Paper Series 30-08, Rimini Centre for Economic Analysis（RCEA）, Italy，Figure 1, p10, Jan 2008.

再次，教育贬值或教育回报率下降的一个直接体现是不同教育水平的劳动者的失业率。传统理论认为，教育同就业和收入存在正相关关系，受过良好教育的人更容易找到工作。事实上，劳动参与率几乎总是同更高的教育成就同步增长，这一点无论是在拉美，还是在 OECD 成员国都是如此。不过，

① Florencia López Bóo, *The Evolution of Returns to Schooling in Argentina*, University of Oxford, Mimeo, 2008, www.dial.prd.fr/dial_evenements/conf_scientifique/pdf/phdseminar/1.LopezBoo.pdf, 访问日期：2019 年 10 月 8 日。

在较高的教育层次上，OECD 国家和拉美 5 国的失业率存在显著的差异（参见表 4–5）。在 OECD 国家，无论是男性还是女性，更高的教育层次始终意味着更低的失业率，概无例外。相反，在巴西、智利、墨西哥、巴拉圭和乌拉圭 5 国，教育水平和失业率呈现复杂的关系。其中一个显著的特点是，较高的教育水平并不意味着失业率也较低。比如，在墨西哥男性劳动者中，受教育水平越高，其失业率也越高。接受过高等教育的男性劳动者，其失业率是各教育层次中最高的，分别达到 2.1%（职业高等教育）和 2.4%（普通本科教育）。巴拉圭的男性劳动者也表现出类似的变化，受过职业高等教育和普通本科教育的男性劳动者失业率分别达到 3.5% 和 2.8%，高于受过高中和后中等教育的劳动者的失业率。总体而言，在 OECD 国家，失业率随更高的教育成就增加的概率只有 8%，而在拉美 5 国则高达 40%。这并不是一个孤立的现象。《教育概览：OECD 指数 1996》的报告中包括了拉美 3 个国家，但当年的数字显示，将近 50% 的分类失业率随更高的教育成就水平上升而上升。

表 4–5：1998 年 25~64 岁人口不同教育成就水平的失业率 [a]（单位：%）

国家	性别	高中以下	高中和非高等教育层次的后中等教育	高等教育 B	高等教育 A
巴西	男性	5.9	4.7	2.7	3.7
	女性	12.5	9	3.4	1.5
智利	男性	4.7	4.1	5.6	2.4
	女性	3.6	5	7.7	2.3
墨西哥	男性	1.7	2	2.1	2.4
	女性	3.3	4.6	1.9	2.6
巴拉圭	男性	2.6	2.8	3.5	2.8
	女性	5.5	4.5	2.5	2.7
乌拉圭	男性	5.4	5.2	—	1.4[b]
	女性	12.8	8.7	—	2.7[b]
OECD 平均数	男性	8.9	5.3	4.3	3.3
	女性	10	7.6	5.2	4.6

资料来源：转引自：Beverley A. Carlson，*Education and the labor market in Latin America:confronting globalization*, Table 7, p130, CEPAL Review Nº77, August 2002，Santiago, Chile.

注：a：高等教育 B 计划通常比 A 计划的周期要短，主要集中于实践性、技术性或职业性技能的培养，以直接进入劳动力市场为目的，最低全脱产学习两年，类似中国的高等职业教育。高等教育 A 计划主要学习理论，目的主要是未来从事研究和高技能要求的职业做准备，全日制学习的最低年限是四年，类似中国普通本科教育。不过，这里也包括类似硕士学位课程的第二学位教育。b：全部高等教育。

三、教育资源的不合理分配强化了不公平的社会结构，限制了社会流动

传统上拉美是一个重视教育的地区，尽管 20 世纪 80 年代的债务危机影响了公共支出，但对教育的公共投入并没有显著减少。无论是从公共教育支出占 GDP 的比重，还是从生均教育支出来看，所有的拉美国家都在增加对教育的投入。世界银行的统计数据显示，拉美 24 个经济体的教育支出占 GDP 的比重从 1980 年的 3.73% 上升到 1995 年的 4.37%。东亚 7 个经济体教育支出占 GDP 的比重同期仅从 2.45% 增加到 2.6%。拉美地区的平均数（4.37%）与 90 年代中期世界的平均数（4.4%）大体持平，但高于世界其他发展中国家的平均数（3.9%）。[①] 尽管教育投入并不落后，但教育对人力资本的提升，以及社会流动的作用却低于东亚和东欧国家。杰雷 · 理查德 · 贝尔曼（Jere R. Behrman）等人利用 1980—1996 年间拉美 16 国的 28 次调查数据 [②]，详细分析了教育政策对代际流动的影响之后，找到了这一问题的根源。该研究发现，一方面，初等和中等教育的质量高低同代际流动性具有正向关系，而教育质量的高低同教育投入具有高度的关联性；另一方面，高等教育的生均教育支出远高于初等和中等教育，较高的高等教育支出实际上强化了家庭背景的影响，降低了代际流动性。

---

① *World Development Indicators 2006*, The World Bank.

② Jere R. Behrman, Nancy Birdsall and Miguel Székely, *Intergenerational Mobility in Latin America: Deeper Markets and Better Schools Make a Difference*, in Nancy Birdsall and Carol Graham (eds.), *New Markets, New Opportunities? Economic and Social Mobility in a Changing World*, Brookings Institution and Carnegie Endowment for International Peace, 1999, pp.137—170.

杰雷·理查德·贝尔曼的研究说明，高水平的教育投入本身并没有错，但如果教育资源分配不合理非但不能促进社会流动性，反而可能加剧现有的不平等，阻碍社会流动，强化既有的社会结构。图 4-2 反映了 20 世纪八九十年代墨西哥和巴西两国不同教育层次上的生均公共教育支出。可以发现：第一，两国都存在着一个明显的特点，即高等教育的生均公共支出远远

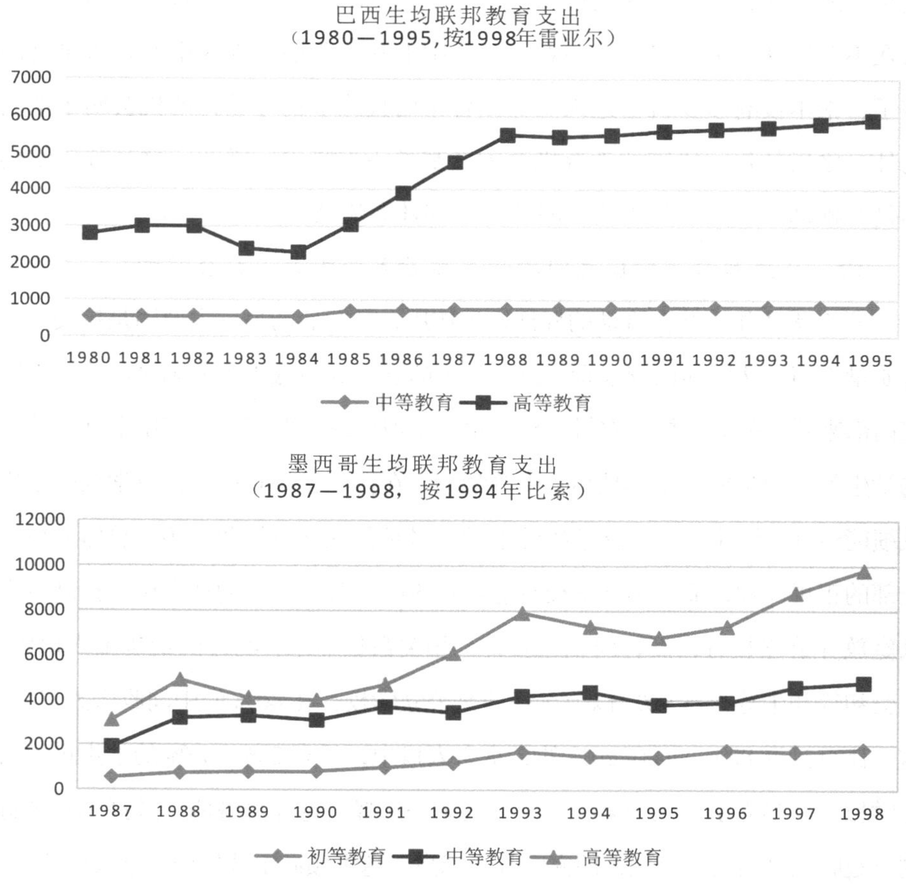

图 4-2：巴西和墨西哥的生均联邦教育支出 [a]

资料来源：Francisco Ferreira, David de Ferranti, Guillermo E. Perry and Michael Walton, *Inequality in Latin America: Breaking with History?* Washington,D.C.:World Bank Publications, April 2004, p316.

注：a：按教育层次统计。

高于初等和中等教育。第二，在墨西哥，从80年代末开始，虽然不同教育层次上的公共教育支出都增加了，但高等教育支出的增幅远远大于初等和中等教育，这一点在90年代尤其明显。第三，在巴西，教育资源的分配更加不平衡。从1984年开始，高等教育的公共支出一直呈稳定的增长态势，但与此形成鲜明对照的是，中等教育的公共支出在15年间几乎没有发生什么变化。从这些数据中，我们可以得出一个基本的结论，即尽管总体的教育投入在不断增加，但最终的受益者大多是中上社会阶层，因为中低收入家庭的孩子，根本没有多少机会进入高等教育；而且除了初等教育的机会属于他们之外，之后的每一级别的教育机会无疑都是一大障碍。因此，这种分配结构不是在推动，而是在阻碍代际间的教育和社会流动。

四、公立和私立学校之间的教育质量差距加大了社会鸿沟

教育无法作为社会流动的杠杆发挥作用，其背后的另一大原因是拉美的教育质量不高。从国际比较来看，拉美学生的学习成绩低于东亚国家。从拉美国家内部来看，公立学校或农村学校学生的学习成绩远低于出身于中上社会阶层的学生就读的学校，特别是私立中等学校。在拉美，只有私立精英学校的学生成绩能达到国际水平。私立学校的教学课时是公立学校的两倍多，总体上覆盖全部的正规课程，而在公立学校只能覆盖50%。公立学校的教育质量让高收入家庭放弃公立教育，而转向私立教育。相关数据显示，40%的最贫困人口中，接受初等和中等教育90%以上选择的是公立学校，在40%的中间收入人口中，这一比重接近80%。而在20%的最富有人口中，只有25%~40%的学生进入公立学校。[①] 私立学校成为高收入家庭的第一选择。这充分说明，选择公立教育同家庭收入之间的负相关，即家庭收入越高，越不倾向于选择公立学校就读。

教育质量的低下严重影响了中低收入家庭青年的收入潜力。相关计算发

① *Economic and Social Progress in Latin America,1998—1999 Report,* IDB, the Johns Hopkins University Press, 1998, p48.

现，按照收入十分位数，出身于低收入家庭的个体接受初等教育的质量（用创收能力来衡量）要比出身于临近的上一个十分位数家庭的青年获得的教育质量低 35%。即使第九和第十个十分位数之间，初等教育质量的平均差距也超过 10%。在中等教育阶段，前四个十分位数和最后一个十分位数之间的教育质量差距超过 20%，第九和第十个十分位数之间的差距几乎仍保持在 10%。① 不过，中等教育和高等教育之间的质量差距比较小，这是因为教育制度的选拔过程排除了那些早年接受低质量教育的学生。总而言之，拉美的教育制度产生了深刻的社会分化作用，由此固化而不是修正了社会的不平等。

第二节 收入不平等对中产阶级的影响

本节主要从 20 世纪八九十年代收入分配结构的变化分析对中产阶级的影响。首先，探讨中产阶级和收入不平等的关系，其次，在回顾不同时期收入分配的变化的基础上总结八九十年代拉美收入分配的三个特点，并揭示这种不平等趋势恶化背后的个体因素和再分配政策因素，从而发现中产阶级的发展为什么受到诸多限制，以及中产阶级的萎缩和凋零。

一、收入不平等和中产阶级的关系

除职业以外，收入是定义中产阶级的另一个主流标准，中产阶级的兴衰很大程度上可以从收入分配结构的变化中观测得到。收入五分位数或十分位数的结构变化直观地体现了各收入阶层的收入比重变动。2008 年安德烈斯·索里马诺对全球 129 个国家进行比较研究之后发现 ②，收入不平等和中产阶级之间存在着负相关关系：在收入不平等比较严重的国家，中产阶级的规模

① *Economic and Social Progress in Latin America,1998—1999 Report,* IDB, the Johns Hopkins University Press, 1998, p48.

② Andrés Solimano, *The middle class and the development process*, *CEPAL-Serie Macroeconomía del desarrollo* No.65, April 2008.

相对较小。费尔南多·博拉斯（Fernando Borraz）等人以乌拉圭为例[①]，借助1994—2004年和2004—2010年乌拉圭家庭收入数据，分析了中产阶级和收入两极分化之间的关系。结果发现：在前一个时期，乌拉圭的收入不平等增加了，而中产阶级的比重下降了；在后一个时期，即乌拉圭经济从2002年的衰退中恢复之后，中产阶级的规模上升了，收入的两极分化也减弱了。阿根廷学者塞尔吉奥·奥利维里（Sergio Olivieri）则以1986—2004年的阿根廷为例[②]，对大布宜诺斯艾利斯地区中产阶级的衰落问题进行了研究。他发现，与中产阶级衰落相伴随的是这一地区收入分配结构的两极化加剧。这些案例研究佐证了中产阶级和收入不平等之间的关联度。

反映收入不平等的一个重要指标是基尼系数。关于基尼系数和中等收入群体的关系，国内学者也进行了初步研究。比如杨宜勇基于对德国和瑞典的实地调研，提出了基尼系数和中等收入群体之间存在负相关关系的观点。他认为，“在数学分析上两者是严格对等的”，同时他以中国为例，认为“中国必须在缩小基尼系数的基础上，扩大中等收入群体比重。到2020年，如果中等收入比重要达到50%以上，中国的基尼系数至少要求降到36%。”[③]不过这种观点并没有经过科学的论证。亚洲开发银行研究员庄健携手张永光则对此进行了深入的数量论证，总体上印证了这一观点。他们发现“基尼系数越大，中等收入群体比重越小；而基尼系数越小，中等收入群体比重则越大。”两位学者利用数学模型对《2006年世界发展指标》所涵盖的122个国家进行实证分析之后发现，基尼系数和中等收入群体比重之间存在明显的负相关关系（参见表4-6）。

① Fernando Borraz & Nicolas González Pampillón & Máximo Rossi, *Polarization and the Middle Class,* Documentos de trabajo 2011004, Banco Central del Uruguay.

② Sergio Olivieri, Debilitamiento de la clase media: Gran Buenos Aires 1986—2004, master thesis, Universidad Nacional de La Plata, 2007.

③ 杨宜勇：对扩大中等收入者比重的十点认识，中国经济新闻网，2005年8月23日，http://jjsb.cet.com.cn/show_86210.html，访问日期：2019年11月1日。

表 4-6：基尼系数和中等收入比重的对应关系

基尼系数	0.2	0.3	0.4	0.5	0.6	0.7
中等收入比重	60.9%	54.3%	47.6%	41.0%	34.3%	27.6%

资料来源：庄健，张永光：《基尼系数和中等收入群体比重的关联性介析》，《数量经济技术经济研究》，2007 年第 4 期，第 151 页。

如果根据这种对应关系分别按高、中、低收入群体比重画出结构图形的话，就会发现：当基尼系数高于 0.5 时，收入群体分布结构总体呈上小下大的“金字塔型”；而当基尼系数低于 0.3 时，收入群体分布则呈两端小、中间大的“纺锤型”或“橄榄型”。

二、20 世纪八九十年代拉美收入不平等的基本特点

（一）60 年代到债务危机时期收入分配持续改善的态势发生逆转

从 20 世纪 60 年代一直到 1982 年债务危机爆发，是拉美经济快速增长的一个时期。经济的快速增长和积极的社会政策大大地改善了收入分配的状况。1970—1982 年，拉美最富的 20% 的人口和最穷的 20% 的人口之间的收入差距从 23 倍降至 18 倍。这种显著的下降主要是因为低收入群体的收入份额实现了明显的提升，增幅大约为 10%，而最高收入群体的收入份额几乎陷入停滞或下降，这一点在 1980—1982 年间尤其明显。这一时期，最富的 10% 的人口的收入份额下降了 6%，而中等收入群体的收入大大增加了。不过，这种改善的态势十分短暂。债务危机爆发后的短短数年内，拉美最富的 10% 的人口的收入份额增加了 10% 以上，而其他所有收入阶层的收入比重都显著下降了，其中最穷的 10% 的人口的降幅最为明显，达到 15%。[①] 这种变化带来的结果是贫富之间的差距扩大了，债务危机前收入分配的持续改善态势也彻底逆转。

进入 20 世纪 90 年代，拉美经济发生了巨大的变化：过去的那种超高通

① *Economic and Social Progress in Latin America:1998—1999 Report,* IDB, the Johns Hopkins University Press, 1998, p14.

胀被遏制，新自由主义经济改革大力推进，经济也开始增长，不过增幅有限。尽管如此，经济的恢复性增长并没有带来积极的社会影响，许多国家收入集中的状况基本上没有什么变化。这主要是因为经济改革的成果对不同收入群体的影响是不一样的。事实上，20 世纪 90 年代的经济改革从根本上产生了这样一种效果，即改革成果精英化，改革成本社会化。1990—1995 年的短短数年间，最穷的 10% 的人口的收入比重下降了 15%，而最富的 10% 的人口的收入则从 80 年代的颓势中迅速恢复。必须指出的是，这种总体的变化掩盖了不同国家之间的内在差别。比如在巴西和智利，收入不平等虽然在 80 年代恶化了，但进入 90 年代后基本停止了或者保持相对的稳定。尽管如此，巴西和智利仍然是拉美收入最不平等的国家之一。另外，通过观察人均收入低于总体平均数的人口比重，也可以看出拉美国家收入的高集中度。20 世纪 80 年代初，拉美国家的这一比重都比较低，但到 90 年代末，大约有 75% 的家庭的人均收入低于全国平均收入水平。结果，人均 GDP 的大部分流向了收入最高的 25% 的家庭。乌拉圭和哥斯达黎加是平均收入以下人口比重最少的国家，而巴西和危地马拉则是最高的。

事实上，拉美的这种收入高集中度可以从反映收入不平等的主要标准——基尼系数的变化中得到最充分、最切实的体现。基尼系数可以比较不同国家、不同时期的收入分配结构，且对中等收入群体的收入变化最为敏感。表 4–7 的数据显示，1950—2002 年间，拉美的基尼系数大体上呈现一个 V 型的变化趋势，即从 50 年代基尼系数（0.507）开始稳定下降，到 70 年代达到最低点（0.473），但之后开始快速上升，到 2002 年左右达到整个时期的最高点（0.532）。其中，八九十年代是拉美收入不平等迅速恶化的时期。通过表中数据可以发现，从 70 年代到 80 年代，拉美基尼系数的平均值从 0.473 迅速增加到 0.501，增幅接近 6%，而与 70 年代相比，90 年代基尼系数的平均值更是增长了 11.2%，达到 0.526。这与六七十年代的态势截然相反：这一时期，拉美的基尼系数下降了 6.34%。不过，基尼系数的这种变化在不同国家之间存在着明显的差别。比如在巴西，尽管 70—90 年代基尼系数的变化不大，但始终保持在高位，是拉美收入集中度最高的国家，基尼系数平均保持在 0.6 左右。在阿根廷、玻利维亚、哥伦比亚、墨西哥、委内瑞拉等国，收入不平等恶化趋势明显，基尼系数的增幅平均在 4%~7% 左右。①

表 4–7：1950—2002 年拉美国家的基尼系数 [a]

时间 / 国家	50 年代	60 年代	70 年代	80 年代	90 年代	2000—2002
阿根廷	43.7		37.2	42.4	46.6	52.3
玻利维亚	—	50.5	—	52.0	58.7	59.1
巴西	49.1	55.1	60.1	59.0	59.4	61.2
智利	—	46.1	48.5	54.5	54.5	58.2
哥伦比亚	—	57.8	54.7	50.8	56.4	57.4
哥斯达黎加	—	50.0	47.1	45.5	47.1	50.1
古巴	51.9	35.4	27.7	—	—	—
多米尼加	—	47.2	45.0	48.0	49.0	—
厄瓜多尔	—	—	—	43.7	53.9	56.0
萨尔瓦多	—	50.8	43.9		53.1	53.8
危地马拉	—	—	47.4	57.6	54.0	59.8
洪都拉斯	—	62.0	—	58.8	55.3	—
牙买加	56.0	—	55.4	49.5	47.6	38.6
墨西哥	53.0	55.5	51.6	49.9	54.6	53
尼加拉瓜	—	—	—	—	53.8	54.2
巴拿马	—	51.4	49.8	54.4	55.9	57.8
巴拉圭	—	—		45.1	58.2	—
秘鲁	—	57.6	56.9	57.0	49.3	49.3
乌拉圭	—	38.8	42.8	41.1	43.7	44.5
委内瑞拉	—	45.3	40.8	42.9	47.5	45.8
拉美地区平均	50.7	50.3	47.3	50.1	52.6	53.2
拉美 9 国平均	—	50.8	50.3	50.6	52.0	53.0

资料来源：UNU/WIDER, World Income Inequality Database (WIID) 2.0a, June 2005. 转引自：Ewout Frankema, *The Historical Evolution of Inequality in Latin America: a comparative analysis, 1870—2000,* Table 7.1，p166. Nederland: PrintPartners Ipskamp, January 2008.

注：a：按 10 年平均数统计。

① *A Decade of Social Development in Latin America, 1990—1999,* CEPAL, Santiago, Chile, 2004, p83.

（二）最高收入阶层同其余阶层之间的“过度不平等”是拉美收入分配结构的最显著特点

拉美是世界上收入最不平等的地区，几十年来，这一现实基本上没有什么改变。根据联合国世界收入不平等数据库（WIID）的统计，2007 年全球收入最不平等的前 15 个国家中，就有 10 个在拉美，2004 年基尼系数的平均值超过 0.525，仅好于部分非洲国家，但比亚洲高 8%，比东欧和中亚高 18%，比发达国家高 20%。许多实证研究发现，即使按照发展水平，拉美的收入不平等都高于预期。胡安 · 路易斯 · 隆多尼奥（Juan Luis Londoño）和米盖尔 · 塞凯伊（Miguel Székely）将拉美各国普遍存在的这种不平等称之为“过度不平等”（excess inequality）。①

事实上，这种“过度不平等”的本质是最高收入阶层同其余所有收入阶层之间的“过度不平等”，体现着一种断裂性的不平等。从这个意义上来说，不仅低收入群体，实际上包括中等收入群体在内的 90% 的人口都是这种

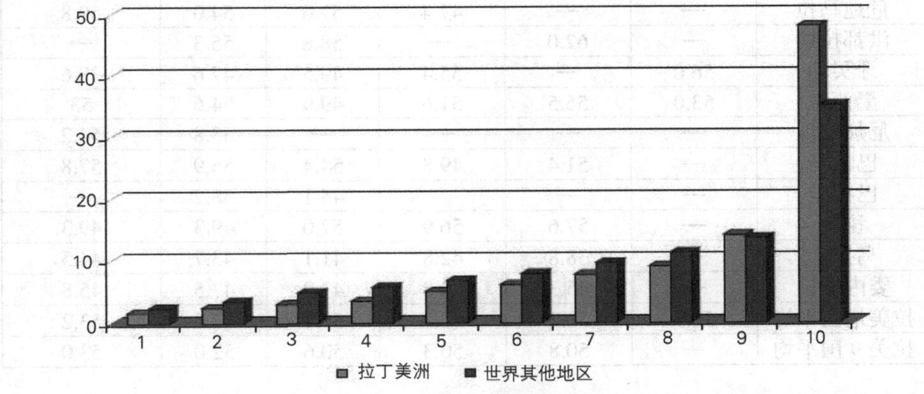

图 4–3：拉美和世界其他地区的收入不平等 [a]

资料来源：Leonardo Gasparini and Nora Lustig, *The Rise and Fall of Income Inequality in Latin America*, Working Papers 0118, 2011, CEDLAS, Universidad Nacional de La Plata.

注：按收入分配的十分位数统计。

---

① Juan Luis Londoño and Miguel Székely, *Persistent Poverty and Excess Inequality: Latin America, 1970—1995*, *Journal of Applied Economics,* May 2000, No.1, pp.93—134.

"过度不平等"的受害者。图 4-3 直观地反映了拉美和世界其他地区最富的 10% 的人口在社会总收入中的比重。可以发现，虽然其他地区最富的 10% 的人口的收入所占比重同样较高，但拉美的表现明显更加严重，后者比前者甚至还高出 10% 左右。

下面我们通过观察 1990—1999 年拉美不同收入阶层占社会总收入的比重来分析这种"过度不平等"的趋势。研究数据表明，在选取的 10 个拉美国家中，大多数国家的收入结构都明显地呈现这样一个特点，即 10% 的高收入群体的收入与其他各收入阶层之间的收入差距畸高，但其他各收入阶层之间的收入差距相对较小（参见表 4-8）。

表 4-8：1990—1999 年拉美 10 国的家庭收入分配

		不同收入阶层占社会总收入的比重（%）			
国家	年份	40% 的低收入阶层	30% 的中低收入阶层	20% 的中等收入阶层	10% 的高收入阶层
阿根廷[a]	1990	14.9	23.6	26.7	34.8
	1999	15.4	21.6	26.1	37.0
玻利维亚	1989[b]	12.1	22.0	27.9	38.2
	1999	9.2	24.0	29.6	37.2
巴西	1990	9.5	18.6	28	43.9
	1999	10.1	17.3	25.5	47.1
智利	1990	13.2	20.8	25.4	40.7
	2000	13.8	20.8	25.1	40.3
哥伦比亚	1994	10.0	21.3	26.9	41.8
	1999	12.3	21.6	26.0	40.1
哥斯达黎加	1990	16.7	27.4	30.2	25.6
	1999	15.3	25.7	29.7	29.4
厄瓜多尔	1990	17.1	25.4	27.0	30.5
	1999	14.1	22.8	26.5	36.6
墨西哥	1989	15.8	22.5	25.1	36.6
	1998	15.1	22.7	25.6	36.7
乌拉圭[c]	1990	20.1	24.6	24.1	31.2
	1999	21.6	25.5	25.9	27.0
委内瑞拉	1990	16.7	25.7	28.9	28.7
	1999	14.6	25.1	29.0	31.4

资料来源：*A Decade of Social Development in Latin America, 1990—1999,* Table II.1, p80, CEPAL,

Santiago, Chile, 2004.

注：a：大布宜诺斯艾利斯。b：8个主要城市和奥尔托市。c：城市地区。

下面我们按照国别逐一分析。1990年，巴西10%的高收入群体的收入甚至比20%的中等收入群体都高出近14%，而到了1999年，这种差距进一步拉大，达到21%（参见表4-8）。相反，高收入群体之下的各收入群体之间的差距则明显小得多：40%的低收入群体和30%的中低收入群体之间的收入差距从1990年的9%下降到1999年的7%；同期20%的中等收入群体和30%的中低收入群体之间的差距从9%下降到8%。

智利和墨西哥的变化也大致相同。但与巴西相比，不同收入群体间收入差距的变化幅度相对较小，收入差距相对固定下来。比如在智利，1990年，10%的高收入群体的收入占社会总收入的比重比20%的中等收入群体高15%，20%的中等收入群体比30%的中低收入群体高近5%，20%的中低收入群体比40%的低收入群体高7%。到2000年，这种收入差距基本上没有发生什么变化。

不过，在乌拉圭、哥斯达黎加和委内瑞拉等国则呈现相反的情况。20世纪90年代，哥斯达黎加和委内瑞拉的收入分配结构的特点是，低收入群体同其他收入群体的收入差距较大，而低收入群体以上的其他收入群体间的收入差距则相对较小。而在哥斯达黎加，情况更加特殊的是，中等收入群体和中低收入群体在社会总收入中的比重都高于高收入群体。这在拉美国家是一个明显的例外。而收入差距较大的情况发生在40%的低收入群体同其他收入群体之间，相差在10%左右。到1999年，这种收入差距结构基本上没有什么变化。乌拉圭传统上是个收入分配结构相对较好的国家，不同收入群体间的收入差距相对较小。比如1990年，高收入群体与20%的中等收入群体之间的收入差距只有7%，而其他收入群体之间的差距更小，即使40%的低收入群体与 30% 的中低收入群体之间的收入差距也不足 5%；到 1999 年，所有收入群体间的收入差距都进一步缩小了。乌拉圭是 90 年代收入分配状况最好的国家。

通过以上分析可以看到，拉美的“过度不平等”是最高收入阶层的收入比重畸高。这种状况很难实现收入流动，更不利于中等收入群体的向上攀登，因为在最高收入阶层同他们之间存在着一条巨大的鸿沟，而没有多少过渡地带。但如果将最富的 10% 的人口排除掉，对收入分配结构进行重新评估的话，我们可以发现，拉美的收入不平等同美国并没有什么本质上的差别。拉美 90% 人口的基尼系数平均只有 0.36 而不是 0.52。图 4–4 展示了去掉最富的 10% 的人口后拉美的收入分配实现了相对平等的结果。我们可以看到，20 世纪 90 年代，美国的基尼系数低于图中的任何一个拉美国家，但去掉最富的 10% 的人口后重新计算却得到了截然不同的结果：美国和拉美国家的

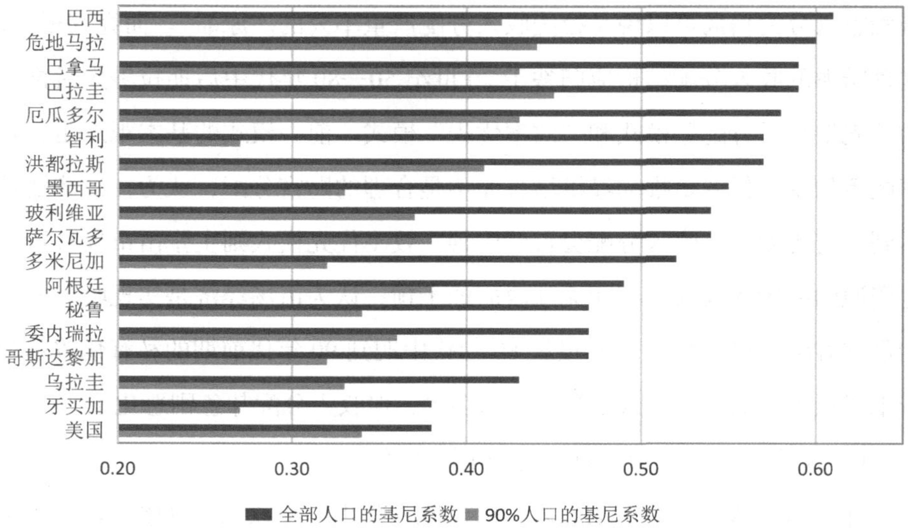

图 4–4：20 世纪 90 年代拉美国家及美国的收入集中度

资料来源：基于 IDB 的计算，转引自：*Economic and Social Progress in Latin America: 1998-1999* Report, IDB, the Johns Hopkins University Press, 1998, Figure 1.11, p16.

基尼系数的差距明显缩小了，而且乌拉圭和牙买加等6个拉美国家的收入不平等程度还低于美国。这再次印证了，拉美“过度不平等”在本质上是最高收入阶层同其他收入阶层之间存在着巨大的差距。

三、拉美地区收入分配严重不公的原因

拉美的收入不平等是一系列因素共同作用的结果，其中既有初次分配格局中劳动者收入比重偏低的因素，也有再分配过程中社会政策的分配效应有限的因素。这里主要从三个方面分析拉美收入分配不公的主要原因。

（一）国民收入初次分配格局中，劳动者收入所占比重偏低

国民收入的初次分配包括劳动者收入、企业收入和政府收入，这三大收入是国民收入的初始来源。拉美国家初次分配格局的一个特点是，劳动者收入占国民收入的比重偏低、企业收入所占比重偏高。比如21世纪初，委内瑞拉的企业收入占国民收入的比重高达62.8%，巴西也达到45.8%；而两国的劳动者收入所占比重分别只有29%和39.1%。[①] 这种以企业收入为主的国民收入分配格局可以说是拉美收入分配严重不公的“原罪”。而究其根源，这种畸形的收入分配结构应归咎于20世纪50—80年代中后期拉美先后推行的“先增长后分配”模式和“效率优先”模式。前一模式的基本观点是，政府政策的主要任务是推动经济增长而不是合理的财富分配，认为在经济增长达到一定程度后，收入分配会自然改善。效率优先模式则主张由市场自行决定资源的配置和收入分配而无须政府的干预，认为市场经济是实现收入分配的最佳方法。但事实上，20世纪80年代中期到90年代前期的私有化改革却带来意想不到的恶果：效率没有提高多少，但收入分配却急剧恶化了。

（二）个人收入中劳动收入的分配严重不公

个人收入大体包括劳动收入、资产收入和再分配收入，其中劳动收入是

① 苏振兴主编：《拉美国家社会转型期的困惑》，北京：中国社会科学出版社，2010年，第184页，表5-3。

个人收入最主要的来源。不过，再分配收入同样发挥着重要作用，其所占个人收入的比重仅次于劳动收入。相对于前两者，资产收入在个人收入中所占比重较小。尽管如此，但在个人收入的三个组成部分中，其收入之间的差距都出现严重的不平等。比如在巴西、智利、哥伦比亚、墨西哥和乌拉圭5国，劳动收入的基尼系数平均达到0.53。五国中，除乌拉圭低于平均值之外（0.48），其他4国均在平均值之上，巴西甚至达到0.56。① 但事实上，造成最高收入阶层和其他收入阶层之间收入差距扩大的另一个主要因素集中在资产收入和再分配收入方面，因为相对于最高收入阶层，其他收入阶层所拥有的资产收入和所享有的再分配收入相对更少。在拉美，最富的20%的人口所占有的资产收入和再分配收入分别高达70%~90%和60%~80%。② 比如在危地马拉，最富的20%的人口的资产收入高达95.9%（2000年），而巴西也高达84.6%（1998年）；而其他收入阶层，特别是仅次于最高收入阶层、位于五分位数第四和第三的40%的中等收入阶层，其所拥有的资产收入在整个拉美地区平均只有10%~15%。资产收入作为一种可有形传递的物质，在很大程度上帮助固化了拉美不平等的收入分配结构。

（三）社会政策的再分配效应影响有限

从理论上来说，再分配政策最重要的职能是进行社会调节，以在一定程度上校正国民收入初次分配过程中的不平等，从而实现全社会的分配正义。然而，事实上，再分配的这种校正功能在拉美存在某种程度的失灵，甚至起到相反的效果，加剧了不同阶层之间的收入不公平。

这里我们不妨将欧洲和拉美进行比较，以观测拉美再分配效应的有限性。

---

① 作者根据相关数据计算得出，数据来源：Centro de Estudios Distributivos, Laborales y Sociales, Universidad Nacional de La Plata. www.depeco.econo.unlp.edu.ar/cedlas，转引自苏振兴主编：《拉美国家社会转型期的困惑》，北京：中国社会科学出版社，2010年，第189页。

② David de Ferranti (eds.), *Inequality in Latin America and the Caribbean: Breaking with History?* Washington, D.C.: World Bank, 2004, STATISTICAL APPENDIX, TABLE A.35, p429.

图 4-5 显示，在欧洲 9 国，初次分配后的基尼系数除荷兰外都比较高，平均值也达到 0.47。按照这个标准，这些国家的收入分配是严重不公的。然而经过再分配政策的作用后，基尼系数大大下降了，平均降幅高达 68%，奥地利、比利时和卢森堡甚至更高，均在 90% 以上。这充分说明，再分配工具是可以显著改善收入不平等状况的。但这一效应在拉美 6 国却失灵了。

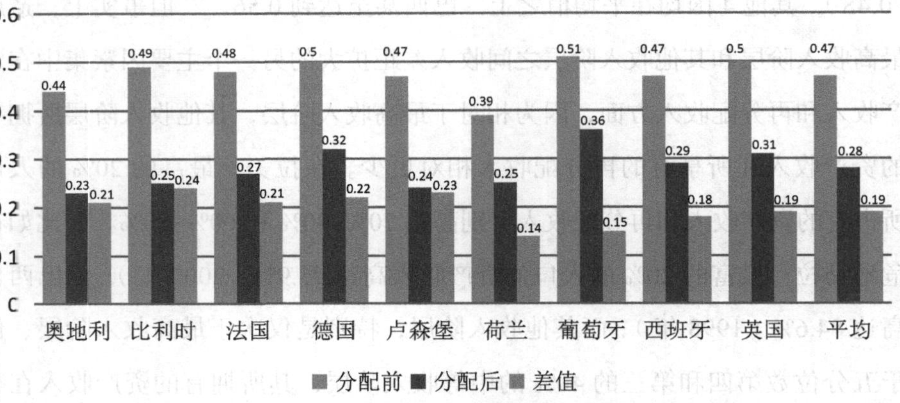

图 4-5：2003 年欧洲 9 国的再分配对基尼系数的影响

资料来源：作者根据相关数据制图。原数据来自 EUROMOD, Distribution and Decomposition of Disposable Income in the European Union 2003, www.iser.essex.ac.uk/msu/emod/statistics。转引自苏振兴主编：《拉美国家社会转型期的困惑》，北京：中国社会科学出版社，2010 年，第 202 页。

在拉美 6 国，初次分配后的基尼系数和再分配后基尼系数基本上没有发生变化（参见图 4-6）。实施再分配，拉美 6 国基尼系数的平均值仅从 0.52 降至 0.50，降幅也只有 4%。即使再分配效应相对发挥作用的智利和哥伦比亚，再分配前后的基尼系数的降幅也并不显著，分别只有 13% 和 12%。而在阿根廷、巴西和墨西哥等国，再分配功能对基尼系数几乎不发生什么作用。这与欧洲国家形成了极其鲜明的对比，充分证明了拉美国家再分配政策的调节功能多么有限！

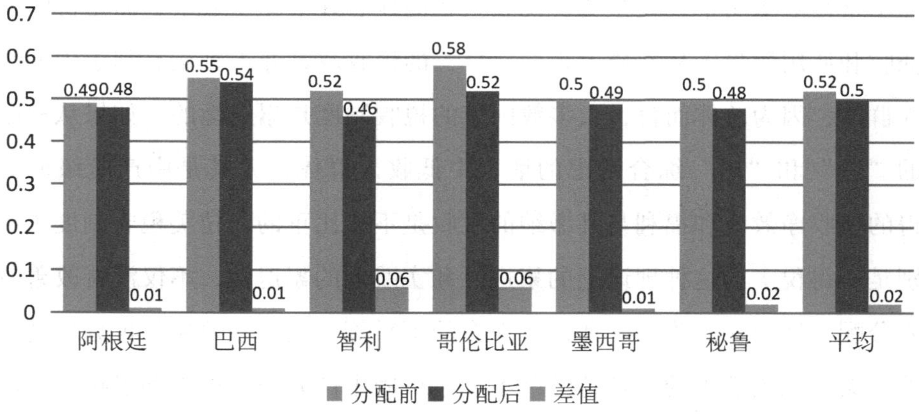

图 4–6：2004 年拉美 6 国的再分配对基尼系数的影响

资料来源：作者根据相关数据制表。初次分配后的数据来自 Centro de Estudios Distributivos, Laborales y Sociales, Universidad Nacional de La Plata, www.depeco.econo.unlp.edu.ar/cedlas; 再分配后的数据来自 Edwin Goñi, J. Humberto López, Luis Servén, *Fiscal Redistribution and Income Inequality in Latin America*, *Policy Research Working Paper 4487,* The World Bank, January 2008. 转引自苏振兴主编：《拉美国家社会转型期的困惑》，北京：中国社会科学出版社，2010 年，第 202 页。

第三节　税收制度的累退性和再分配功能的失灵

税收是一国政府用以调节居民收入、强化再分配、推动社会公平的最重要的政策工具之一。由于税收的本质是取之于民，用之于民，因此税收政策的关注点应着力于一“进”一“出”：前者是指税收的来源，后者是税收的去向。这两个方面决定着税收政策是否能够真正发挥再分配功能，维护社会公正。税收制度和中产阶级的发展存在着密切的关系。如果中低收入阶层的税负过重、受益过少，就不利于中产阶级的巩固和培养，大大限制中产阶级的再生产，而且也会继续拉大贫富差距，无法优化社会结构。

传统上认为，拉美中产阶级弱小是因为中低收入阶层承担了最大部分的税负，但诸多实证研究表明，承担最大税负的社会阶层是高收入群体。鉴于拉美的高收入群体占有的社会财富高达 60% 左右，因此这种高税负并不奇怪。事实上，在拉美，税收问题的核心并不在于数量，而是税收的征收和使用质量。从本质上来看，拉美的税收政策并不真正有利于中低收入群体，因为总体而言，大多数国家的税收制度是累退性的。如果从税收的"进"和"出"综合考虑的话，中低收入群体，尤其是中产阶级所获得的税收净效应和福利与其缴纳的税收是不成比重的。拉美税收制度（特别是所得税）的这种理论上的累进性和实践上的累退性，不仅没有改善收入分配，反而在某些情况加剧了现有的不平等，从而导致税收再分配功能的失灵。税收政策的这种特性既不利于巩固中产阶级，也不利于扩大中产阶级的规模。

本节主要从税收制度的视角考察中产阶级自身的再生产和低收入阶层向中产阶级流动的限制性因素。

一、拉美税收制度的演变趋势

在20世纪的最后20年里，拉美税收制度的演变呈现两个方面的显著变化：一方面是税收收入水平总体下降，另一方面是税收结构发生重大变化，增值税收入增速迅猛。

从20世纪70年代中期到90年代中期，拉美国家开始进行一系列的税收改革，主要是简化税收结构、取消免税和优惠待遇，以增值税取代贸易税，以及改进税收管理机构。这些改革的首要目标是增强税收机构的征收能力，提高税收收入水平和税收来源的稳定性。但事实上，这些目标并没有得到很好的实现。表4–9显示了20世纪80年代初到90年代末拉美国家税收收入占GDP比重的变化。分阶段来看，这个时期内，税收收入占GDP的比重在债务危机爆发之前相对较高（达到17.9%），但到90年代初，这一比重除了玻利维亚、哥斯达黎加、尼加拉瓜等少数国家外，都出现了明显的下降（降至16.1%）。这意味着，受危机的影响，拉美国家的税收收入减少了。随着税收制度改革的推进，到90年代末，拉美各国税收占GDP的比重开始逐渐恢复（达到16.8%），只有个别国家继续呈下降态势。尽管如此，整个时期内总体税收水平并没有恢复到债务危机爆发前的水平，拉美主要国家税收水平的降幅比较显著。比如，在阿根廷，税收收入占GDP的比重从80年代初的19.9%降至90年代末的12.5%，降幅接近60%；同期，委内瑞拉的降幅也不小，达到46%；而墨西哥则达到32%。

表4–9：1980—1999[a]拉美国家的税收趋势

国家	总税收占GDP的百分比			所得税占GDP的百分比		
	80年代初	90年代初	90年代末	80年代初	90年代初	90年代末
阿根廷	19.9	11.6	12.5	2.8	0.7	1.8
玻利维亚	6.3	9.9	13.9	1.1	0.7	1.1
巴西	23.5	18.0	19.8	3.1	3.9	3.9
智利	24.8	18.4	19.0	5.4	3.8	4.1
哥伦比亚	12.2	11.5	10.3	2.9	5.0	4.2
哥斯达黎加	17.5	17.5	17.9	2.7	1.9	2.4
危地马拉	9.8	7.4	8.9	1.2	1.7	2.0
墨西哥	16.6	13.5	12.6	5.8	5.0	4.4
尼加拉瓜	23.6	25.7	26.2	1.6	1.8	3.5
巴拿马	21.5	21.4	22.5	5.9	5.5	6.3
秘鲁	17.0	13.4	14.9	3.6	1.6	3.4
乌拉圭	20.4	25.7	26.2	1.6	1.8	3.5
委内瑞拉	20.0	15.9	13.7	14.9	11.2	5.9
平均数[b]	17.9	16.1	16.8	4.0 (3.1)	3.4 (2.8)[c]	3.6 (3.4)

资料来源：Richard M. Bird, *Taxation in Latin America: Reflections on Sustainability and the Balance between Equity and Efficiency*, ITP Paper 0306, Rotman School of Management, University of Toronto, June 2003。

注：a：统计年份各国略有差别，但大致在1980—1982年、1990—1994年和1995—1999年。b：括号里的简单平均数不包括委内瑞拉。c：原文有误，笔者核定后应为3.4（2.8）。

拉美税收收入的这种变化主要是由于直接税收入的减少，这与作为直接税重要组成部分的所得税的变化大体是一致的。同一时期，所得税占GDP的比重也出现了先下降后恢复的趋势，但总体上远没有恢复到20世纪 80 年代初的水平。具体到国家而言，除巴西、危地马拉、巴拿马和乌拉圭等国出现小幅提升外，大多数国家都出现了下降，其中委内瑞拉的降幅最大，所得税占 GDP 的比重从 80 年代初的 14.9% 降至 90 年代末的 5.9%，降幅高达 153%。其他多数国家的降幅并不十分显著，尽管如此，如果同时考虑到所得税收入在总体税收中的比重明显偏低这一事实的话，那么，这种并不明显的降幅所带来的意义却是重大的。针对改革时期拉美税收水平的这种变化，曼努埃尔 · R. 阿戈辛（Manuel R. Agosin）等人做出了精辟的总结："富国降低了税率，但同时堵上了税收漏洞，扩大了收入税税基，而拉美国家则与之相反，在降低税率的同时扩大了税收漏洞，缩小了税基。"①

税收水平变化的背后是税收结构的重大变化，其中增值税是拉美税收制度改革的最重要举措。②巴西早在 1967 年就引入了增值税，是拉美第一个征收增值税的国家。20 世纪 70 年代，增值税扩展到其他拉美国家，到八九十年代，所有拉美国家都引入了增值税。相应地，增值税收入获得了飞速发展，特别是在 90 年代，比如阿根廷的增值税收入几乎增加了 3 倍，巴西和智利等国也增长显著。90 年代后，增值税成为拉美主要的税收来源。1990—2005 年间，增值税收入占 GDP 的比重几乎翻了一番。③同时，增值税的税基也在不断扩大。尽管这些措施总体上提高了税收制度的效率和税收水平，但其背后的代价是，其他问题被排除在税收政策议程之外，比如税收的公平性和再分配问题。在收入分配极端不平等的背景下，拉美更需要增强税收制度的累进性。但事实上，具有累进性的所得税收入（特别是个人所得税）在税收总

① Luigi Bernardi, Alberto Barreix, Anna Marenzi and Paola Profeta (eds.), *Tax Systems and Tax Reforms in Latin America,* Abingdon: Routledge, 1 edition, January 2008, p35.

② 增值税通常用于商品和服务，但在部分国家只适用于商品和部分服务，而极少数国家则只适用于商品。

③ Luigi Bernardi, Alberto Barreix, Anna Marenzi and Paola Profeta (eds.), *Tax Systems and Tax Reforms in Latin America,* Abingdon: Routledge, 1 edition, January 2008, p25.

收入中的比重大大降低了。所得税比重偏低不仅减少了税收来源，而且加重了收入分配的不平等，削弱了税收的再分配功能。①

二、税收制度的结构性缺陷

拉美在税收制度改革中不仅大幅降低了税率，而且根本性地改变了税收结构，结果造成税收收入水平偏低和过度依赖间接税。税收收入赤字导致能够借助转移支付实现再分配的公共资金有限，而间接税的比重偏大更是增强了整个税收制度的累退性，导致税收制度相对更利于高收入群体，而不利于中低收入群体。由于高收入群体是承担税收的主力，普遍的逃税漏税也没有有效地调整收入在不同群体间的分配，甚至加剧了原有的不平等。

（一）税收收入水平偏低限制了公共政策的充分实施

税收占 GDP 的比重是反映一国税收质量和税收水平的重要杠杆。在拉美，大多数国家的税收收入占 GDP 的比重都比较低（参见表 4–10）。80 年代初，只有巴西、智利、尼加拉瓜、巴拿马、乌拉圭和委内瑞拉等国的税收收入占 GDP 的比重达到 20% 或以上。但到 20 世纪 90 年代末，拥有这种“高比重”国家的数量减少了一半，超过一半的国家低于地区平均数。如果将拉美的这一比重拿到世界范围内进行比较的话，或许更能说明问题。这一时期，拉美税收收入占 GDP 的比重平均只有 17% 左右，这一水平不仅低于发达工业国家，甚至低于某些发展中地区。1986—1997 年，OECD 国家税收收入占 GDP 的比重平均高达 34.2%，非洲也达到 18.8% 。②

① Vito Tanzi, *Taxation in Latin America in the Last Decade*, Working Paper No.76, Centre for Research on Economic Development and Policy Reform, Stanford University, December 2000.

② Kenneth L.Sokoloff and Eric M.Zolt, *Inequality and the Evolution of Institutions of Taxation: Evidence from the Economic History of the Americas*, Paper presented at NBER (National Bureau of Economic Research) Political Economy workshop, 2005.

表 4-10：20 世纪 90 年代和 21 世纪初拉美国家税收收入占 GDP 的比重
（单位：%，实际和预测）

国家	20 世纪 90 年代平均数			2000—2004 年平均数		
	实际数	预测数	比值[a]	实际数	预测数	比值[a]
阿根廷	—	—	—	12.176	15.297	0.796
巴西	10.995	16.246	0.677	—	—	—
智利	—	—	—	16.285	16.242	1.003
哥伦比亚	12.039	17.123	0.703	13.148	14.231	0.924
哥斯达黎加	13.479	17.337	0.777	13.020	16.308	0.798
危地马拉	8.165	13.82	0.591	10.159	13.445	0.756
墨西哥	11.041	17.536	0.630	11.650	16.159	0.721
巴拿马	12.155	21.440	0.567	9.730	17.939	0.542
巴拉圭	9.984	14.871	0.671	9.974	14.109	0.707
秘鲁	12.616	16.296	0.774	12.624	14.141	0.893
乌拉圭	17.822	17.355	1.027	—	—	—
委内瑞拉	14.279	17.601	0.811	11.888	15.041	0.790

资料来源：*Government Finance Statistics Yearbook and World Development Indicators*，转引自：James Alm and Jorge Martinez-Vazquez, *Tax Morale and Tax Evasion in Latin America, International Studies Program*, Working Paper 07—04, Andrew Young School of Policy Studies, Georgia State University, March 2007.

注：a：这个比值是税收收入占 GDP 的实际比重除以税收收入占 GDP 的预测比重计算得出的。比值大于 1，说明税收收入水平超过其经济发展水平，反之则表明税收收入仍有提升的空间，表明与其经济发展水平不匹配。

事实上，按照拉美国家的发展水平，税收收入平均应该占到 GDP 的 24%，而非 17%。这种缺口主要源于所得税收入比重较低所致，地区平均数只占 GDP 的 4%（根据表 4-9 计算得出）。表 4-10 反映了 20 世纪 90 年代和 21 世纪初拉美主要国家的税收占 GDP 比重的实际数和预测数。通过观察，我们发现，在拉美 12 个国家中，只有乌拉圭的实际数和预测数的比值大于 1。这说明除乌拉圭外，其他 11 个国家的税收水平都没有达到其发展水平应该达到的比重。在巴西、哥伦比亚、危地马拉和墨西哥等国，税收实际水平和预测水平之间相差 5 个百分点。到 2000—2004 年，这种趋势基本上没有发生什么变化。

拉美的税收收入水平偏低，理论上应归因于两个方面，其一是法定税率较低，其二是税基较窄。①这里首先分析税率问题。表 4-11 比较了世界不同地区的所得税和增值税的税率。可以发现，无论是个人所得税还是企业所得税方面，拉美的税率都是最低的。在 1985—2004 年的 20 年里，拉美的所得税税率出现了明显的下降。个人所得税最高税率平均数从 1985 年的 49.5% 下降到 2004 年的不足 30%，而企业所得税的最高税率从 1986 年的平均 43.9% 下降到 2004 年的 26.6%。与之相反，增值税则发生了相反的变化：全地区平均数从 1992 年的 12% 上升到 2004 年的 15%。②尽管如此，按照国际标准来看，这一比重并不太高，仍略低于发展中地区平均数。拉美税收收入低的主要问题是直接税收入偏低，从而拉低了总体税收收入水平。作为直接税主要来源的个人所得税和企业所得税税率即使在发展中地区都是最低的，分别只有 29% 和 26.6%。这两个数字甚至比发展中地区的平均数还低近 9~10 个百分点。

表 4-11：世界各地区的税率比较（单位：%）

地区	税率		
	个人所得税	企业所得税	增值税
东亚和太平洋地区	33.50	31.50	10.00
拉美和加勒比	29.00	26.60	15.00
中东和北非	48.00	40.00	17.00
经济合作与发展组织地区	45.00	35.00	17.25
南亚	39.50	41.00	15.00
撒哈拉以南非洲	38.00	36.00	17.50
发展中地区平均数	38.83	35.01	15.29

① 苏振兴主编：《拉美国家社会转型期的困惑》，北京：中国社会科学出版社，2010 年，第 203 页。

② Edwin Goñi, J. Humberto López and Luis Servén, *Fiscal Redistribution and Income Inequality in Latin America*, Policy Research Working Paper 4487, The World Bank, January 2008, p11.

资料来源：Eichhorn (2006), WDI 2006, OECD tax Database,Doing Business Database. 转引自 Edwin Goñi, J. Humberto López and Luis Servén, *Fiscal Redistribution and Income Inequality in Latin America*, Table 2, p11, Policy Research Working Paper 4487, The World Bank, January 2008.

税基过窄是由多方面的因素造成的。比如，个人所得税起征点过高，且只适用于少数超高收入者（如巴西和厄瓜多尔个人所得税的起征点分别是人均收入的 3 倍和 10 倍）；非正规经济规模庞大（比如在阿根廷和巴西分别占 GNP 的 40% 和 39%），无法有效监管等。侵蚀税基的另外一个重要因素是偷漏税现象非常普遍，几乎涉及所有的主要税种，且极其严重（参见表 4–12）。在阿根廷，个人所得税的逃税率接近 50%，巴西和智利甚至更高，分别达到 55% 和 57%，而三国企业所得税的逃税率分别达到 46%、42% 和 35%。南希·伯索尔等人的研究表明，如果增值税、个人和企业所得税，以及工资税等逃税率下降 30%，就可以使阿根廷税收增加 17%，巴西增加 14%，智利增加 12%。拉美普遍的逃税漏税行为主要是由于税务机构执法不力造成的。

表 4–12：2000[a] 阿根廷、巴西和智利的逃税率（单位：%）

税种	阿根廷	巴西	智利
增值税	39	—	20
工资税	43	55	17
个人所得税	49	55	57
企业所得税	46	42	35
非正规经济占 GNP 的比重	40	39	—

资料来源：Nancy Birdsall, Augusto de la Torre and Rachel Menezes, *Fair Growth: Economic Policies for Latin America's Poor and Middle—Income Majority,* Center for Global Development 2008, Table 4—1, p62.

注：a：工资税的数据是 1999 年（巴西是 1998 年）；巴西的个人所得税和企业所得税数据是 1998 年。智利和阿根廷的增值税数据是 1997 年。逃税率的估计数据差别较大，比如 2004 年阿根廷对增值税逃税率的估计是 25%，而独立研究对 2004 年阿根廷增值税和工资税的逃税率估计分别是 29% 和 52%~56%。

（二）间接税偏重增强了税收制度的累退性

理论上来说，政府的征税能力，特别是收入税、财产税和企业税等直接税的征收能力可以反映出对富人的权威和政府合法性程度。如果政府大幅降低直接税的最高税率，而同时严重依赖消费税获取税收收入，那么总体的税收结构可能就既达不到预期效果，也是不公平的。而事实上，这些是拉美大多数国家税收制度的典型特点。这里，我们不妨借助表 4-13 从全球比较的视角来分析拉美的税收结构，以更客观地评价拉美的税收制度。从中我们至少可以发现拉美税收制度三个方面的显著特点：

其一，从世界范围来看，拉美的所得税占总税收的比重明显偏低，特别是个人所得税。1975—2002 年，拉美的所得税收入占总税收的比重平均只有 31.4%，这一比重不仅远远低于北美（80.2%）和西欧（44.4%）等发达地区，甚至也低于亚洲（41.7%），仅仅略高于非洲（30.1%）。尽管如此，这一时期，拉美的个人所得税比重在世界范围也是最低的，其在总税收中的比重平均只有 8.6%，而即使在非洲，这一比重也达到 15.6%，亚洲更是达到 22.6%。

其二，间接税比重明显偏高。1975—2002 年，拉美地区的间接税占总税收的比重平均为 48%，这一比重仅低于西欧（52.1%）。但事实上，到 1996—2002 年，拉美的间接税比重已经稳步增至 56.3%，而西欧则与之相反，小幅降至 52.4%。这一时期，拉美的间接税比重无论是在发达地区还是发展中地区，都是最高的。与北美发达国家和非洲发展中国家相比较来说，拉美的间接税比重都显得特别突出。同一时期，非洲的间接税比重为 32.6%，而北美更低，只有 15.6%。

其三，从拉美地区内部来看，拉美的税收结构也出现了显著的变化：所得税，特别是个人所得税稳步下降，间接税大幅上扬。1975—1980 年，拉美的所得税占总税收的比重为 32.7%，1986—1992 年降至 31.1%，而到 1996—2002 年进一步下降到 30.4%。这种变化与世界趋势是相背的，因为世界上其他地区的所得税比重在各个时期都是上升的（非洲出现了先降后升）。与所得税的稳步下降截然相反的是，在各个时期拉美的间接税占总税收的比重大幅上升了，从1975—1980年的40.4%稳定上升到56.3%，增幅超过39%。这一时期，虽然亚洲和非洲的间接税比重也出现了上升趋势，但增幅明显低于拉美，分别只有8%和22%。

表4-13：1975—2002年世界各地区[a]税收结构及其占总税收的比重（单位：%）

地区和时期	所得税			国内商品和服务			外贸税
	总计	个人	企业	总计	一般消费	消费税	
北美（2国）							
1975—1980	78.4%	56.9%	20.5%	15.0%	7.7%	6.5%	6.6%
1986—1992	78.8%	63.5%	14.4%	17.0%	9.8%	6.3%	4.3%
1996—2002	83.3%	66.3%	15.8%	14.8%	8.8%	5.1%	1.8%
拉美（12国）							
1975—1980	32.7%	11.1%	17.6%	40.4%	17.1%	19.3%	26.8%
1986—1992	31.1%	8.5%	17.6%	47.3%	20.9%	21.0%	21.5%
1996—2002	30.4%	6.2%	18.5%	56.3%	34.0%	16.1%	13.3%
西欧（18国）							
1975—1980	42.7%	33.3%	8.5%	50.6%	28.6%	16.5%	6.7%
1986—1992	43.4%	32.9%	9.3%	53.4%	33.4%	14.9%	3.2%
1996—2002	47.2%	32.8%	13.0%	52.4%	31.8%	15.0%	0.3%
亚洲（14国）							
1975—1980	38.8%	22.9%	20.5%	37.2%	14.3%	18.3%	24.1%
1986—1992	39.3%	20.8%	19.2%	39.5%	17.4%	16.7%	21.2%
1996—2002	46.9%	24.2%	21.4%	40.2%	19.6%	15.3%	12.9%
非洲（9国）							
1975—1980	32.1%	14.6%	16.1%	29.7%	18.4%	13.5%	38.2%
1986—1992	27.4%	14.6%	11.4%	31.9%	18.3%	11.9%	40.7%
1996—2002	30.7%	17.7%	11.6%	36.2%	21.8%	11.3%	33.2%

资料来源：转引自 Richard M. Bird & Eric M. Zolt,*Redistribution via Taxation: The Limited Role of the Personal Income Tax in Developing Countries*, UCLA Law Review 52, 2005, Table A, p1655.

注：a：北美地区包括加拿大和美国；拉美地区包括巴西、智利、哥伦比亚、哥斯达黎加、多米尼加、萨尔瓦多、墨西哥、尼加拉瓜、巴拿马、秘鲁、乌拉圭和委内瑞拉；欧洲包括奥地利、比利时、丹麦、芬兰、法国、德国、希腊、冰岛、爱尔兰、意大利、卢森堡、荷兰、挪威、葡萄牙、西班牙、瑞典、瑞士和英国；亚洲及大洋洲包括澳大利亚、印度、印度尼西亚、日本、韩国、马来西亚、缅甸、尼泊尔、新西兰、巴基斯坦、菲律宾、新加坡、斯里兰卡和泰国；非洲包括布隆迪、科特迪瓦、莱索托、马达加斯加、毛里求斯、摩洛哥、南非、突尼斯和津巴布韦。

税收结构的根本性变化导致拉美税收制度总体上产生了更强的累退

性[①]，给不同收入群体带来了不同的影响。

首先，拉美的税负越来越向间接税——主要是消费税，比如增值税[②]转移，加重了中低收入群体的负担，因为相较于富人，该群体的消费支出占家庭收入的比重更大。而增值税本质上是具有累退性的税种。在阿根廷，增值税占家庭收入的比重，最穷的 40% 的家庭为 9%，而位于第九个十分位数的 10% 的家庭为 7%，而最富的 10% 的家庭则不足 4%。[③]在智利，收入最低的 40% 的家庭承担的增值税占其家庭收入的比重是最富的 10% 的家庭的 7.2 倍，而对于位居收入十分位第五到第八的 40% 的中等收入家庭承担的增值税占其家庭收入的比重是最富的 10% 的家庭的 6.3 倍。[④]

其次，形式上累进性的个人所得税并不能弥补其他税种的累退性。在拉美，增值税、国内消费税和其他以消费为基础的税种通常都是累退性的，大多数国家的工资税也是累退性的。这在间接税比重偏重的情况下无疑增强了整个税收制度的累退性。仍以智利为例，1996 年，收入最高的 10% 的家庭承担的个人所得税占其收入的比重为 2.54%，这一比重比位于第五到第九个收入十分位数的总和还要高（收入最低的四个十分位数因收入较低不缴纳个

① Alberto Barreix 等人对安第斯国家的案例研究和实证评估就发现，“安第斯国家的税收对收入分配的全部影响具有某种程度累退性”。参见 Alberto Barreix, Jerónimo Roca and Luiz Villela, *Fiscal Policy and Equity Estimation of the Progressivity and Redistributive Capacity of Taxes and Social Public Expenditure in the Andean Countries*, Working Paper 33, September, 2007, Inter-American Development Bank.

② 增值税占 GDP 的比重从 70 年代的 2.5% 增加到 1997—2002 年间的 5.6%，这一比例是东亚的两倍。Nancy Birdsall, Augusto de la Torre and Rachel Menezes, *Fair Growth: Economic Policies for Latin America’s Poor and Middle-Income Majority,* Center for Global Development, 2008, p60.

③ *Economic and Social Progress in Latin America: 1998—1999 Report,* IDB, the Johns Hopkins University Press, 1998, p186.

④ Eduardo M.R.A. Engel, Alexander Galetovic and Claudio E. Raddatz, *Taxes and income distribution in Chile: some unpleasant redistributive arithmetic, Journal of Development Economics,* Elsevier, Vol. 59(1), pp.155—192, June 1999.

人所得税)。[①] 另外，在大多数国家，尽管法律规定边际税率随收入增长而提高，个人最高税率达到40%或更高，但实际税率要低得多。比如，20世纪90年代中期，在阿根廷、智利和危地马拉三国，最富的10%的家庭的实际税率上只有收入的8%。相反，美国最富的10%的家庭的实际税率平均接近40%。[②]

三、税收再分配功能的失灵

改善收入分配是公民委托给政府的主要职能之一，这一观念在拉美国家形成了相当的共识。民意调查显示，至少80%的拉美人认为，政府有责任减少贫富差距，提供医疗等公共福利。[③] 税收无疑是实现再分配的最重要手段之一，事实上拉美多数国家的税收政策也都嵌入了再分配功能。但无数的研究表明，拉美税收制度的再分配功能失灵了。

朱克永(Ke-young Chu)等人2000年对发展中国家的税负进行量化研究后发现[④]，拉美的税收制度总体上不具有再分配功能。很大程度上，这种再分配功能的失灵是由拉美的税收结构决定的，一个事实是大多数拉美国家都过度依赖具有累退性的间接税。正是由于个人所得税和财产税在拉美国家不受“重视”或者执行力度小，结果导致拉美税收制度的直接再分配效应较弱，甚至是负面的。卡罗拉·佩西诺(Carola Pessino)的研究发现，拉美多数国家的税收政策对收入分配发挥了逆效应，即不仅没有改善反而恶化了现有的收入分配。在阿根廷，税收将收入的基尼系数提高了7个百分点。阿根廷的

① Eduardo M.R.A. Engel, Alexander Galetovic and Claudio E. Raddatz, *Taxes and income distribution in Chile: some unpleasant redistributive arithmetic, Journal of Development Economics,* Elsevier, Vol. 59(1), pp.155—192, June 1999.

② *Fair Growth: Economic Policies for Latin America’s Poor and Middle-Income Majority,* p60.

③ *Economic and Social Progress in Latin America:* 1998—1999 Report, p186.

④ Ke-young Chu, Hamid Davoodi and Sanjeev Gupta, *Income Distribution and Tax and Government Social Spending Policies in Developing Countries*, Working Paper 214, 2000, United Nations University and World Institute for Development Economics Research.

税前基尼系数是 48.7，而计入个人所得税、增值税和工资税之后，基尼系数增至 55.9。其中，仅仅增值税的影响就将基尼系数推升至 53.5，个人所得税将基尼系数推升至 48.8。[①] 在墨西哥，税收的逆效应也很明显（参见图 4–7）。1989 年，墨西哥的税前基尼系数为 0.51，而税后基尼系数增加了 4 个百分点。巴西的情况稍好，但税收的再分配效应要小得多，税前和税后的基尼系数基本上没有什么变化。而在那些社会政策的再分配效应相对明显的国家，基尼系数的降低也主要是通过公共转移而不是税收来获得的[②]（这部分的数据和论证参见第三节拉美和欧洲社会政策的再分配效应的比较）。拉美税收制度的累退性至少是由三个因素造成的：税收收入大部分来自于中性或累退性的税种，比如增值税、其他消费税和单一税率的工资税；高收入群体的实际纳税率低；企业和个人所得税规定的执行力度弱。

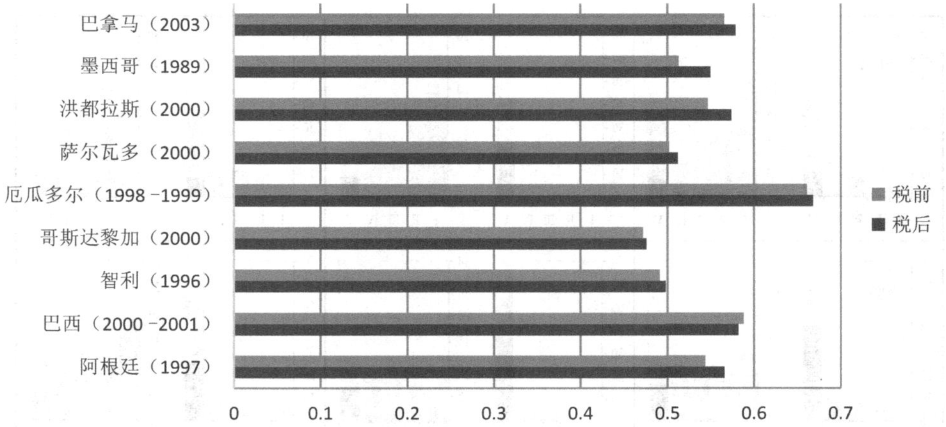

图 4–7：拉美税收政策的分配效应（税前和税后基尼系数）

资料来源：Luigi Bernardi, Alberto Barreix, Anna Marenzi and Paola Profeta (eds.), *Tax Systems and Tax Reforms in Latin America,* Abingdon: Routledge, 1 edition, January 2008, Figure 1.6, p33.

① *Fair Growth: Economic Policies for Latin America's Poor and Middle-Income Majority,* p59.

② Edwin Goñi, J. Humberto López and Luis Servén, *Fiscal Redistribution and Income Inequality in Latin America*, Policy Research Working Paper 4487, p18, The World Bank, January 2008.

实际上，如果按照收入五分位数对不同收入阶层承担的税负进行名义税负（直接税和间接税）和有效税负两个层次的分解之后，可以发现：不同收入阶层的税负水平发生了显著的变化，特别是中低收入阶层（参见图 4—8）。通过这 12 个柱形图，可以发现以下几点：首先，名义税负下，收入最高的 20% 的家庭承担的所有税负（所得税、增值税和其他税）比其他国家都高。在这 6 个国家中，收入最高的 20% 的群体缴纳的税收占总税收的 50%，而在墨西哥和哥伦比亚高达 70%。但是，鉴于收入最高的 20% 的群体占有全社会财富的 55%~65%，这种高税负是可以理解的。这很容易产生一种错觉，即富人是拉美税收制度的最大“受害者”。但事实上，真正具有指示意义的是“有效税率”（effective tax rate）。所谓“有效税率”是指纳税人缴纳的税款占其总收入的比重。在名义税负下，中等收入和低收入家庭所承担的税负

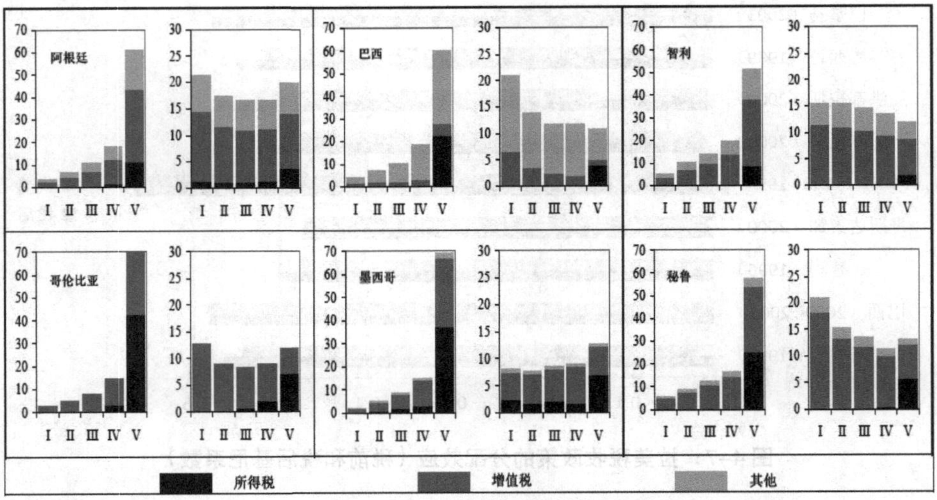

图 4–8：拉美 6 国的税收结构[ab]

资料来源：Edwin Goñi, J. Humberto López, Luis Servén, *Fiscal Redistribution and Income Inequality in Latin America*, Figure 8, p16, Policy Research Working Paper 4487, The World Bank, January 2008.

注：a：每一组的左侧是各收入阶层占总税收的百分比；右侧是各收入阶层占其市场收入（即税前和转移支付前的收入）的百分比。b：按收入五分位数统计。

明显远高于那些收入最高的家庭。然而，在每一个国家，不同收入阶层的有效税负水平与名义税负相比都发生了明显的反转，即收入最高的 20% 的家庭的有效税负明显减少了，而其他收入阶层的有效税负显著增加了。比如在阿根廷，收入最低的 20% 的家庭承担的有效税负是最高的，而 60% 的中等收入群体承担的有效税负与 10% 的最高收入群体基本持平。哥伦比亚也表现出类似的特征。而在巴西和智利两国，名义税负水平和有效税负水平发生了彻底的翻转：在名义税负下，税负完全是累进性的，即收入越高，税负越重；但在有效税负下，则转变成彻底的累退性，收入最低的 10% 的家庭的有效税负最高，而收入高的 20% 的家庭的有效税负最低。位于中间的 60% 的家庭承担的有效税负水平也都高于收入最高的 10% 的家庭。在有效税负下，唯一表现出一定累进性的是墨西哥，但事实上，与名义税负下相比，这种累进性要弱得多，因为收入最高的 20% 的家庭承担的有效税负和其余收入阶层的差别很小，而且中等收入群体和低收入群体之间的有效税负差异基本上消除了。

第四节　公共支出的累退性和社会保障的弱化

社会保障制度被誉为社会风险的“防火墙”，它的一个基本特点是社会互济，即国家通过公共转移对社会财富进行再分配，以维护社会公平，保护弱势群体。① 由此可以看出，社会保障的目标不仅是保护弱者、预防或减轻个人风险，更是一种收入再分配机制，在一定程度上校正初次分配不公导致的贫富差距，以增强社会的稳定性和凝聚力。

在社会保障制度的运行过程中，国家的作用不可或缺，甚至可以说，国

① 房连泉：《增强社会凝聚力：拉美社会保障制度的改革和完善》，《拉丁美洲研究》，2009 年第 31 卷增刊，第 89 页。

家是公民个人风险的最后保险人。20世纪八九十年代，拉美中产阶级衰落的部分原因是，债务危机及其后的结构性改革导致新自由主义的市场化有余而国家的制度性保障不足。在市场社会中，增强国家的风险管理责任是天经地义的。因此，在推进市场化之前就应当建立相对完善的社会保护机制，加强社会保障制度，以减缓市场对个人可能的冲击。但事实上，在拉美，国家的角色大大萎缩了，导致一种市场无政府主义。不仅如此，八九十年代，拉美的政治制度也没有为受经济冲击严重的中低收入阶层创造有利的话语表达机制。一方面，传统政党的影响力在下降，政党的利益代表和表达职能弱化，中产阶级更是缺乏利益代言人；另一方面，工会的影响力下降导致劳动力市场的改革灵活化有余、保护性不足，结果导致工会会员大幅减少，传统的集体谈判权弱化了。总而言之，债务危机给中低收入阶层带来的经济和社会不稳定，因90年代的市场化改革而进一步扩大。

拉美的这种政策反应与20世纪30年代的美国形成了鲜明对比。大萧条时期，美国的经济和国民收入同样出现了大幅下降，而且中产阶级蒙受的损失最大。不过，美国经济很快实现了复苏，中产阶级的社会地位并没有显著的下降。这种成就的获得主要源于当时的罗斯福政府实施的一系列社会政策措施，亦即著名的罗斯福新政。新政的核心特征是扩大政府的角色，通过《社会保险法》《全国劳工关系法》等一系列法规，加强社会保护和社会保障体系建设[①]。此外，罗斯福新政还着力推动工会的制度建设，保护劳工权利，制定最低工资和最高工时等。这样，在市场风险增加的情况下，社会保险的引入很好地发挥了保护和缓冲作用。这一系列社会政策保障无疑为经济改革的突进提供了稳定的后方，也为经济的可持续性提供了保障。

另外，拉美的社会支出分配总体上呈现出一种累退性，即富人从社会支

① Dani Rodrik, *Why is there so much economic insecurity in Latin America?*, *CEPAL Review* N°73, April 2001, p10.

出中获益最大，而中低收入阶层获益较少。在国家作用持续弱化的背景下，这种累退性的社会支出政策不仅无益于改善收入分配，而且不利于中产阶级度过经济危机从而维持自己的经济和社会地位，当然更不利于低收入阶层避免进一步贫困化。本节将在回顾20世纪八九十年代经济改革对社会保障的影响的基础上，系统分析社会支出在不同收入阶层之间的分配，以此揭示中产阶级难以维持和度过困难时期的政策性根源。

一、社会支出占GDP比重的演变

在拉美大多数国家，社会支出都表现出显著的亲周期性，即在经济形势好转时扩张，在经济衰退时收缩。20世纪80年代的债务危机不仅对拉美经济造成重创，而且对社会福利体制产生了深远的影响，其中一个最重要的体现就是用于公共福利的社会支出①占GDP的比重在80年代明显下降了。进入90年代，随着整个地区经济的恢复性增长，社会支出比重也开始稳定恢复。②

20世纪80年代的债务危机给拉美经济带来严重的冲击，由此导致社会支出的显著下降。1990年，世界银行对此进行了专题研究。结果显示，20世纪80年代拉美9国③在医疗、教育和社会保障等方面的实际人均公共支出都下降了。到1985年，9国实际人均公共医疗支出平均只有1980年水平的70%，公共教育支出只有1980年水平的79%，而社会保障支出只有1980年水平的88%。④不过，这种平均化掩盖了各国间的显著差异。这里，笔者

① 这里的社会支出是指用于教育、医疗、清洁用水、基本卫生服务、住房补贴、向穷人的直接转移支付，以及社会救助和社会保障的费用。

② José Antonio Ocampo, *Income distribution, poverty and social expenditure in Latin America*, *CEPAL Review,* Vol.1998/65, p11.

③ 分别为阿根廷、玻利维亚、巴西、智利、哥斯达黎加、多米尼加、萨尔瓦多、牙买加和委内瑞拉。

④ Margaret E. Grosh, *Social Spending in Latin America: The Story of the 1980s,* World Bank Discussion Paper, World Bank, November 1990, xi.

通过各国社会支出占 GDP 的比重对此进行差别分析。表 4-14 显示，1985 年，绝大多数国家的社会支出占 GDP 的比重没有恢复到 1980 年的水平。在玻利维亚，1980 年社会支出占 GDP 的比重为 7.7%，但 5 年之后，这一比重只有 5.6%；哥斯达黎加的降幅也比较显著，同期从 9 国的最高数 20.8% 下降到 14.5%，降幅高达 43%。智利和委内瑞拉是两个例外。虽然两国的社会支出占 GDP 的比重在这一时期出现了波动，但总体上呈增长态势。

表 4-14：拉美 9 国社会支出（教育、医疗和社会保障）占 GDP 的百分比（单位：%）

国别＼年份	1980	1981	1982	1983	1984	1985	1986	1987	1988
阿根廷	16.8	—	—	—	—	15.8	—	—	—
玻利维亚	7.7	6.1	5.6	5.7	7.1	5.6	4.3	—	—
巴西	7.7	8.5	9.1	6.0	7.0	7.3	7.5	7.7	—
智利	7.7	8.2	10.5	12.5	11.1	8.6	11.3	11.9	—
哥斯达黎加	20.8	15.7	13.3	13.9	14.2	14.5	15.4	15.3	15.3
多米尼加	3.9	4.3	4.0	4.0	3.6	3.1	3.4	3.5	3.8
萨尔瓦多	—	—	—	6.3	6.6	5.6	4.9	5.4	—
牙买加	10.6	10.8	10.9	9.9	8.3	7.8	—	—	—
委内瑞拉	8.8	9.3	9.7	10.6	9.8	10.7	—	—	—

资料来源：作者根据 Margaret E. Grosh, *Social Spending in Latin America: The Story of the 1980s*, World Bank Discussion Paper, World Bank, November 1990, Appendix II, pp.74—91 数据进行整理。

20 世纪 90 年代，随着经济的恢复和财政收入的改善，拉美的社会支出出现了稳定增长。拉美经委会的统计数据显示，拉美 17 国的社会支出占 GDP 的比重从 1990—1991 年的 10.4% 增加到 1998—1999 年的 13.1%，平均增幅接近 30%（参见表 4-15）。不过，如果从人均公共支出来看，这种增幅显然更加明显。同一时期，拉美人均公共支出比重增加了大约 50%，人均额度也从 90 年代初的 360 美元提高至 90 年代末的 540 美元。不过，并非所有国家的社会支出比重都增加了。90 年代，委内瑞拉同样是地区趋势的例外，其社会支出占 GDP 的比重从 90 年代初最高值的 9% 下降到 90 年代中期的 7.6%，到 90 年代末虽然有所恢复，但仍没有达到 90 年代初的水平。还必须指出的是，在这 10 年中，整个地区社会支出的增幅并不一致。在大多数国家，90 年代前半期的增幅更加显著；到下半期，尽管仍保持增加趋势，但增幅已经明显放缓。1990—1991 年和 1994—1995 年，拉美人均支出总体上增加了 30%，而 1994—1995 和 1998—1999 年只增加了 16%。这种变化同 90 年代拉美地区经济增长的总体趋势是一致的。到 1995 年，拉美地区 GDP 的年经济增长率为 4.1%，但之后的五年间仅增长了 2.5%。①

表 4–15：拉美 17 国社会支出占 GDP 的比重（单位：%）

国别＼年份	1990—1991	1992—1993	1994—1995	1996—1997	1998—1999
阿根廷	17.7	19.2	21.0	19.8	20.5
玻利维亚	—	—	12.4	14.6	16.1
巴西	18.1	17.7	20.0	19.7	21.0
智利	13.0	13.6	13.6	14.4	16.0
哥伦比亚	8.0	9.4	11.5	15.3	15.0
哥斯达黎加	15.7	15.3	16.0	17.0	16.8
萨尔瓦多	—	—	3.3	3.8	4.3
危地马拉	3.4	4.1	4.1	4.2	6.2
洪都拉斯	7.9	8.5	7.7	7.2	7.4
墨西哥	6.5	8.1	8.8	8.5	9.1
尼加拉瓜	10.8	10.6	12.6	11.0	12.7
巴拿马	18.6	19.5	19.8	20.9	19.4
巴拉圭	3.1	6.2	7.0	8.0	7.4
秘鲁	3.3	4.8	5.8	6.1	6.8
多米尼加	4.3	5.9	6.1	6.0	6.6
乌拉圭	16.8	18.9	20.3	20.9	22.8
委内瑞拉	9.0	8.9	7.6	8.3	8.6
简单平均数 [a]	10.4	11.4	12.1	12.5	13.1

资料来源：*Social Panorama of Latin America, 2000—2011,* CEPAL, Santiago, Chile, Table IV.3.

① *Social Panorama of Latin America, 2000—2001,* CEPAL, Santiago, Chile, pp.116—117.

注：a：简单平均数不包括玻利维亚和萨尔瓦多。如果这两个国家包括在内的话，1994—1995年、1996—1997年和1998—1999年，拉美的简单平均数分别是11.6%，12.1%和12.7%。

二、社会支出的累退性削弱了社会保障功能的发挥

从整个地区来看，尽管90年代的社会支出明显提高了，但事实上对于减缓中低收入阶层遭受的经济冲击，或者增强中低收入阶层的生存能力并没有发挥切实有效的作用。这种悖论是由于两个因素造成的：一方面，改革以后，拉美国家社会保障制度的覆盖面大大下降；另一方面，社会支出分配的不平等导致社会保障支出明显更有利于高收入阶层。

（一）社会保障覆盖面的下降

拉美是发展中地区较早建立福利制度的地区之一。早在20世纪70年代，许多国家的社会政策就已经覆盖了大部分人口，具有了福利国家的雏形。比如在乌拉圭和阿根廷，大多数人都享有社会保障福利和体面的教育和医疗服务。随着80年代债务危机的蔓延，拉美国家的财政收入越来越难以承受沉重的社会福利。为减轻政府负担，拉美国家开始了新自由主义性质的社会保障制度改革。养老金改革的措施主要是引入私营管理的积累制养老金计划，增强社会保障的个人责任和市场作用，减少国家的财政负担。医疗保障改革则主要是推进医疗机构的分权化管理，引入私人医疗保险，提高医疗服务质量，以及扩大医疗保障覆盖面等。总体而言，养老金和医疗保障改革在一定程度上实现了某些预期目标，但同时也对社会发展带来了严重的负面影响，比如社会保障覆盖面显著下降，医疗资源向高收入阶层集中等。而且，改革并没有真正触动历史上社会保障制度普遍存在的“条块分割和碎片化分布”，结果不同行业和不同部门基本上仍保持各自独立的社会保障计划。

可以说，20世纪80年代以来，主要集中在90年代的社会保障改革带来的一个最明显的变化是覆盖面的显著下降。从表4-16可以发现，就12国平均水平来看，改革后的2002年，社会保障的覆盖面从38%下降到27%，

降幅高达 41%。不过，这种变化在不同国家间存在着明显的差异。在乌拉圭和智利这两个传统上高福利的国家，改革前的覆盖面都比较高，特别是乌拉圭高达 73%，改革后虽然覆盖面有所下降，但仍保持在 60% 左右。不过，在同样具有福利传统的阿根廷，改革前后的变化可谓是惊人的：改革前，缴费人口占劳动力总量的比重从 50% 骤然降至 24%，降幅超过 108%。改革后的社会保障覆盖面下降最明显的是秘鲁，降幅高达 182%。只有厄瓜多尔、尼加拉瓜和玻利维亚等国没有发生变化，或者变化极其微小，但考虑到这三国在改革前覆盖面就极低，因此这种相对的“稳定”并没有实质性意义。还需要的注意的是，鉴于拉美的社会保障制度具有很强的排斥性，主要覆盖正规部门，因此，社会保障覆盖面萎缩的主要受害者是中等收入阶层的劳动者，因为来自最穷的 40% 的家庭的劳动者大多在非正规部门就业，根本就没有被社会保障所覆盖。

表 4–16：改革前后拉美 12 国社会保障覆盖面 [a] 比较（单位：%）

年份 国别	改革年份	改革前（2002 年之前）	改革后（2002 年之后）	贫困率（%）
乌拉圭	1997	73	60	10
智利	1980	64	58	21
哥斯达黎加	2000	53	48	21
阿根廷	1994	50	24	25
墨西哥	1997	37	30	41
哥伦比亚	1993	32	24	55
秘鲁	1993	31	11	48
多米尼加	2000	30	—	30
萨尔瓦多	1996	26	19	50
厄瓜多尔	2002	21	21	61
尼加拉瓜	2002	16	16	68
玻利维亚	1996	12	11	61
平均		38	27	42

资料来源：Crabbe Carolin A editor, *A Quarter Century of Pension Reform in Latin America and the Caribbean: Lessons Learned and Next Steps*, Inter–American Development Bank, 2005, Table 2.3, p51.

注：a：用缴费人口比重来衡量，即缴费人口占总劳动力的百分比。

（二）社会支出的累退性

和税收制度一样，拉美国家的社会支出在总体上也是累退性的，即社会支出更有利于高收入阶层而不利于中低收入阶层。这一点得到了许多文献的印证。比如戴维·德费兰蒂（De Ferranti）对一系列研究进行评估后发现①，在拉美多数国家，社会保障支出的累退性都超过累进性。凯西·林德特（Kathy Lindert）等人借助微观数据分析的结果②进一步印证了这种结论的合理性，而埃德温·戈尼（Edwin Goñi）等人通过与欧洲的比较，更直观地突显出拉

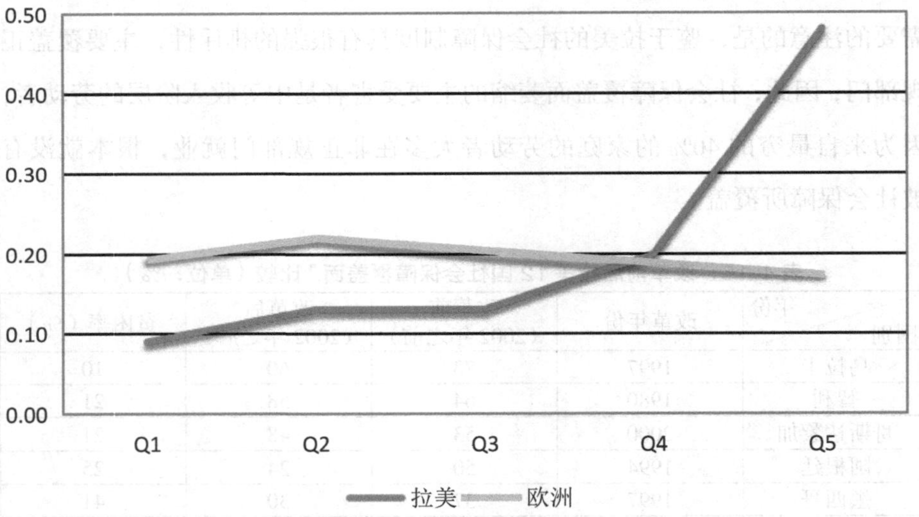

图 4–9：拉美和欧洲公共转移的分配 [a]

资料来源：Edwin Goñi, J. Humberto López and Luis Servén, *Fiscal Redistribution and Income Inequality in Latin America*, Policy Research Working Paper 4487, The World Bank, January 2008, p19.

注：a：按收入五分位数统计。

---

① David De Ferranti, Guillermo E. Perry, Fancisco H.G. Ferreira and Michael Walton, *Inequality in Latin America: Breaking with History?* Washington, D.C.: The World Bank, 2004.

② Kathy Lindert, Emmanuel Skoufias and Joseph Shapiro, *Redistributing Income to the Poor and the Rich: Public Transfers in Latin America and the Caribbean*, Discussion Draft, World Bank, October 24, 2005.

美社会支出的累退性[①]（参见图 4–9）。在欧洲国家，公共转移在不同收入阶层之间基本上是平衡分布的，且相对更有利于中低收入阶层，而在拉美则更有利于最高收入阶层。

2002 年联合国拉美经委会发布的统计数据[②]则为这种结论提供了直观的证据。总体来看，尽管收入最高的 20% 的家庭获得的社会保障支出是最多的，但在不同的社会支出类别则呈现明显的差别。比如，教育支出中的初等和中等教育支出、医疗支出，以及社会救助支出等具有较强的累进性，而在高等教育支出和养老金支出方面，累退性则非常明显。考虑到教育支出的大部分流入了高等教育、社会保障支出的大部分流入了养老金，因此，社会支出在总体上是累退性的。这不仅不利于改善收入分配，更不利于中低收入阶层的向上流动。

1990 年世界银行曾对拉美的社会支出进行的专题研究[③]也发现，在拉美 9 国中，公共医疗支出和教育支出的累进性较强，而养老金的累退性明显。20 世纪 90 年代，这种支出的模式和性质并没有发生什么变化。有鉴于此，这里主要以联合拉美经委会 2000 年发布的数据为基础，对 1986—1997 年间拉美 8 国不同收入阶层所获得的社会支出比重进行细化分析。

首先，我们来观察一下教育支出。从总体上来看，教育支出具有明显的累进性，教育支出的分配随着收入的增加而呈递减态势：收入最低的 20% 的家庭获得的教育支出为 27.9%，而收入最高的 20% 的家庭获得了 13.2%（参见表 4–17）。教育支出的这种累进性将基尼系数拉低了 14 个百分点，社会支出的累进指数达到 3.66，是所有支出项目中最高的。就国别而言，总体上

① Edwin Goñi, J. Humberto López and Luis Servén, *Fiscal Redistribution and Income Inequality in Latin America*, Policy Research Working Paper 4487, The World Bank, January 2008.

② *Social Panorama of Latin America:* 2002, CEPAL, Santiago, Chile.

③ Margaret E. Grosh, *Social Spending in Latin America: The Story of the 1980*, World Bank Discussion Paper，World Bank, November 1990, p23.

也大致保持相同的趋势，不过还是有一些例外。比如在哥斯达黎加，教育支出是累退性的，收入最高和次高的 20% 的家庭获得的教育支出分别占 22.5% 和 23.8%，而收入最低的 20% 的家庭只有 15.7%，中间收入阶层所占的比重保持在 18%~19% 左右。

就支出分类项目来看，教育支出主要有利于高收入群体而非中低收入群体。尽管大多数国家的教育支出表现出很强的累进性，但事实上，在教育支出的分类项目上，只有初等和中等教育继续保持了这种累进性，而高等教育支出具有较强的累退性，明显更有利于高收入群体。这一点无论是从 8 国的总体平均数，还是单个国家的数据来看，均是如此。高等教育支出明显有利于中高收入阶层。数据显示，收入最高的家庭获得的教育支出（31%）是收入最低的家庭（8.5%）的近 4 倍。高等教育支出的累退性将基尼系数拉高了 22 个百分点，在阿根廷、哥伦比亚、哥斯达黎加和乌拉圭等国甚至更高，超过 30 个百分点。在这些国家中，厄瓜多尔是唯一的例外。在厄瓜多尔，无论是在初等和中等教育，还是在高等教育层次上，教育支出都是累进性的，只不过后者的累进性相对前两者较弱。教育支出在不同教育层次上的分配差异反映出，中低收入阶层获得高等教育的机会仍然比较有限。

医疗支出保持了与教育支出相似的累进性，将基尼系数拉低了 15 个百分点。就具体国别而言，除玻利维亚外，其他国家的医疗支出都显示累进性。在玻利维亚，医疗支出呈现明显的二元性，即中等和高等收入阶层获得的医疗支出比重大体相当，而 40% 的最低收入阶层所获比重平均不足 15%，这一比重比 8 国平均数低了将近一半。

事实上，拉美社会支出的累退性很大程度上是由社会保障导致的。表 4-17 的数据显示，收入最高的 20% 的家庭获得的社会保障支出是收入最低的 20% 的家庭的 217%，不同收入阶层获得的社会保障支出呈现一个明显的特点，即收入最高的 40% 的家庭（收入五分位数的第四和第五群组，即 Q4

和 Q5）获得的社会保障支出是最高的，合计占了全部支出的 53.4%，而其下的中低收入阶层（收入五分位数的第一、第二、第三群组，即 Q1、Q2 和 Q3）所占比重差别很小，平均只有 15% 左右。社会保障支出的这种不平等分配将基尼系数拉高了 17 个百分点。尽管总体而言，社会支出在所有国家都具有很强的再分配效应，但如果将社会保障支出排除在外的话，这种分配效应更加明显：收入最低的 20% 的家庭获得社会支出的 28.2%，而最富的 20% 家庭获得比重只有 12.4%，和家庭初次收入（即扣除公共现金转移和社会支出福利）相比，这种差异是非常明显的。这意味着，如果不考虑社会保障支出的话，最穷的 20% 的家庭平均获得的社会支出（28.2%）是家庭初次收入比重（4.8%）的 6 倍。对于最富的 20% 的家庭而言，则截然相反，其获得的社会支出比重（12.4%）只有其初次收入比重（50.7%）的 1/4。这充分说明社会保障具有累退性，不足以减轻中低收入阶层的风险。

表 4–17：拉美 8 国社会支出对收入阶层[a]的分配效应和社会支出项目的累进性

国家	社会支出的分配百分比（%）：按收入五分位数					基尼系数	社会支出的累进指数[b]
	Q1（最穷）	Q2	Q3	Q4	Q 5（最富）		
阿根廷[c]（1991 年）							
教育	32.5	18.7	21.1	15.4	12.4	–0.17	3.69
初等教育	42.7	21	19.9	11.9	4.5	–0.34	4.6
中等教育	28.7	19	26	15.6	10.7	–0.16	3.45
高等教育	8.3	11.1	16	25.8	38.8	0.3	1.4
医疗和营养	38.7	16.6	25.5	14.8	4.5	–0.28	3.99
住房和其他	20.5	18	25.8	19	16.7	–0.03	2.77
社会保障	11	17.2	20.9	22.5	28.4	0.16	2.04
社会支出（不含社保）	33.1	17.9	23	15.6	10.3	–0.19	3.68
社会支出（含社保）	21.1	17.5	21.9	19.3	20.1	–0.001	2.79
收入分配[c]	5.3	8.6	14.1	21.4	50.6	0.41	—
玻利维亚（1990 年）							
教育	32	24.3	20	14.8	8.9	–0.22	4.66
初等和中等教育	36.6	26.3	19.3	12.3	5.5	–0.3	5.21
高等教育	12.4	15.5	22.9	25.8	23.4	0.13	2.31
医疗和营养	15.2	14.7	24.4	24.4	21.3	0.09	2.48

（续表）

住房和其他	7.8	11.1	14.7	20.6	45.8	0.34	1.56
社会保障	13.5	19.9	22.4	19	25.2	0.09	2.76
社会支出（不含社保）	25.8	20.5	19.6	16.9	17.2	–0.08	3.83
社会支出（含社保）	23.5	20.4	20.2	17.3	18.7	–0.05	3.63
收入分配[d]	3.4	8.7	13.1	20.5	54.3	0.45	—
巴西[e]（1994 年）							
初等教育	30.1	27.3	21.6	14.3	6.8	–0.24	4.34
医疗和营养	31.5	26.5	19.5	14.2	8.3	–0.23	4.38
住房和其他	30.8	26.9	20.6	14.2	7.5	–0.24	4.36
社会保障	42	10.1	13.5	15.1	19.4	–0.16	3.94
社会支出（含社保）	33.8	22.1	18.1	14.8	11.3	–0.21	4.22
收入分配[d]	4.5	8.8	11.8	19.5	55.4	0.45	—
智利（1996 年）							
教育	34	26.1	19.4	14	6.5	–0.27	5.05
初等教育	38.2	26.3	17.6	12.5	5.3	–0.32	5.42
中等教育	26.5	24.7	22.2	17.6	9.1	–0.17	4.3
高等教育	6.3	16.3	37.9	20.5	19	0.12	1.9
医疗和营养	30.9	23.2	22.2	16.5	7.2	–0.22	4.55
住房和其他	37.3	27.5	20.3	11.2	3.8	–0.33	5.45
社会保障	4	9	15	25	47	0.41	1.09
社会支出（不含社保）	33.3	25	20.5	14.4	6.8	–0.25	4.9
社会支出（含社保）	16	16	17	21	30	0.13	2.69
收入分配[d]	3.9	8	11.8	19.2	57.1	0.47	—
哥伦比亚（1997 年）							
教育	21.4	21.2	21.5	18.1	17.6	–0.04	3.4
初等教育	35.9	28.7	21.2	10.2	4.1	–0.33	5.15
中等教育	24.9	26.8	24.4	16.6	7.3	–0.18	4.12
高等教育	3.4	8	19.1	27.6	41.6	0.39	0.91
医疗和营养	17.5	19.7	22.2	20.7	19.7	0.02	2.97
社会支出（不含社保）	27	25	21	17	10	–0.17	4.15
社会支出（含社保）	23	23	20	18	15	–0.07	3.67
收入分配[d]	3.9	8.7	12.9	19.7	54.9	0.45	—
哥斯达黎加（1986 年）							
教育	15.7	18.4	19.6	23.8	22.5	0.08	2.04
初等教育	30	27	22	13	8	–0.23	3.4
中等教育	17.8	21.4	23.1	21.2	16.5	–0.01	2.34
高等教育	1.7	9.1	15.5	35	38.7	0.4	0.65
医疗和营养	27.7	23.6	24.1	13.9	10.7	–0.17	3.06
社会保障	7.1	13.2	12	23.1	44.6	0.34	1.21
社会支出（不含社保）	22.1	21.2	22	18.5	16.2	–0.06	2.58
社会支出（含社保）	17.6	18.8	19	19.9	24.8	0.06	2.17
收入分配[d]	—	5.1	11.6	16.7	24.5	42	0.35

（续表）

厄瓜多尔（1994 年）							
教育	26.5	31.8	18.5	12.8	10.4	–0.2	3.74
初等教育	37.5	25.6	18.2	10.8	7.9	–0.3	4.04
中等教育	26.7	34.5	17.3	15.6	5.9	–0.24	3.92
高等教育	22.3	32.8	18.8	12.1	14	–0.15	3.53
医疗和营养	18.8	41.9	16	16.3	7	–0.2	3.89
社会支出（含社保）	24.5	30.3	18.5	14.4	12.2	–0.16	3.51
收入分配 [d]	5	10.6	15.9	22.2	46.3	0.38	—
乌拉圭（1993 年）							
教育	33.2	21.3	16.5	14.7	14.3	–0.18	3.03
初等教育	51.6	22.2	12.7	9.9	3.7	–0.43	4.1
中等教育	30.3	28.9	17.6	14.2	9	–0.23	3.3
高等教育	5.4	7.2	21.4	24.3	41.7	0.36	0.7
医疗和营养	34.9	19.9	22.1	13.2	10	–0.23	3.05
住房和其他	14.1	17.2	13.6	25.3	29.8	0.16	1.74
社会保障	12.4	16.2	20.5	20.1	30.8	0.16	1.59
社会支出（不含社保）	31.8	20.1	19.1	15.2	13.9	–0.16	2.88
社会支出（含社保）	19.6	17.6	20	18.3	24.5	0.04	2.07
收入分配 [d]	7.3	10.7	13.3	23.8	44.9	0.35	—
简单平均数							
教育	27.9	23.1	19.5	16.2	13.2	–0.14	3.66
初等教育	38	25.4	19	11.8	5.8	–0.31	4.44
中等教育	25.8	25.9	21.8	16.8	9.7	–0.17	3.57
高等教育	8.5	14.3	21.7	24.4	31	0.22	1.63
医疗和营养	26.9	23.3	22	16.7	11.1	–0.15	3.54
住房和其他	22.1	20.1	19	18.1	20.7	–0.02	3.18
社会保障	15	14.3	17.4	20.8	32.6	0.17	2.11
社会支出（不含社保）	28.2	22.9	20.5	16	12.4	–0.15	3.65
社会支出（含社保）	22.1	19.3	19.4	18.4	20.6	–0.01	3.03
收入分配 [d]	4.8	9.4	13.7	21.4	50.7	0.41	—

资料来源：*Social Panorama of Latin Amdrica，2000—2001,* CEPAL, Santiago, Chile, Table IV.5.

注：a：指按照人均收入排列的家庭五分位组。b：指最穷的 40% 的家庭所占的社会支出项目比重与其初次收入分配所占比重的比重。c：指大布宜诺斯艾利斯。d：指按照人均自主收入排列的家庭分布。自主收入是扣除社会保障缴费、所得税、政府提供的货币补贴之后的个人总收入。为便于比较，自主收入分配的基尼系数根据家庭五分位数进行计算。e：指圣保罗。在巴西，社会保障支出只包括养老金。

三、劳动力市场改革灵活性有余、保障性不足

在推进社会保障制度改革的同时，拉美国家还启动了劳动力市场改革。改革的基本方向是放弃对劳动力市场的调控、最大程度地减少市场自由配

置劳动力的限制、增强劳动力的流动性；主要措施包括取消解雇职工的限制、减少雇主的解雇费、降低非工资福利、劳动合同灵活化、取消集体工资谈判制度等。这种改革基本上与20世纪三四十年代拉美劳工立法的宗旨相反——当时的主要目标是加强劳工福利保护，为工人提供社会保险防止失业和收入不稳定。① 而90年代的改革很大程度上是以牺牲劳动者为代价的，尽管其改革动机可能并非如此。改革带来的最显著的变化是，就业结构中的非正规性增加，没有签订劳动合同的工人比重直线上升，即使在经济相对发达的国家亦不能避免。这里不妨以智利为例（参见图4–10）。首先，可以看到，与1990年相比，1996年智利未签订劳动合同的劳动者比重从17.3%提高到23.9%，增幅达到38%。其次，在所有的收入阶层中，未签订劳动合同的比

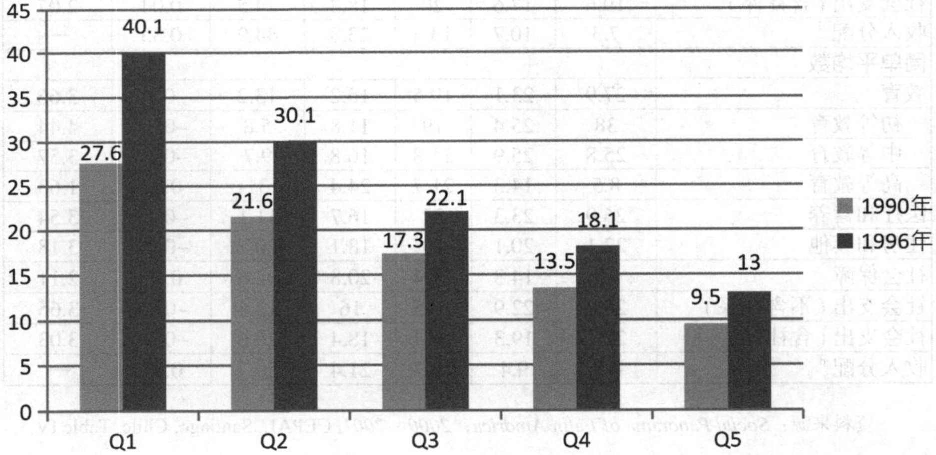

图4–10：1990年和1996年智利未签订合同的工人比重[a]

资料来源：转引自 Ana Cárdenas, *El Subjeto y el Proceso de Transformación en las Condiciones de Trabajo de Chile: Elementos Teóricos y Empíricos para la Discusión*, Santiago, Chile Oficina Internacional del Trabajo, Oficina Subregional para el Cono Sur de América Latina, 2005, p9.

注：a：按收入五分位数统计。

---

① David Lindauer, *Labor Market Reforms and the Poor*, a Background Paper for the World Development Report: 2000, October 1999, p9.

重都明显增加了，其中中间收入阶层（收入五分位数的第二、第三和第四群组）中的比重平均增加了 23.4%。不过有一点在改革前后并没有发生变化，即未签订劳动合同的比重与收入阶层之间的负相关关系：收入较低的阶层，未签订劳动合同的比重是最高的。

从全球范围内来看，劳动力市场改革都着力于引入并加强失业保险制度，但事实上在拉美多数国家，失业保险制度或者缺位或者有效性不足。首先，建立失业保险制度的国家比较少。1985—2000 年间，拉美只有 7 个国家①建立了失业保险。即使如此，这些国家的失业保险制度也普遍存在三个方面的严重缺陷②：第一，领取率低。由于失业保险待遇很大程度上限于在正规部门就业的劳动者，因此上述 7 国中实际领到失业保险金的失业者只有 5%~15%。第二，待遇替代率低。失业者领取的失业保险金通常只有劳动者正常工资的 40%~60%，在哥伦比亚和智利甚至还低于改革前的水平。第三，缺乏监管，失业保险使用效率低。失业保险金通常支付给了那些当前已经就业或者没有积极寻找工作的劳动者，而真正的失业者却很少领到。

事实上，拉美失业保险还有一个潜在的重要缺陷，即失业保险的分配不平等。尽管与养老金相比，失业保险的累退性相对较弱，但也揭示出失业保险不仅覆盖面更低，而且更有利于富人阶层（参见图 4-11）。大约 65% 的失业保险流向了收入最高的 40% 的人口，收入最低的 10% 的人口只有不足 10%，而中低收入阶层基本上也没有什么区别。失业保险在不同收入阶层之间的不平等分配，进一步降低了失业保险对中低收入阶层的劳动保护。

总体来说，拉美劳动力市场改革的措施和成效与几乎同期启动改革的欧洲国家截然相反。在欧洲，以“丹麦模式”为代表的“灵活保障模式”

① 这 7 个国家是阿根廷、巴西、智利、哥伦比亚、厄瓜多尔、乌拉圭和委内瑞拉。

② M. Victoria Murillo, Lucas Ronconi and Andrew Schrank, *Latin American Labor Reforms: Evaluating Risk and Security*, in José Antonio Ocampo and Jaime Ros (eds.), *the Oxford Handbook of Latin American Economics,* Oxford: Oxford University Press, 2011, p796.

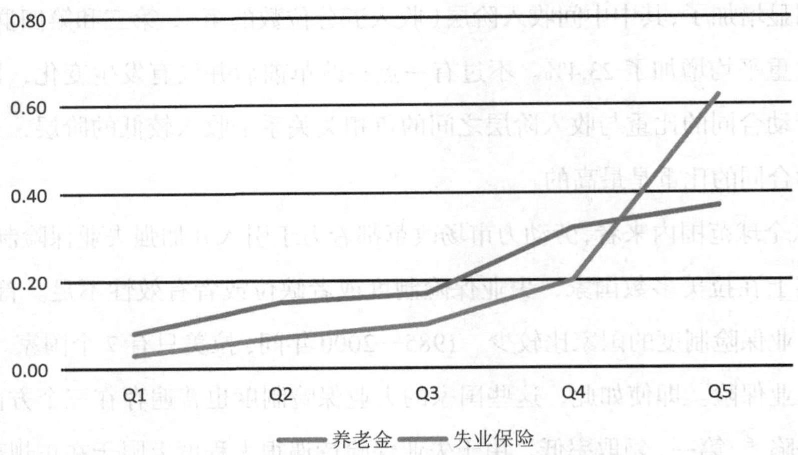

图 4-11：拉美养老金和失业保险的分配[a]

资料来源：Edwin Goñi, J. Humberto López and Luis Servén, *Fiscal Redistribution and Income Inequality in Latin America*, Policy Research Working Paper 4487, The World Bank, January 2008, p19.

注：a：按收入五分位数统计。

（flexicurity）①，实现了劳动力市场灵活性和保障性的良性平衡。在这种模式中，雇主在劳动力市场上拥有聘用和解雇劳动者的灵活性，但与此同时，劳动者在失业后也享有良好的社会保障。这样，既保障了劳动力市场的平稳运行，又通过协商手段减少或降低了利益冲突，更好地保护了劳资双方。②但20 世纪 90 年代，拉美国家的劳动力市场却表现出灵活性有余、保障性不足的特点。其中的一个原因或许是，"灵活保障模式"要求更高的公共支出水平做支撑，而当时拉美大多数国家财政资金相对紧张。不过，进入 21 世纪后，拉美劳动力市场灵活性改革的势头趋弱，改革变得更加温和，而且改革的重点也转向为劳动者提供更多更好的保护。

① 复合词，由灵活（flexible）和保障（security）复合而成。

② 张勇：《拉美劳动力流动与就业研究》，北京：当代世界出版社，2010 年，第 270 页。

第五章 拉美中产阶级的未来

进入21世纪，特别是2003年阿根廷经济危机结束以来，拉美地区出现了崭新的气象。首先，拉美经济开始复苏并在十多年里保持了强劲增长。其次，新自由主义改革的失败为拉美左翼的整体崛起提供了契机，他们高举变革的旗帜纷纷上台执政。这一时期，拉美各国普遍加强了国家对市场的调节，更加注重社会政策在维护社会公平和正义方面的作用。经济环境的持续改善和累进性的社会政策扭转了20世纪八九十年代大部分时期拉美经济的持续衰退，拉美社会也展现出积极的变化：贫困和赤贫人口持续减少，收入分配稳定改善，居民收入持续增加。而这些变化的背后也潜藏着另一个明显的趋势，即中产阶级的复兴，其规模已经恢复，甚至超越了70年代末和80年代初的水平。[①]这种态势也重新燃起了拉美国家早在20世纪七八十年代就萌生的"中产阶级社会"的梦想[②]，因为中产阶级之于拉美的政治稳定、经济增长和社会凝聚等诸方面的发展都具有极其重要的意义。

---

① 按照不同的中产阶级界定标准，这种规模与20世纪80年代初有不同的差异。详细内容见本章分析。

② 1970年和1980年，中产阶级社会的可行性和前景成为联合国拉美经委会研究的焦点。20世纪70年代，在部分国家，比如阿根廷和乌拉圭，其非体力劳动职业占总就业达35%~40%，这一水平高于同期大多数欧洲国家，导致人们预期中产阶级社会即将到来。

然而，特别是伴随着21世纪第二个十年后半期拉美新一轮商品繁荣周期的结束，中产阶级的壮大并没有给拉美社会带来预期的“稳定器”效应，反而招致不满情绪加剧，中产阶级的社会动员频仍，2019年更是引爆了席卷整个地区17个国家的大规模抗议。这种悖论，究其根源在于中产阶级不断增长的公共服务需求同落后的政府服务能力之间的矛盾。事实上，进入新世纪以来的拉美中产阶级中有相当一部分还是新兴的、形成中（emerging）的中产阶级，其典型特征是：通常处于中产阶级的下层，经济和社会地位相对脆弱，容易遭受外部风险的冲击，亟待制度性的保护和巩固。这就要求构建一种包容中产阶级的发展模式和以权利为基础的、普享性的社会保障制度，以避免其重新坠入20世纪八九十年代的“中产阶级陷阱”，从而助力拉美“中产阶级社会”的实现。

第一节 新世纪拉美中产阶级的复兴

在过去的40年里，拉美中产阶级经历了一个五味杂陈的过程，兴衰沉浮交织其间。如果说，20世纪80年代是增长的“失去的十年”，90年代则是公平的“失去的十年”，那么21世纪前十年则可以说是增长和分配效应协共加持下的“中产阶级的黄金十年”。

20世纪八九十年代的新自由主义改革不仅削弱了中产阶级的经济基础，而且动摇了中产阶级的职业和社会地位。失业和贫困也不再仅仅是穷人的“专利”。在20世纪的最后十年里，巴西、哥伦比亚和厄瓜多尔等国专业人士的失业率翻了一番，而阿根廷更是翻了两番多，约有700万中产阶级沦为“新穷人”[①]。向上流动的梦想破灭给中产阶级带来了毁灭性的心理影响，中产阶

① Bernardo Kliksberg, *Latinoamérica: la clase media es clave*, oct. 24th, 2008. https://elpais.com/diario/2008/10/24/opinion/1224799213_850215.html, 访问日期：2020年6月20日。

级的文化、生活方式、价值观念和阶级身份意识大大地被削弱。这激起了中产阶级的不满，而共同的境遇也让中产阶级放下身段，与过去刻意保持距离的穷人建立了跨阶级联盟，共同抗议政府的政策。直到2003年，以阿根廷经济危机结束为标志，拉美的中产阶级开始了自己的新时代，中产阶级的经济和社会地位开始恢复，中产阶级的规模也日益壮大。

尽管至今有关中产阶级的定义和标准仍存有很大的争议，但业已形成的共识是，无论是从职业角度，还是从收入角度，甚至主观感知方面的测算来看，在进入21世纪第一个十年里拉美的中产阶级开始实现“复兴”并重获快速增长。下面分别基于不同的视角分析当前拉美中产阶级的规模。

一、职业视角

职业维度是社会学家观察社会分层，特别是界定中产阶级身份的基本视角。这里主要通过联合国拉美经委会1999年、2004年、2008年和2011年发布的《拉美和加勒比统计年鉴》数据，以此分析和评估拉美城市中产阶级的比重。需要说明的是，根据第一章对本书拉美中产阶级的概念分析和界定，笔者将城市职业结构中的专业人员和技术人员、行政和管理人员，以及职员等认定职业为中产阶级。这种标准尽管并不十分严谨，但大体上涵盖了中产阶级各亚阶层（上中产阶级、中中产阶级和下中产阶级），能够在总体上反映拉美中产阶级进入21世纪第一个十年的变化。从这个意义上来说，职业分层视角的分析主要表现中产阶级的变化趋势，而更普遍采用的中产阶级收入视角则在其后做一参照性分析。

从20世纪末到2010年，拉美的城市职业结构发生了很大的变化，其中比较显著的是中产阶级职业的稳定扩大（参见图5-1）。从拉美16国的简单平均数来看，中产阶级职业在城市职业结构中的比重稳定增加，从1998年的25.2%增至2003年的28.2%，到2007年又进一步增至30.2%，10年间的增幅保持在20%左右。2007年，这种增幅开始放缓。到2010年，尽管增幅

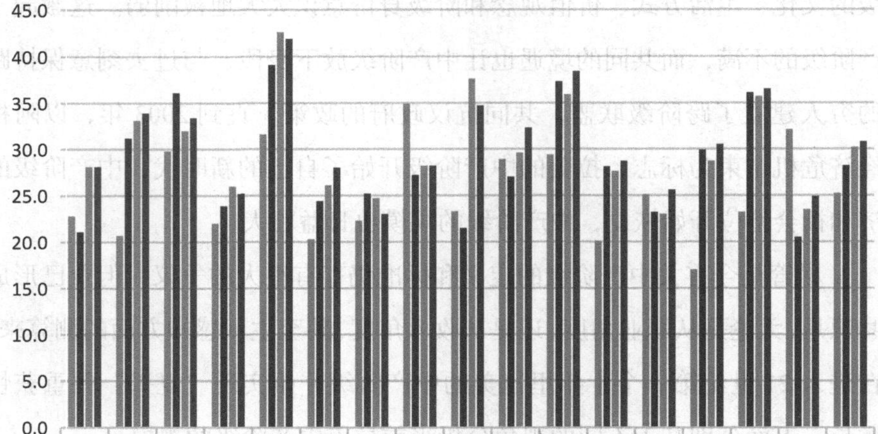

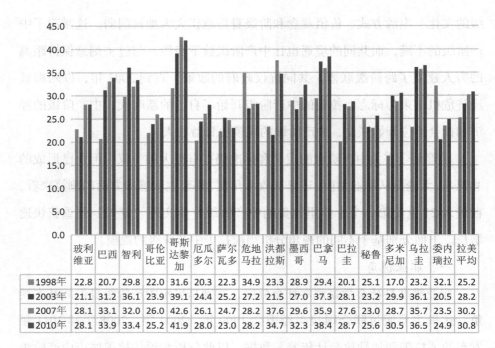

	玻利维亚	巴西	智利	哥伦比亚	哥斯达黎加	厄瓜多尔	萨尔瓦多	危地马拉	洪都拉斯	墨西哥	巴拿马	巴拉圭	秘鲁	多米尼加	乌拉圭	委内瑞拉	拉美平均
■1998年	22.8	20.7	29.8	22.0	31.6	20.3	22.3	34.9	23.3	28.9	29.4	20.1	25.1	17.0	23.2	32.1	25.2
■2003年	21.1	31.2	36.1	23.9	39.1	24.4	25.2	27.2	21.5	27.0	37.3	28.1	23.2	29.9	36.1	20.5	28.2
■2007年	28.1	33.1	32.0	26.0	42.6	26.1	24.7	28.2	37.6	29.6	35.9	27.6	23.0	28.7	35.7	23.5	30.2
■2010年	28.1	33.9	33.4	25.2	41.9	28.0	23.0	28.2	34.7	32.3	38.4	28.7	25.6	30.5	36.5	24.9	30.8

■1998年■2003年■2007年■2010年

图 5–1：拉美中产阶级的规模：职业视角

资料来源：*Statistical Yearbook for Latin America and the Caribbean,* 1999, 2004, 2008 and 2011, CEPAL, Santiago, Chile.

注：a. 这里的年份统计数据是指最接近该年份的数据；表中数据是占全部城市就业人口（15 岁以上）的百分比。b. 中产阶级职业的比重统计是根据国际劳工组织（ILO）国际统一职业分类表（ISCO, 1968）前三项职业类别（即 0-1: 专业、技术和相关人员；2：行政和管理人员；3：职员）的综合。c. 委内瑞拉统计的是全国数据。

不大，但仍然达到 30.8%。

尽管从地区来看，拉美的中产阶级整体呈现稳步增长的特点，但不同国别之间存在着明显差异，甚至在个别国家还同这种整体趋势相背离。具体来看，中产阶级职业结构的变化表现出几个明显的特点。

第一，巴西、哥斯达黎加、乌拉圭不仅是中产阶级职业比重较高的国家，也是近 10 年来增长最迅速的。乌拉圭传统上是一个中产阶级规模较大的国家。20世纪90年代末的经济震荡给中产阶级带来了极大的影响。到1998年，中产阶级在城市职业结构中的比重只有23.2%，这一水平低于同期的许多国家。但进入新世纪，随着外部环境的改善和经济的恢复，中产阶级的规模大幅扩张，2003年已增至36.1%，增长了55.6%，直至2010年中产阶级的规模仍大体保持这一比重。巴西中产阶级的增长也非常迅速，从1998年的20.7%增加到2003年的31.2%，增幅达33.6%。到2010年，中产阶级职业在城市职业结构中的比重已经达到33.9%。哥斯达黎加的增速同样显著。中产阶级的比重从1998年的31.6%稳步上升到2007年的50.7%，此后虽略有下滑，但到2010年仍大体保持这一比重。截至21世纪第一个十年末，哥斯达黎加是拉美地区中产阶级职业比重最高的国家。

第二，智利虽然传统上是一个中产阶级形成较早、规模相对较大的国家，但与第一组国家相比，增幅相对趋缓，从1998年到2003年智利中产阶级职业的比重仅提高了21%，且从2003年的最高比重（36.1%）降至2010年的33.4%。进入新世纪后，其他国家的中产阶级比重虽然增幅较缓，但到2010年，也都保持在30%左右，低于这一比重的只有玻利维亚、哥伦比亚、厄瓜多尔、秘鲁、萨尔瓦多、危地马拉、巴拉圭和委内瑞拉等国。

第三，危地马拉和委内瑞拉是这一时期仅有的两个中产阶级比重下降的国家。在委内瑞拉，1998年中产阶级比重就已高达32.1%，这在同期的拉美国家中比重是比较高的，但进入新世纪，这一比重下降了，降幅高达56.6%，2003年只有20.5%，此后虽稍有恢复，但到2010年也缓慢回升至24.9%。委内瑞拉的这种巨大变化，主要是由于中产阶级职业的下层（职员阶层）的严重萎缩，其中很大一部分向下流动了，而专业人士和技术人员虽然增加了，但增幅极其有限。总而言之，无论拉美国家间存在着何等的差异，城市职业结构发生了何种变化，都有一个共同的基础，即到21世纪第一个十年末期，中产阶级职业比重大体保持在25%~42%，平均比重保持在30%左右。

二、收入视角

收入是衡量中产阶级的另一个主要标准。经济学界和社会学界在界定中产阶级的收入标准方面使用不同的方法，由此所获得的中产阶级比重差距很大，这一点无论是从拉美地区的平均水平，还是一国的中产阶级规模来看，均是如此。美洲开发银行前首席经济学家爱德华多·洛拉（Eduardo Lora）和资深研究员乔安娜·法哈多（Johanna Fajardo）利用2007年盖洛普（Gallup）世界民意调查数据，采用7种主流的中产阶级收入界定标准对拉美中产阶级的规模进行了评估，结果如表5–1所示。

表5–1：拉美16国中产阶级的规模[a]（单位：%）

国家	绝对限值标准		百分位数标准		中位数标准		混合标准
	2~10[b]	2~13[c]	p20~p80[d]	p30~p90[e]	0.5~1.5[f]	0.75~1.25[g]	10~95%[h]
阿根廷	45%	57%	60%	60%	46%	23%	45%
玻利维亚	58%	64%	60%	60%	42%	22%	10%
巴西	58%	67%	60%	60%	45%	24%	27%
智利	61%	71%	60%	60%	45%	23%	27%
哥斯达黎加	49%	60%	60%	60%	42%	28%	41%
多米尼加	54%	61%	60%	60%	34%	18%	23%
厄瓜多尔	63%	69%	60%	60%	44%	24%	10%
萨尔瓦多	62%	66%	60%	60%	43%	23%	7%
危地马拉	65%	71%	60%	60%	42%	21%	9%
洪都拉斯	65%	73%	60%	60%	45%	23%	15%
墨西哥	59%	66%	60%	60%	40%	20%	17%
尼加拉瓜	58%	65%	60%	60%	41%	23%	17%
巴拿马	62%	70%	60%	60%	41%	23%	18%
巴拉圭	58%	65%	60%	60%	39%	20%	17%
秘鲁	59%	64%	60%	60%	39%	20%	7%
乌拉圭	47%	59%	60%	60%	39%	20%	40%
平均数	58%	66%	60%	60%	42%	22%	21%

资料来源：Eduardo Lora and Johanna Fajardo, *Latin American Middle Classes: The Distance between Perception and Reality*, IDB Working Papers Series No. IDB-WP-275, December 2011, p22.

注：a：按收入或消费标准统计。b：日均消费在 2~10 美元（按购买力平价）。c：日均收入在 2~13 美元（按购买力平价）。d：收入百分位数的 p20~p80。e：收入百分位数的 p30~p90。f：收入中位数的 0.5~1.5 倍。g：收入中位数的 0.75~1.25 倍。h：家庭日均收入 10 美元以上且在收入百分位数的 p95 以内。

我们可以发现：（1）按照百分位数标准，各国和整个拉美中产阶级的规模始终保持在 60%，没有任何变化。这种方法从研究中产阶级动态演变的角度来看没有什么意义，因为它无法反映中产阶级的成长。（2）按照绝对限值的标准，拉美中产阶级的水平明显偏高，平均水平保持在 58%（按日均消费 2~10 美元）和 66%（按日均收入 2~13 美元）之间。从各国水平来看，按照前一绝对限值标准，各国中产阶级的规模虽有差异，但并不明显，大体维持在 45%（阿根廷）和 65%（危地马拉和洪都拉斯）。按照后一绝对限值标准，各国中产阶级的规模更大，普遍保持在 60% 上下，智利、洪都拉斯和危地马拉等国甚至超过 70%。无论按照哪一种标准，拉美中产阶级的规模都超过了 60%，果真如此，拉美各国等于已经进入了“中产阶级社会”。这一结果显然与客观现实不符。因此，百分位数标准和绝对限值标准都不太符合拉美的客观现实。（3）与绝对限值标准相比，如果按照收入中位数的话，拉美中产阶级的规模明显下降了，分别只有 42%（按收入中位数的 0.5~1.5 倍）和 22%（按收入中位数的 0.75~1.25 倍）。鉴于拉美的贫富差距极其悬殊，因此中位数的 0.5 倍在部分国家甚至意味着位于贫困线之下，因此这一标准的下限相对较低，同样无法客观反映拉美的现实。照此标准，各国中产阶级规模普遍在 40% 以上，也与现实存在较大差距。而按照家庭收入中位数的 0.75~1.25 倍，拉美中产阶级的规模几乎下降了一半，为 22%，这一结果相对接近拉美的现实。（4）按照家庭日均收入 10 美元以上且不属于最富的 5% 的家庭的标准（即剩余的 95%、日均收入在 10 美元以上的家庭），拉美中产阶级的规模虽然总体上与家庭收入中位数的 0.75~1.25 倍的结果相近，但各国间的离散程度更加明显，似乎更加符合拉美地区的巨大差异性。而且按照这一标准，阿根廷、智利、哥斯达黎加和乌拉圭等国的中产阶级比重都相对较大，这与这些国家中产阶级规模相对较大的传统是一致的。另外，这一标准与按照职业标准得到的中产阶级的比重也最为接近。

三、加入主观认同因素后的修订

无论是职业视角还是收入视角，实际上都是一种客观的测定方法。事实上，社会阶级的合理分析通常要兼顾主观和客观两个层面的因素，但许多经济学文献，乃至社会学文献忽视了社会阶级的主观因素。主客观的综合分析或许可以最大程度地接近中产阶级的实际。基于此，爱德华多·洛拉和乔安娜·法哈多将主观上自认是中产阶级的人群和按照客观标准被划入中产阶级的人群予以匹配并辅以肯德尔等级关联系数分析，获得了综合主客观因素后的新数据。研究结果显示，7 个以收入为基础界定中产阶级得到的结果同自认为是中产阶级的比重存在明显的差异。客观标准和主观标准之间的差距如此悬殊，是因为主观的自我认同不仅同收入相关联，而且同个人的能力、人际关系、经济和物质条件，以及经济不稳定的感觉等相关联。也就是说，主观因素中往往包含着个体基于自身能力和现有条件对未来的潜在预期，因此，拉美国家主观上自认是中产阶级的比重明显较高。与客观因素的评估结果相比，加入主观因素、进行综合分析后获得的比重更大一些。无论是按照绝对限值还是按照百分位数，加入主观因素后，计算出来的中产阶级的比重比单纯的客观标准获得的结果普遍高出 3~4 个百分点。同样，在中位数标准和混合标准中加入主观因素后，中产阶级的比重也有所提高，其中在中位数标准上，中产阶级的比重提高了 2~3 个百分点；而在混合标准上，则提高了 15 个百分点。从国别来看，加入主观认同因素后，阿根廷和哥斯达黎加的中产阶级比重最高，分别达到 53% 和 52%；其次是乌拉圭和智利，分别为 45% 和 40%。巴西、多米尼加、巴拉圭也都接近或位于地区平均数之上。因此，计入主观和客观的综合因素后，最后一个标准，即将日均消费 10 美元以上且不属于最富的 5% 的家庭归为中产阶级，或许最接近、最符合拉美各国的实际。这个水平也和大卫 · 戈麦斯（David Gómez）等人的估计①大致相同。他们认为，拉美各国中产阶级的规模大体在 17%~40% 之间。

表 5-2：拉美 16 国中产阶级的规模[a]（单位：%）

国家	绝对限值标准		百分位数标准		中位数标准		混合标准
	2–10[b]	2–13[c]	p20–p80[d]	p30–p90[e]	0.5–1.5[f]	0.75–1.25[g]	10–95%[h]
阿根廷	51%	62%	59%	62%	47%	23%	52%
玻利维亚	60%	67%	63%	64%	45%	25%	16%
巴西	60%	68%	62%	66%	49%	22%	32%
智利	68%	77%	67%	69%	52%	28%	40%
哥斯达黎加	54%	65%	60%	61%	41%	22%	53%
多米尼加	60%	66%	65%	67%	33%	19%	38%
厄瓜多尔	66%	72%	64%	65%	46%	22%	21%
萨尔瓦多	67%	71%	67%	64%	47%	27%	20%
危地马拉	67%	73%	62%	62%	48%	20%	9%
洪都拉斯	66%	72%	60%	61%	45%	27%	24%
墨西哥	64%	71%	66%	67%	45%	24%	25%
尼加拉瓜	63%	70%	66%	67%	46%	28%	26%
巴拿马	62%	70%	59%	61%	45%	23%	26%
巴拉圭	62%	70%	66%	64%	44%	19%	32%
秘鲁	62%	67%	63%	62%	44%	24%	9%
乌拉圭	52%	60%	63%	62%	36%	20%	45%
平均数	62%	69%	63%	64%	45%	24%	36%

资料来源：Eduardo Lora and Johanna Fajardo, *Latin American Middle Classes: The Distance between Perception and Reality*, IDB Working Papers Series No. IDB-WP-275, December 2011, p25.

注：a：按计入主观因素后的标准。b：日均消费在 2~10 美元（按购买力平价）。c：日均收入在 2~13 美元（按购买力平价）。d：收入百分位数的 p20~p80。e：收入百分位数的 p30~p90。f：收入中位数的 0.5~1.5 倍。g：收入中位数的 0.75~1.25 倍。h：家庭日均收入 10 美元以上且在收入百分位数的 p95 以内。

---

① David Matesanz Gómez y Andrés Palma Irarrázaval, *Las clases medias latinoamericanas y España: oportunidades y desafíos*, Documento de Trabajo 24/2008, Observatorio de Política Exterior de la Fundación Alternativas, www.falternativas.org.

总而言之，无论是按照职业标准，还是不同的收入标准，抑或综合了主观因素后的复合标准，都反映出一个现实，即尽管采用的标准不同，得出的中产阶级比重也不同，但即使是和20世纪80年代初相比，拉美的中产阶级在21世纪的第一个十年都获得了明显的巩固和发展。中产阶级的复兴重新燃起了阿根廷、墨西哥、巴西、智利等国建设“中产阶级社会”的梦想。墨西哥前外长卡斯塔涅达（Jorge G. Castañeda）曾在其2010年出版的《墨西哥的未来》中声称，未来15年墨西哥的核心议题是“中产阶级社会”[①]。不过，他认为墨西哥当前尚且是一个“不完全的中产阶级社会”（incomplete middle class society）。前总统卢拉（Luiz Inácio Lula da Silva）当时更是为巴西人描绘了即将到来的中产阶级社会：未来的巴西将是一个中产阶级的巴西——最穷的人开始向上流动成为“下中产阶级”,然后进一步流动进入“中中产阶级”；而随着国家自尊的提高和不平等的下降，巴西将建设成为一个“中产阶级占多数的国家”[②]。

进入21世纪第一个十年，拉美中产阶级规模虽然只有30%左右，但正如历史上一样，“中产阶级在首都的支配性地位让其可以发挥远超其规模的影响力……到20世纪末，他们越来越对某些国家的事态发展施加重要影响，特别是在阿根廷、巴西、智利、墨西哥、乌拉圭和哥斯达黎加等国”[③]。有理由相信，在新的世纪，中产阶级的重新崛起势必给拉美的政治、经济和社会发展带来更深刻的影响。

① Jorge G. Castañeda, *Mexico Can Become Middle Class*, 2010年11月2日，*Newsweek*, www.newsweek.com/jorge-castaneda-mexico-can-become-middle-class-75009，访问日期：2019年10月11日。

② *Lula's legacy*, *The Economist*, Sep. 30th, 2010, www.economist.com/node/17147828，访问日期：2019年11月5日。

③ Julie A. Charlip, E. Bradford Burns, *Latin America:an interpretive history*, Los Angeles: University of California,10th edition, 2017, p162.

第二节　中产阶级成长的动力机制

在新的世纪，拉美中产阶级的扩大主要源于两大因素的协同作用，一是经济增长，二是社会政策。若昂·佩德罗·阿泽维多（João Pedro Azevedo）等人研究发现[①]，就整个地区而言，经济增长和收入再分配对中产阶级规模的扩大均具有重要贡献，其中增长效应总体占比 79%，再分配效应占比 21%。不过，这两种效应在国家间存在着差异。在墨西哥、玻利维亚、尼加拉瓜和多米尼加等国，分配效应对中产阶级增长的贡献甚至超过 50%；而在洪都拉斯、哥斯达黎加和萨尔瓦多等国，两种效应如不能协同则会发生相斥：分配不公扩大就会抵消增长效应，而经济增长乏力就会削弱分配效应。

一、经济增长因素

进入新世纪，拉美经济总体上实现了稳定、持续的快速增长。从 2000 年到 2011 年的 12 年间，拉美经济的年均增长率保持在 3.4%，这与 90 年代平均 2.7% 的经济增长率相比是一个巨大的进步。不过，在不同的时期，经济增长的速度并不一样。受阿根廷经济危机的影响，2001 年拉美经济开始出现衰退，全地区年经济增长率从 2000 年的 3.8% 降至 0.7%，2002 年进一步降至 0.5%。随着经济危机的逐步结束，拉美经济重现强劲增长，特别是 2003 年到全球金融危机爆发前的 6 年间，经济增速最为迅猛，全地区 GDP 的平均增长率超过 5%。2009 年，受金融危机的冲击，拉美经济出现负增长，中断了连续 6 年的经济扩张周期。不过，和此前历次经济危机不同的是，拉美经济的抗风险能力显然大大增强了。到 2010 年，拉美经济不仅重现增长活力，而且达到进入 21 世纪以来的最好表现，当年全地区的 GDP 平均增长

① João Pedro Azevedo, Luis F. López-Calva, Nora Lustig and Eduardo Ortiz-Juárez, *Inequality, Mobility and Middle Classes in Latin America* in J. Dayton-Johnson (ed.) *Latin America's Emerging Middle Classes: Economic Perspective,* Berlin: Springer, 2015, pp.44—45.

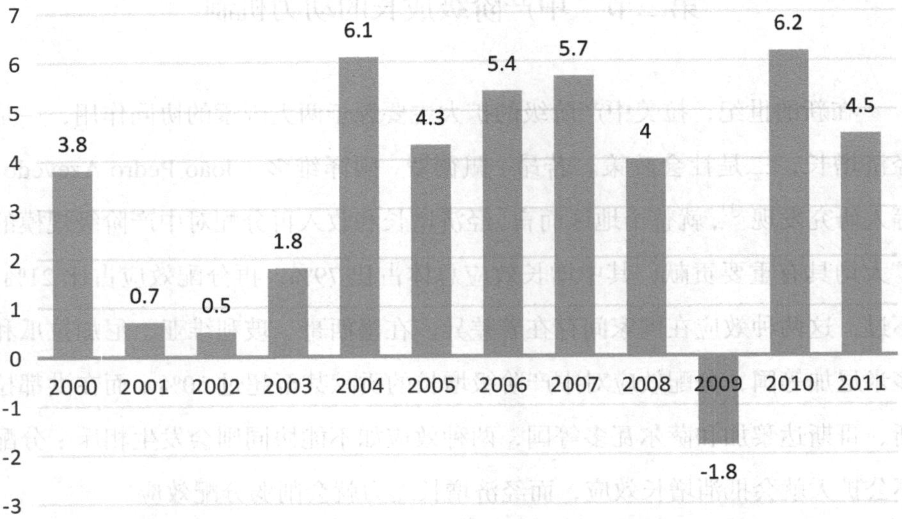

图 5-2：2000—2011 年拉美和加勒比 GDP 的年均经济增长率（单位：%）

资料来源：根据联合国拉美经委会统计数据库（CEPALSTAT）。

率高达 6.2%。

不过，这种地区平均数掩盖了国家间的巨大差异，拉美主要经济体的表现实际上更加突出。从表 5-4 可以发现，进入 21 世纪的 12 年间，除墨西哥外，其他国家的年均经济增长率都高于地区平均水平（3.4%），秘鲁甚至比地区平均水平高出 76%，年均增幅 5.6%。2003—2008 年的 6 年间，这 10 个国家的经济表现尤其强劲，年均增幅高达 5.8%，其中阿根廷、委内瑞拉、乌拉圭和秘鲁等国的表现最为突出。阿根廷的年均经济增长 8.5%，秘鲁和委内瑞拉也在 7.0% 以上。2009 年，虽然受全球金融危机的冲击，大多数国家的经济出现下滑，但到 2010 年，除委内瑞拉以外的其他国家的经济再度恢复高增长，其中阿根廷的经济增长率甚至超过 9%，秘鲁、乌拉圭和巴西也分别达到 8.8%、8.5% 和 7.5%。2011 年，虽然经济表现较上一年略有下滑，但多数国家仍出现高增长。拉美主要经济体的强劲增长有力地带动了整个地区的经济发展，也为社会领域的进步奠定了良好的基础。

表 5-4：2000—2011 年拉美主要经济体的年均经济增长率（单位：%）

国家＼年份	2000	2001	2002	2003	2004	2005	2006	2007	2008	2009	2010	2011
阿根廷	– 0.8	– 4.4	–10.9	8.8	9.0	9.2	8.5	8.7	6.8	0.9	9.2	8.9
玻利维亚	2.5	1.7	2.5	2.7	4.2	4.4	4.8	4.6	6.1	3.4	4.1	5.2
巴西	4.3	1.3	2.7	1.1	5.7	3.2	4.0	6.1	5.2	– 0.3	7.5	2.7
智利	4.5	3.4	2.2	3.9	6.0	5.6	4.6	4.6	3.7	– 1.7	5.2	6.0
哥伦比亚	2.9	1.7	2.5	3.9	5.3	4.7	6.7	6.9	3.5	1.5	4.3	5.9
哥斯达黎加	1.8	1.1	2.9	6.4	4.3	5.9	8.8	7.9	2.7	– 1.3	4.2	4.2
墨西哥	6.6	0.0	0.8	1.4	4.1	3.3	5.1	3.4	1.2	– 6.3	5.6	3.9
秘鲁	3.0	0.2	5.0	4.0	5.0	6.8	7.7	8.9	9.8	0.9	8.8	6.9
乌拉圭	– 1.4	– 3.4	–11.0	2.2	11.8	6.6	4.3	7.3	8.6	2.6	8.5	5.7
委内瑞拉	3.7	3.4	– 8.9	– 7.8	18.3	10.3	9.9	8.8	5.3	– 3.2	– 1.5	4.2

资料来源：*Statistical Yearbook for Latin America and the Caribbean, 2012.*

拉美经济的恢复和稳定增长带来的直接好处是，失业率的下降和收入的明显增加。2000 年，拉美地区的平均失业率只有 10.4%（见图 5–2）。此后，尽管阿根廷经济危机的影响导致 2002 和 2003 年拉美地区的失业率重新上升，但增幅较小且很快恢复了下降势头。到 2004 年，拉美地区的失业率已经降至新世纪初的水平，此后总体上一直保持稳定下降态势（只有 2006 年和 2009 年略有反弹）。2011 年，拉美地区的失业率进一步下降，降至历史最低点，只有 6.7%。就国别而言，阿根廷和乌拉圭是南美洲失业率降幅最快的国家。2001—2011 年间，阿根廷的失业率从 17.4% 下降到 7.2%，乌拉圭则从 15.3% 下降到 6.3%，降幅分别达到 126% 和 98%。其他国家总体上也呈稳定下降态势，不过降幅不一。墨西哥是唯一的一个例外。这 11 年间，墨西哥的失业率虽然始终低于地区平均水平，甚至低于大多数国家，但其失业率不降反升，到2009年达到这一时期的最高水平——6.6%。①这主要是由于肇始于美国的全球金融危机给墨西哥带来的严重冲击。到2011年，墨西哥的失业率虽有所下降，但降幅不大。

拉美经济的快速增长也带来了人们收入的明显提升。

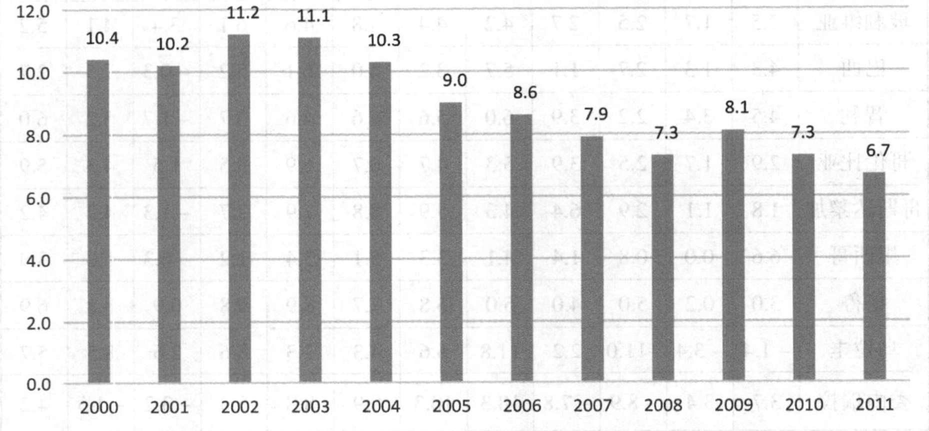

图5-3：2000—2011年拉美和加勒比的年失业率（单位：%）

资料来源：*Panorama Laboral 2012:América Latina y el Caribe,* Ocina Regional de la OIT para América Latina y el Caribe, Cuadro 1, www.ilo.org.

首先，从人均GDP来看，20世纪90年代，拉美人均GDP的增长率平均只有1%，但进入21世纪以来的12年间，整个地区的人均GDP的增幅翻了一番（参见图5-4）。不过，在受两次危机影响的年份，人均GDP一度出现了负增长。在受阿根廷经济危机影响的2001年和2002年，拉美的人均GDP分别出现了0.7%和0.9%的负增长。全球金融危机给拉美带来的负面影响更加严重，2009年全地区人均GDP的降幅超过3%。然而，幸运的是，拉美经济很快走出了阴影，到2010年人均GDP增速达到这一时期的最高纪录——4.8%。需要特别指出的是，2003—2008年是拉美经济增长最快的时期，也

① *Panorama Laboral 2011: América Latina y el Caribe,* Ocina Regional de la OIT para América Latina y el Caribe, CUADRO 1, p105, www.ilo.org.

是人均 GDP 增长最快的时期。6 年间，拉美人均 GDP 的平均增幅接近 4%，是 20 世纪 80 年代以来的最好时期。

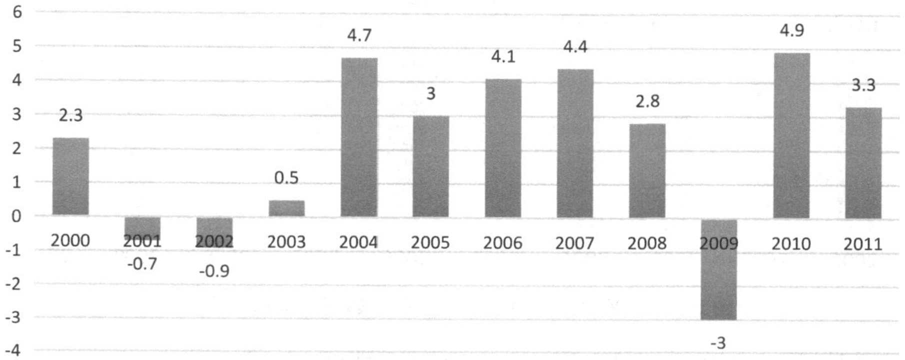

图 5-4：2000—2011 年拉美和加勒比地区人均 GDP 增长率（单位：%）

资料来源：根据联合国拉美经委会统计数据库（CEPALSTAT）。

其次，在许多国家，城市就业人口的平均工资显著上升了。在阿根廷，1999 年，城市就业者的平均工资为人均贫困线的 7 倍，到 2009 年已经升至 9.5 倍，公共部门和专业人员的增幅甚至更高，同期分别从 6.9 倍增至 11.1 倍和从 9.3 倍增至 11.9 倍。厄瓜多尔的工资增幅也比较明显。1999 年，厄瓜多尔城市就业人口的平均工资只有人均贫困线的 3.1 倍，而到 2008 年已增至 4.1 倍，公共部门的增幅最为迅猛，同期从 7.6 倍增至 11.6 倍，增幅高达 53%。①

最后，拉美各国，特别是 2003 年以来加强了对劳动力市场的保护，最低工资实际上出现了稳定增加的态势（参见图 5-5）。国际劳工组织的统计数据显示，从 2001 年到 2010 年，拉美 18 个国家的实际最低工资都呈稳定上升态势，增幅超过 37%，而自 2004 年以来，实际最低工资的增幅更加明显。在这些国家中，阿根廷的实际最低工资的增幅无疑是最快的。10 年间只有 2002 年和 2003 年出现了短暂下降，到 2010 年实际最低工资比 2001 年翻了三番还多。

① *Social Panorama of Latin America, 2010,* CEPAL,Santiago, Chile, Table A—10, p236.

二、社会政策工具

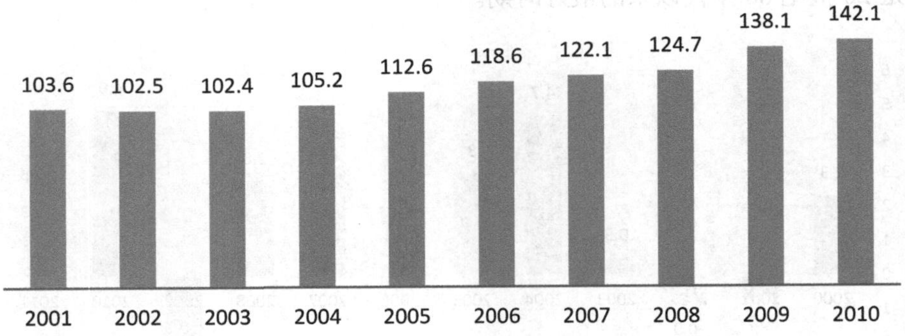

图 5-5：2001—2010 年拉美 18 国的实际最低工资[a]

资料来源：Panorama Laboral 2011:América Latina y el Caribe, Cuadro 10.

注：a：以 2000 年为基准 =100。

从 20 世纪 90 年代后期开始，拉美中左派政党的影响力日益增强并陆续在许多国家上台执政。拉美政治格局的这种新动向很大程度上得益于民众对华盛顿共识的不满。拉美左翼政府一反新自由主义模式，开始重视贫困和收入分配，更加强调政府对市场的干预作用。与此同时，中右政府在新形势下也开始逐步调整政策纲领，从而实现了中左与中右政府执政理念的趋同，即更加注重社会问题并增强社会政策工具的作用，以实现“增长中再分配”。

从 90 年代后期开始，特别是进入新世纪以来，拉美各国政府在其经济政策中有意识地嵌入了社会政策的目标，将收入再分配政策视为减轻不平等的手段，并取得了明显的效果。2009 年，拉美地区人均家庭收入的基尼系数比 1995 年下降了 7 个百分点，从 0.574 降至 0.534。从 2000 年开始收入不平等的降幅开始增速。1995—2000 年，基尼系数的年均下降幅度只有 3 个百分点，但 2000—2009 年间则达到 7 个百分点。① 不仅如此，即使与其他地区

① *A Break with History: Fifteen Years of Inequality Reduction in Latin America,* Washington D.C.: The World Bank, April 2011, p3.

相比较，21 世纪拉美收入分配的改善都是极其显著的。

图 5-6 反映了 2000—2008 年拉美基尼系数的年均变化百分比。这一时期，拉美地区的基尼系数总体上都是下降的。拉美 17 个国家的平均年降幅为 0.58%，如果排除这期间基尼系数增加的四个国家（危地马拉、乌拉圭、洪都拉斯和尼加拉瓜），这一降幅更加明显，达到 0.91%。就国别来看，厄瓜多尔、秘鲁、巴拉圭、萨尔瓦多、巴西、阿根廷、智利等国的基尼系数年均降幅都远超地区平均数。拉美国家和地区基尼系数的变化与其他国家和地区形成了鲜明的对比。2000—2008 年间，OECD 30 个成员国的基尼系数的平均增幅达到 0.25%。从比较的视角来看，21 世纪以来，拉美国家的收入分配的改善无论与过去比较，还是从全球来看都是比较显著的。

收入不平等的下降很大程度上是由中等收入群体的扩张，而不是赤贫人口的收入比重提升带来的。1995—2009 年的 15 年间，收入最低的 10% 的人口所占收入比重始终保持在 0.9%~1.0% 之间，几乎陷入停滞；而收入最高

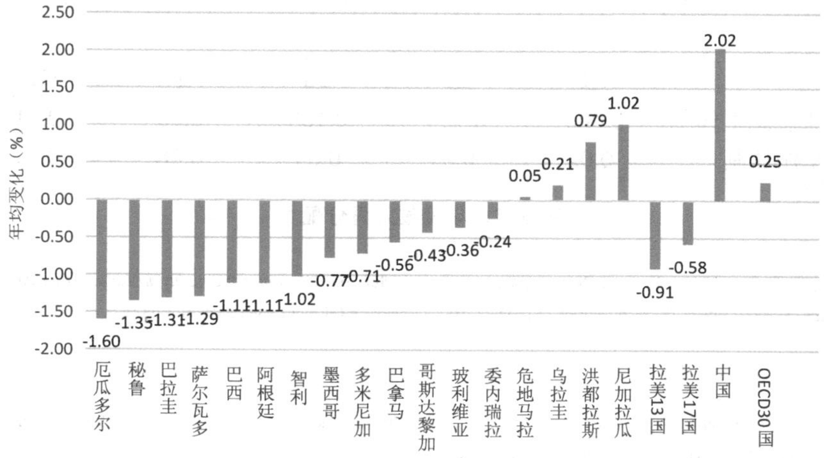

图 5-6：2000 —2008 年拉美基尼系数的年均变化（单位：%）

资料来源：Lopez-Calva, Lustig and Ortiz (2011); 转引自：Nancy Birdsall, Nora Lustig and Darryl McLeod, *Declining Inequality in Latin America: Some Economics, Some Politics*, Working Paper 251, May 2011, Center for Global Development，Figure 1.

的 10% 的人口在总收入中所占比重呈稳定下降态势，从 1995 年的 45.7% 下降到 2005 年的 42.9%，2009 年又进一步降至 41.6%。[①] 伯索尔等人分析了不同政治体制 [②] 的社会政策对不同收入阶层的影响（参见图 5–7）。结果发现：一，无论是在社会民主体制下，还是在左派民众主义体制下，收入分配政策都具有明显的累进性。收入最高的 20% 的人口的年收入比重下降最为显著。在社会民主体制下，这一高收入群体在总收入中的比重年均下降 0.41，而在左派民众主义体制下相对较小，只有 0.11。二，在社会民主体制下，中等收

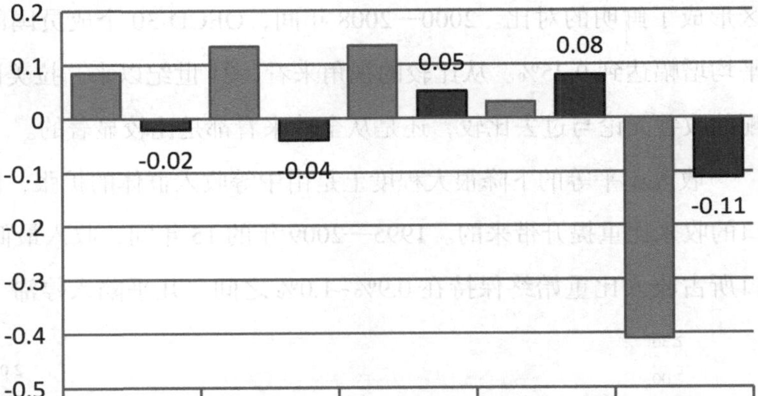

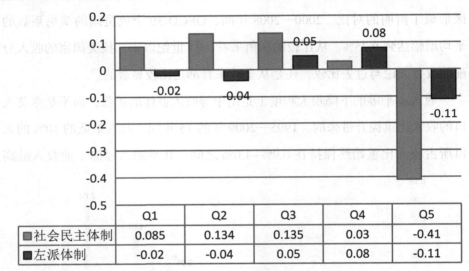

	Q1	Q2	Q3	Q4	Q5
■社会民主体制	0.085	0.134	0.135	0.03	-0.41
■左派体制	-0.02	-0.04	0.05	0.08	-0.11

图 5–7：年度收入再分配 [a]

资料来源：Nancy Birdsall, Nora Lustig and Darryl McLeod, *Declining Inequality in Latin America: Some Economics, Some Politics*, Working Paper 251, May 2011, Center for Global Development, Figure 6.

注：a：按收入五分位数统计。

① *A Break with History: Fifteen Years of Inequality Reduction in Latin America,* Washington D.C.: The World Bank, April 2011, Figure 3, p4.

② 这里的左派民众主义政府是指阿根廷、玻利维亚、厄瓜多尔、尼加拉瓜、和委内瑞拉，有效执政年份是指当选后一年，即新政策开始实施的年份。这些国家的有效年份分别是执政年份，分别是 2004 年、2007 年、2008 年、2008 年和 2000 年。社会民主体制是指巴西、智利和乌拉圭，有效年份分别是 2004 年、2001 年和 2006 年。左派政府的数据并不包括尼加拉瓜和厄瓜多尔。

入（位于收入五分位数的第二和第三群组）和中低收入群体受益最多，收入年均增长分别为0.135和0.134，而收入最低群体（收入最低的20%）和中高收入群体（收入五分位数的第四群组）相对较低，年均增长分别为0.085和0.03。三，在左派民众主义体制下，社会政策的受益多寡依次是中高收入群体、中等收入群体、低收入群体和中低收入群体。总而言之，无论在何种体制下，位于收入五分位数第三群组的中等收入群体都是重要的受益者。

收入分配的改善和中产阶级的扩张部分是由于劳动收入的增加，部分是由于社会支出的增加和社会支出累进性的增强。根据联合国拉美经委会的统计数据，2000年，拉美公共社会支出占GDP的比重突破12%，此后一直保持稳定增长态势，到2008—2009年，已经达到GDP的14.4%，与20世纪90年代初相比翻了一番还多。社会各领域的公共支出也呈同样的稳定增长趋势。其中教育支出和社会保障（含社会救助）支出的增速最为显著，分别从90年代初的3.2%和3.2%增加到21世纪第一个十年末的5.1%和4.7%。各项社会公共支出的迅速增加有利于通过社会政策调整收入分配。事实上，公共社会支出也确实表现出更明显的累进性，再分配的平衡效应明显增强了。

这里我们还是选择伯索尔等人基于不同政治体制的分析。首先无论在何种政治体制下，社会支出的再分配明显有利于最富的20%以下的人口（参见图5-8）。如果细分的话，在社会民主体制下，社会支出的再分配效应明显强于左派民众主义体制和非左派体制。前者使富人获得社会支出平均年降幅2.6%，而后两者年均降幅分别是1.5%和1.2%。其次，在社会民主体制和非左派体制下，中低收入群体和中等收入群体获得的社会支出更多。在前一种体制下，中低和中等收入群体每年获得的社会支出比重增加了0.81%~0.83%，而在后一种体制下，则大体保持在0.31%~0.33%。最后，在左派体制下，位于收入五分位数的中高收入群体获得社会支出比重的增幅同样较其他两种体制下更高。事实上，无论在何种体制下，在所有的社会支出项目中，累进性最强的是有条件现金转移计划。该计划于20世纪90年代末发轫于墨西哥，并随后普及多个拉美国家，成为拉美地区反贫困和进行社会救助的重要工具。

进入21世纪以来，拉美教育水平的提高，特别是中等教育的扩张为收入分配的改善和中产阶级的复兴发挥了非常重要的作用。从1990—2009年的20年间，拉美初等教育的净入学率从86.4%提高到93.9%，高等教育净

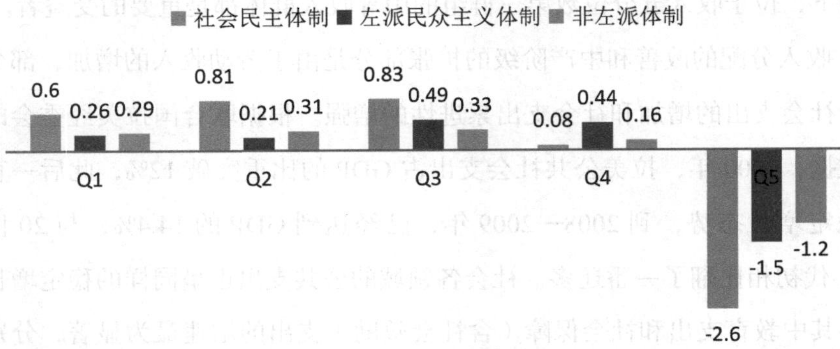

图5–8：社会支出预算变化的再分配效应[a]

资料来源：Nancy Birdsall, Nora Lustig and Darryl McLeod, *Declining Inequality in Latin America: Some Economics, Some Politics*, Working Paper 251, May 2011, Center for Global Development, Figure 8.

注：a：按收入的五分位数统计。

入学率的增幅更加明显，从16.9%提高到37.2%，增幅超过120%。不过，不可忽视的是，作为初等教育和高等教育之桥梁的中等教育的增长更加重要，因为中等教育传统上是拉美教育发展的瓶颈，也是步入中产阶级（首先进入下中产阶级）门槛的途径。20世纪90年代到21世纪的前十年是拉美中等教育发展的黄金时代，中等教育的净入学率从不足30%猛增到73%，增幅高达152%，而在阿根廷、智利、巴西和哥斯达黎加等国，中等教育的净入学率甚至超过80%。①拉美教育水平的迅速发展得益于教育投入的持续增加。公共教育支出占GDP的比重从1990年地区平均数的3.1%增加到2008年

① *Statistical Yearbook for Latin America and the Caribbean, 2011,* CEPAL, Santiago, Chile, p37.

的 4.2%，初中等教育生均公共支出同期从 311.9 美元提高到 710.3 美元（按 2000 年价格），增幅高达 128%。

在新世纪，拉美教育投入表现出一个与 20 世纪 90 年代截然不同的特点，即教育支出的累进性增强了。2008 年的统计数据显示，公共教育支出的比重在收入五分位数群组间表现出明显的累进性。收入最低的 20% 的人口获得的公共教育支出为 23.9%，收入最高的 20% 的人口只有 15.8%，而位于中间的三个群组则保持在 20% 上下。在中等教育的高等阶段——高中教育阶段，中等收入群体明显占据优势，其所获得的公共教育支出是所有收入阶层中最高的，平均达到 22%，而收入最低的 10% 和收入最高的 10% 的人口所占比重分别只有 15% 和 17%。[①] 这意味着，进入 21 世纪后，拉美国家努力改善 90 年代中等教育落后的状况，更加注重推动中低收入群体的中等教育，以充分发挥中等教育在教育和社会发展中的桥梁作用。

21 世纪的第一个十年，拉美许多国家都进行了新的税收政策改革，改革的核心目标是增强税收制度的累进性，以改变八九十年代税收的累退性。这些改革给财政收入带来了积极的影响。从 2000 年到 2008 年，整个地区的税收收入占 GDP 的比重从 16.10% 增加到 18.87%，增加了近 3 个百分点，创造了拉美历史上的最高水平。在某些国家，这种增幅甚至更高。2008 年，阿根廷的税收收入占 GDP 的比重高达 31%，巴西更是超过 35%，接近美国和日本。[②] 需要特别指出的是，税收收入的这种增加很大程度上是结构性的，而不是受到商业周期的显著影响。事实上，税收收入的持续增加主要是由于税收结构的变化，即对直接税的依赖增强了，对消费税的依赖下降了。新的税收政策明显削弱了 20 世纪八九十年代税收制度的累退性，增强了税收的

① *Social Panorama of Latin America, 2010,* CEPAL, Santiago, Chile, Table III.A-12.

② CEPALSTAT, 转引自：Giovanni Andrea Cornia, Juan Carlos, Gómez-Sabaini and Bruno Martorano, *A New Fiscal Pact, Tax Policy Changes and Income Inequality: Latin America during the last decade*, Working Paper No. 2011/70, November 2011, UNU-WIDER Project, Table 8.

再分配功能，从而降低了收入不平等。

表 5-5 显示了不同时期拉美国家的 RS 指数[①]。20 世纪 90 年代，拉美税收政策基本上很难对收入再分配产生积极的影响。但进入 21 世纪，新的税收政策在一定程度上改变了这种状况。20 世纪 90 年代，除委内瑞拉的税收政策具有微弱的再分配效应外，其他国家的税收政策实际上反而加剧了现有的不平等。21 世纪的第一个十年，这种情况基本上得到逆转。除墨西哥和部分中美洲国家外，其他国家的税收政策都呈现一定程度的再分配效应，在一定程度上增强了税收的累进性，扭转了 20 世纪 90 年代税负从富人向中产阶级和低收入群体转移的现象。

表 5-5：拉美国家的 RS 指数：20 世纪 90 年代和 21 世纪前十年

国家	20 世纪 90 年代	21 世纪前十年	两个时期的差值
阿根廷	-1.95	1.90	3.85
玻利维亚	-1.10	—	—
巴西	-0.70	0.42	1.12
智利	-0.80	0.27	1.07
哥伦比亚	—	-0.10	—
哥斯达黎加	-0.98	1.24	2.22
多米尼加	—	0.20	—
厄瓜多尔	-0.70	0.70	1.40
萨尔瓦多	-1.40	-0.75	0.65
危地马拉	-0.77	1.20	1.97
洪都拉斯	-2.87	-0.10	2.77
尼加拉瓜	-5.20	0.17	5.37
巴拿马	-0.69	0.91	1.60
乌拉圭	-0.20	1.10	1.30
委内瑞拉	0.76	—	—

资料来源：Giovanni Andrea Cornia, Juan Carlos Gómez-Sabaini and Bruno Martorano，*A New Fiscal Pact, Tax Policy Changes and Income Inequality: Latin America during the last decade*, UNU-WIDER, Working Paper No. 2011/70, Table 11.

① Reynold–Smolensky Index 是用以衡量税前和税后个人收入分配基尼系数的差值。该指数为正，意味着税收具有累进性，再分配效应强；为负，则意味着税收具有累退性，再分配效应弱。

第三节　中产阶级的"进步的不满"

进入21世纪第二个十年，特别是上半期，尽管增幅放缓，但拉美经济整体上仍保持增长态势，失业率也持续稳定下降。与此同时，社会开支占国内生产总值的比重不断提升，贫困人口和赤贫人口继续大幅减少，收入分配状况呈现持续改善态势。在上述向好趋势下，拉美的中产阶级的规模持续扩大，然而吊诡的是，从2011年开始拉美社会普遍弥漫着一种"进步的不满"，这种情绪在中产阶级群体中尤其强烈。特别是伴随着2014年拉美商品繁荣周期的结束，这种不满情绪愈发高涨并在拉美多国（特别是委内瑞拉、巴西、智利、阿根廷、厄瓜多尔等国）引爆了一系列以中产阶级为主体的抗议活动。其中，2019年席卷拉美17国的大规模示威游行抗议正是这种社会不满的集中爆发。

一、中产阶级的逆势增长

进入21世纪第二个十年，拉美的政治、经济和社会形势开始发生一些变化。首先，经济增速开始放缓，但除个别年份外，仍保持低速增长。2011年，拉美地区的经济增长率达到4.5%，尽管保持了前十年大部分时期的高增长，但随后逐年下滑，直至2015年和2016年连续两年出现负增长（分别是−0.2%和−1.2%）；之后两年虽略有恢复，但年均增长率也仅有1%左右。①

其次，拉美贫困状况开始出现反弹②。全地区的贫困率和赤贫率从2002年的45.4%和12.2%下降到2014年的27.8%和8.2%。贫困人口和赤贫人口的数量同期分别从2.3亿和6200万降至1.64亿和4600万。2014年是拉美减贫形势的分水岭，当年是减贫成效最突出的年份，有近7000万拉美人实现脱贫。但同年随着拉美商品繁荣周期的结束，拉美的减贫形势开始出现反

① 联合国拉美经委会统计数据库（CEPALSTAT），www.cepal.org。

② *Social Panorama of Latin America,* Figure II.1, p93, Santiago de Chile, CEPAL, 2019.

弹。此后数年间，拉美的贫困率和赤贫率又分别回升至2018年的30.1%和10.7%，贫困和赤贫人口的数量同期也分别回升至1.85亿和6600万。

再次，社会公共开支不断扩大，带动收入分配持续改善。进入新世纪以来，拉美各国政府均实施积极的社会政策，不断加大社会公共支出，从而一定程度上带动收入分配的持续改善。2003年拉美17国社会公共支出占国内生产总值的比重是8.8%,2011年已经稳步提升至10.3%，此后增幅虽然略缓，但到2017年这一比重仍稳定提升至11.5%。[①]受此影响，2002—2018年间，反映收入分配不平等状况的基尼系数在拉美17个国家出现持续下降趋势，从2002年高峰时期的0.532稳定下降至2010年的0.488，随后又继续下探至2012年的0.477和2018年的0.462。[②]这显著表明，尽管在21世纪第二个十年经济增速开始放缓，但拉美国家持续的、积极的社会政策仍取得了长期效果，显著改善了收入分配状况。

尽管受到经济增速放缓的某种影响，但积极的社会政策在21世纪第二个十年继续助推拉美的中产阶级的扩大，特别是在2014年商品繁荣周期结束之前。这里我们从职业、收入和自我认同三种视角评估拉美中产阶级发展变化。

首先从职业视角来看，拉美中产阶级的规模呈现先增长后回落的特点(参见图5-9)。总体上来看，到2014年商品繁荣周期结束之前，拉美中产阶级的比重继续提升，到2013年达到33.7%；其后受经济不确定的影响，中产阶级的规模出现连续小幅回落，到2017年只有31.4%，尽管如此仍高于21世纪第一个十年结束时中产阶级的规模。不过这种总体态势掩盖了国家间的差异。在阿根廷、厄瓜多尔、巴拿马和乌拉圭等国，中产阶级的比重在2011年达到峰值后，一直呈现小幅下降态势，降幅最高的厄瓜多尔高达18.3%,

① 联合国拉美经委会统计数据库（CEPALSTAT），www.cepal.org。

② 联合国拉美经委会统计数据库（CEPALSTAT），www.cepal.org。

其他两国降幅略低，分别为 2.5% 和 6%。其他国家，中产阶级的比重或者在 2015 年达到峰值后回落（比如智利、多米尼加），或者在 2013 年达到峰值后连续下探（比如巴拉圭），或在下探之后小幅回升（比如玻利维亚和秘鲁等国）。尽管如此，但就整个地区来看，拉美中产阶级的规模虽有波动，但相比 21 世纪第一个十年仍略呈扩大趋势。

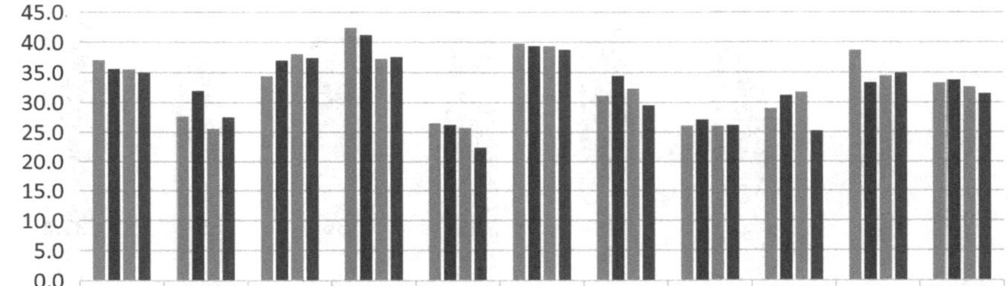

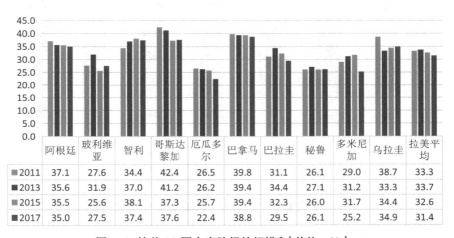

	阿根廷	玻利维亚	智利	哥斯达黎加	厄瓜多尔	巴拿马	巴拉圭	秘鲁	多米尼加	乌拉圭	拉美平均
■2011	37.1	27.6	34.4	42.4	26.5	39.8	31.1	26.1	29.0	38.7	33.3
■2013	35.6	31.9	37.0	41.2	26.2	39.4	34.4	27.1	31.2	33.3	33.7
■2015	35.5	25.6	38.1	37.3	25.7	39.4	32.3	26.0	31.7	34.4	32.6
■2017	35.0	27.5	37.4	37.6	22.4	38.8	29.5	26.1	25.2	34.9	31.4

图 5-9：拉美 10 国中产阶级的规模[a]（单位：%）

资料来源：根据联合国拉美经委会统计数据库（CEPALSTAT）制图。

注：a：按职业视角统计。b：表中数据是占全部城市就业人口（15 岁以上）的百分比，其中阿根廷 2015 年的统计数据取自 2016 年。c：中产阶级职业的比重统计是根据国际劳工组织（ILO）国际统一职业分类表（ISCO, 1988）前四项职业类别（即 a：立法者、高级官员和管理人员；b：专业人员；c：技术和辅助专业人员；d：办公职员）的综合。

其次，从收入视角看，拉美中产阶级的比重呈现和按照职业视角类似的趋势变化（参见图 5-10）。根据经济合作与发展组织等机构基于人均日收入对中产阶层、脆弱阶层和贫困阶层的划分和测算，中产阶层的规模自 2010 年起连续攀升，并在 2013 年和 2014 年达到 36%，其后连续下滑，到 2016 年降至 35.4%。和中产阶层形成对照的是脆弱阶层，其规模总体上变化幅度较小，始终保持在 37% 左右，不过其中潜藏着的一个小趋势是：自 2013 年降至谷值之后开始低幅缓慢攀升。脆弱阶层的规模小幅攀升和中产阶层的规模小幅下降是一致的，即小部分中产阶层（特别是其下层）开始向下流动，坠入脆弱阶层。

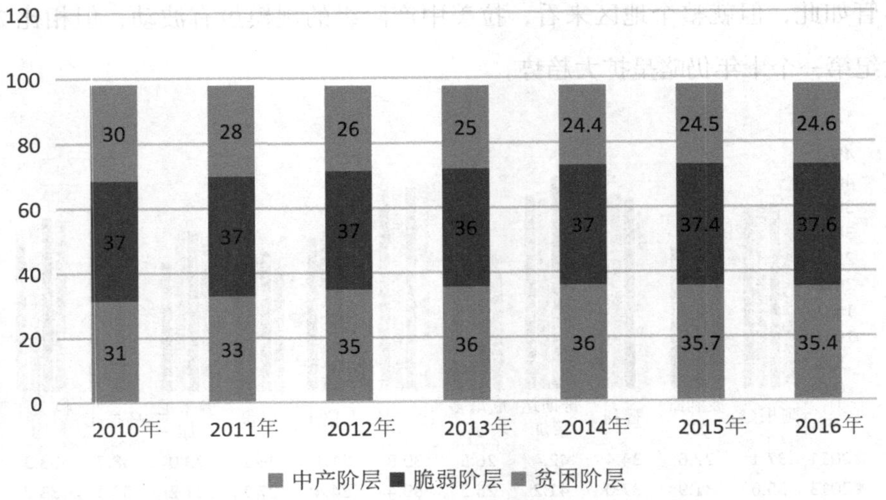

图 5–10：拉美中产阶层占总人口的比重[a]（单位：%）

资料来源：OECD et al.(2019), *Latin American Economic Outlook 2019: Development in Transition,* Figure 3.6, p106, Paris: OECD Publishing.

注：a：按收入视角统计。b：中产阶层，人均日收入 13~17 美元。c：脆弱阶层，人均日收入 5.5~13 美元。d：贫困阶层：人均日收入不高于 5.5 美元。

最后，甚至从主观分层来看，拉美中产阶级的规模也体现出大体类似的变化趋势（参见图 5–11）。根据著名民调机构拉美晴雨表公司的问卷调查，2011—2017 年间，主观上自我归类为中产阶级（包括三个亚阶层，上中产、中中产和下中产）的比重在 2011 年达到 77.7%, 并于 2013 年达到峰值 79.3%, 其后开始小幅下滑至 78.7%。这种变化趋势同无论是按照职业视角还是收入视角的变化趋势都是相一致的。但和职业视角和收入视角不相一致的是，中产阶级各亚阶层的比重变化趋势。一方面，主观上自认为是中产阶级下层的比重从 2011 年的 32.6% 下降到 2017 年的 27.8%，降幅达 17.2%；

另一方面，中产阶级中层和上层的比重同期分别从 41.4% 和 3.7% 上升到 45.5% 和 5.4%。这说明和客观标准（职业视角和收入视角）不同的是，拉美的一个现实是，公众普遍对自己所属的社会阶层怀有相对较高预期，特别是同中产阶级地位密切相关的消费抬高或者巩固了主观上对自我所属社会阶层的认同。换而言之，即消费强化了中产阶级的归属感①。

综上分析，无论是从职业视角、收入视角、抑或主观认知来看，中产阶级的规模尽管在 21 世纪第二个十年后半期出现回落趋势，但整个十年间相较于 21 世纪第一个十年仍在继续扩大。这从根本上仍得益于持续的经济增

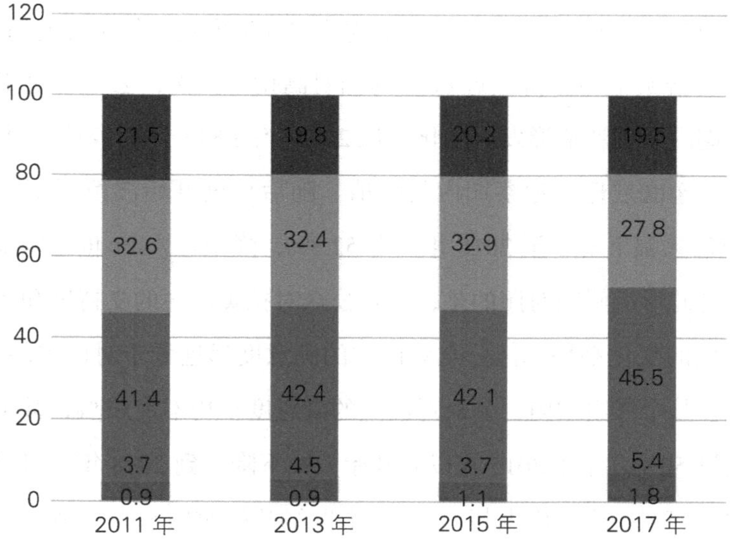

图 5–11：拉美 11 国[a] 中产阶级的规模[bc]（单位：%）

资料来源：拉美晴雨表（Latinobarómetro）在线数据库，www.latinobarometro.org。

注：a：这 11 个国家是阿根廷、玻利维亚、巴西、智利、哥伦比亚、哥斯达黎加、厄瓜多尔、墨西哥、秘鲁、乌拉圭和委内瑞拉。b：按主观视角统计。c：调查的问题是“人们有时自称其所属的社会阶层。您认为自己属于哪个社会阶层……？”

① Ludolfo Paramioi, *The new middle classes in difficult times*, *POLIS Policy Brief*, No.18, March, 2018, p25.

长的“拉动”作用和积极的社会政策的“推动”作用。

二、拉美社会情绪的变化

和中产阶级这种客观发展的积极态势不太一致的是，进入21世纪第二个十年，特别是后半期，整个拉美的社会情绪发生显著的变化，即社会不满不断积聚。这种变化可以从对民主的满意度、对收入分配的主观感知、对国家进步的印象，以及对权威的反抗倾向等方面表现出来。

这种社会情绪变化的最集中体现是公众对民主的态度。著名民调机构拉美晴雨表针对有关民主问题的持续调查表明，拉美18国公众对民主的支持度和满意度之间存在着显著的差异（参见图5-12）。首先，进入新世纪以来的近20年间，拉美公众对“民主是最优选的统治形式”的认可度相对较高，对民主的支持率平均保持在近60%的相对高位。其次，公众对民主的支持度在考察期内呈现波浪形发展变化，从2001年的54.6%逐步发展到2009年的64.2%，这也是整个考察期内的峰值。随后再度开始波浪式下降，并在2015年以后大幅下滑，至2018年只有52.8%，降至进入21世纪以来的历史最低点。与此形成鲜明对照的是，尽管公众对拉美民主的支持度和满意度总体上呈相似的变化趋势，但公众对民主的满意度远远低于对民主的支持度。一方面，在整个考察期内，公众对民主的满意度平均不足36%，甚至巅峰时期也不超过50%，并在2015年以后开始大幅下降，到2018年时对民主的满意度只有25.5%，这一比重甚至低于21世纪开始时的水平。另一方面，公众对拉美民主的支持度和满意度之间存在着显著的落差，平均相差近24个百分点，而到2017和2018年这种落差甚至高达27个百分点左右。这种对民主的高期望和民主的不佳表现形成极大的落差，可谓是社会不满情绪的总根源。

根深蒂固的社会不公加剧了相对剥夺感，而相对剥夺感反过来又强化了对社会不公的主观感知，由此刺激社会不满情绪。通过比照由客观数据测算

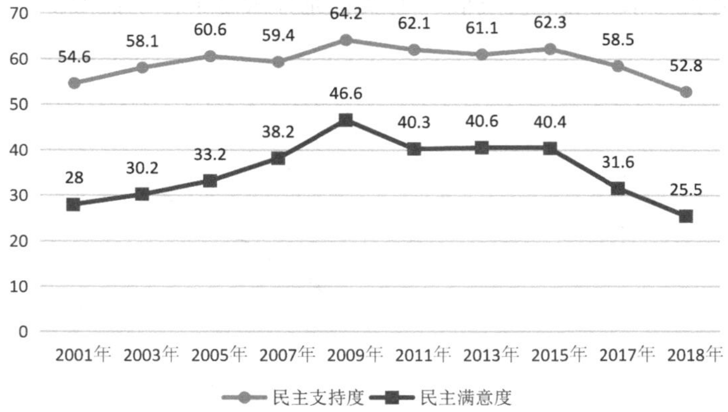

图 5–12：2001—2018 年拉美 18 国的民主支持度和民主满意度（单位：%）

资料来源：拉美晴雨表（Latinobarómetro）在线数据库，www.latinobarometro.org。

的、反映收入分配不公的基尼系数和基于主观感知的不公平指数可以发现，基尼系数的持续下降并没有表现在公众的主观感受上，两者呈截然不同的变化趋势（参见图 5–13）。统计分析表明，一方面，反映收入不平等的基尼系数在拉美 18 个国家呈现持续稳定的下降态势，从 2007 年的峰值 0.511 降至 2018 年的最低点 0.462。可以说，拉美的收入分配不公状况在这十多年间的确得到了相当程度的缓解，这是一个无法掩盖的客观现实。另一方面，拉美公众不仅没有感知到这种收入分配改善的变化，反而感觉到这个社会变得更加不公了。首先，在整个考察期内，公众主观感知的不公平程度都相对较高，平均有高达 78% 以上的公众认为本国的收入分配是不公平的，即使是 2013 年的最低时期也有 73% 的受访者认为本国收入分配是不公平的。其次，和基尼系数的变化趋势相反，2007—2011 年间和 2013—2018 年间，虽然基尼系数在这两个时间段均呈下降趋势，但主观感知的社会不公却加剧了，特别是后一个时间段的增幅是非常显著的。最后，整个考察期内基尼系数的谷值年份（2018 年）正是主观感知的不公平出现峰值的时期。这种极大的反差充分说明，经济增长的物质进步和客观条件的改善并没有得到社会的主观认同，或者经济增长并未带动社会发展，也没有充分满足个体的需要。

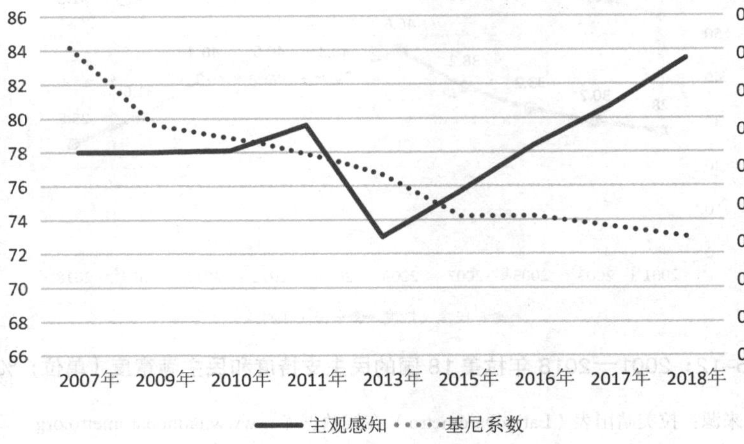

图 5-13: 2007—2018 年拉美的收入不平等：客观标准和主观感知的差异[a]

资料来源：根据联合国拉美经委会统计数据库（CEPALSTAT）和拉美晴雨表（Latinobarómetro）在线数据库，www.latinobarometro.org。

注：a：关于主观感知不平等的问题是："您认为本国的收入分配的公平度如何？"这里主观感知的不公平比重是回答"不公平"和"非常不公平"的总和。

客观的经济和物质进步与主观感受的不一致同样反映在公众对国家进步的印象上。一方面，尽管 2000—2018 年间的年均经济增长率达到 2.6%，甚至 2004—2013 年间的年均经济增长率达到 4%，但平均仍有接近 47% 的受访者认为国家发展陷入停滞之中（参见图 5-14）。另一方面，认同国家进步的比重平均只有 32.5%，到 2017 年和 2018 年认为本国进步的比重甚至远低于 21 世纪初的水平。整个考察期内，除了 2000—2010 年认同国家进步的比重呈逐年上升态势并在 2010 年达到峰值之外，2010—2018 年间，认同国家进步的比重开始呈波浪式下滑，整个期间降幅接近 93%。与此相应，认为国家退步的比重从 21 世纪第一个十年结束后也开始稳步而缓慢地上升，并于 2018 年达到最高值 29.2%。如果我们综合来看，新世纪以来认为国家停滞或者退步的比重平均超过 67.4%，而在第二个十年行将结束的 2018 年这一比重高达 79.4%。这种对国家进步的不佳印象潜藏着对社会不满情绪。

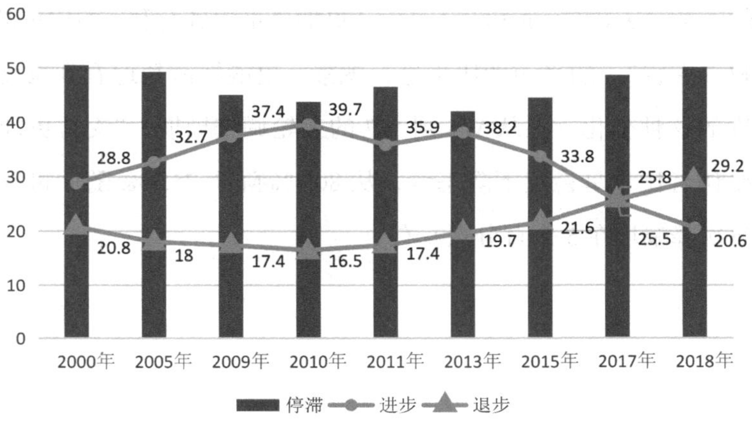

图 5-14：2000—2018 年拉美 18 国公众对本国进步的印象（单位：%）

资料来源：拉美晴雨表（Latinobarómetro）在线数据库，www.latinobarometro.org。

社会不满情绪和负面感知影响了拉美社会对权威的态度。特别是 21 世纪第二个十年以来，拉美社会似乎进入了一个“不服从的年代”。通过分析世界价值观调查的统计数据①发现，拉美社会传统上对权威的服从态度正不断遭到削弱（参见图 5-15）。在世界价值观调查的三轮调查周期（W5—W7）内，拉美社会高达近 80% 的受访者认为“更加尊重权威有利”，这充分说明拉美有着“尊重权威”的价值传统和观念。然而，在这种“尊重权威”的浓厚文化背后却潜藏着公众对权威态度的深刻而结构性的变化：“服从已

① 世界价值观调查第四轮调查（WVS—W4，1999—2004）涉及的拉美和加勒比国家包括阿根廷、智利、墨西哥、秘鲁和委内瑞拉 5 国；第五轮调查（WVS—W5，2005—2009）包括阿根廷、巴西、智利、哥伦比亚、危地马拉、墨西哥、秘鲁、特立尼达和多巴哥、乌拉圭 9 国；第六轮调查（WVS—W6，2010—2014）包括阿根廷、巴西、智利、哥伦比亚、厄瓜多尔、海地、墨西哥、秘鲁、特立尼达和多巴哥、乌拉圭 10 国；第七轮调查（WVS—W7，2017—2020）包括阿根廷、玻利维亚、巴西、智利、哥伦比亚、厄瓜多尔、危地马拉、墨西哥、尼加拉瓜、秘鲁 10 国。

死”（death of deference）。[①] 认为“更加尊重权威有利”的受访者比重在三个调查周期内逐步下滑，从第五轮调查的 83.6% 依次降至第六轮的 79.6% 和第七轮的 76%，每次下降 4 个百分点左右。而如果透过“支持更加服从权威”（support for greater deference）[②]（认为“更加尊重权威有利”的比重减去“更加尊重权威有害”）的受访者比重进行观察，更能够清楚地看到拉美社会对权威态度的这种变化。在从 W5 到 W7 的三轮调查周期，“支持更加服从权威”的受访者比重呈稳定下降态势，从 80.4% 降至 75.3%, 随后再度下降至 70.6%, 每次降幅均在 5 个百分点左右。

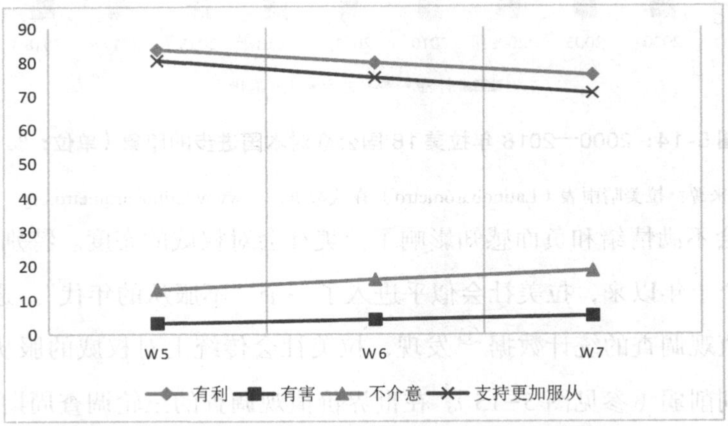

图 5–15：拉美社会对权威的态度变化 [a]（单位：%）

资料来源：世界价值观调查，www.worldvaluessurvey.org。

注：a：问题是：我要宣读在不远的将来我们的生活方式可能发生的一系列变化。如果发生其中一项，请告诉我，你认为是有利、有害，或者不介意（更加尊重权威）。

---

① From poverty to power. *Why so many uprisings? Why now*? November 26, 2019，https://oxfamblogs.org/fp2p/why—so—many—uprisings—why—now/, 访问日期：2020 年 10 月 3 日。

② *Attitudes towards politics in Latin America: a review of regional perception data*,p16, UNDP, July 2020.

随着对权威的敬畏不断受到削弱，拉美社会的示威动员倾向渐强。通过对世界价值观调查连续四轮调查周期的数据分析发现，拉美公众无论是已经“参加过”，还是“可能参加”示威游行的受访者比重总体上都呈上升趋势，意即拉美公众参加社会抗议的倾向增强了（参见图 5-16）。统计显示，尽管“参加过”示威游行的受访者比重在 2005—2009 年和 2017—2020 年两个周期之间出现了小幅下降，但表示“可能参加”示威游行的受访者比重却在整个四轮调查周期里整体上呈大幅上升态势（从 W4 的 28.6% 上升到 W7 的 37.4%），并在 2010—2014 年这个周期达到最高值（39.5%）。由此决定了有参加抗议倾向的受访者比重（“参加过”和“可能参加”示威游行的是受访者比重之和）在四轮调查周期内也呈类似的上升态势。在第七轮调查周期，参加抗议倾向的比重虽比前一轮有小幅下降，但仍比 21 世纪初高出 12 个百分点以上。

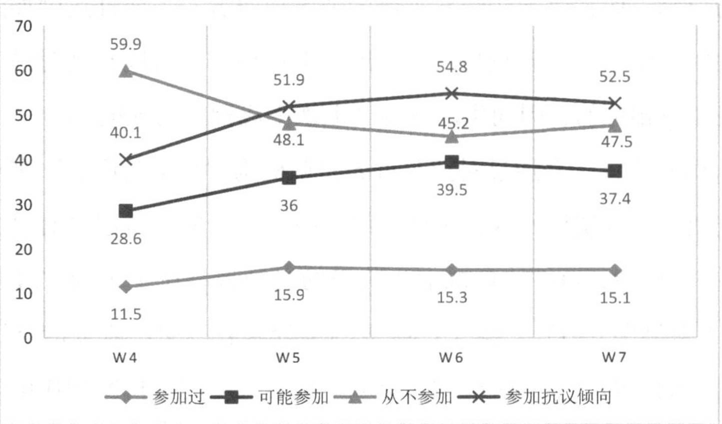

图 5-16：拉美公众参加社会抗议的倾向[ab]（单位：%）

资料来源：世界价值观调查，www.worldvaluessurvey.org。

注：a：问题是：现在我要给你看这张卡片。我要宣读人们可能采取的某种形式的政治行动，而且我想要你告诉我下面每项行动你是否已经参加过，可能会参加或者任何情况下都永远不会参加（参加合法 / 和平的游行示威）。b：这里的社会阶层界定是基于主观的自我认知。

三、中产阶级的"进步的不满"

从2004—2014年是进入新世纪以来拉美的第一个商品繁荣周期，更是拉美发展的"黄金十年"：经济持续增长，收入分配持续改善，贫困率和赤贫率明显下降，中产阶级不断壮大。然而，在这种经济繁荣的背后，却缺乏"国家进步的印象"，从而招致社会不满情绪不断积聚，其中尤以新兴中产阶级的不满为甚。新兴中产阶级某种程度上可以说是商品繁荣的产儿，其寄予经济进步的期望可能是最高的，其失落可能也最大的。从2006—2018年墨西哥、阿根廷、智利和巴西等主要国家均爆发了大规模的示威游行活动，其中都不乏中产阶级的身影。以2013年巴西百万大游行为标志，拉美出现了一种被称为"进步的不满"的悖论：那些曾大力实施积极的社会政策从而培育了大量新中产阶级的政府到头来发现制造了自己的"掘墓人"。

（一）支持民主，但对民主不满

中产阶级被视为民主的"天然"拥趸，一旦其达到临界规模，不仅是经济增长的引擎，而且堪当法治和善治的强大捍卫者。[①] 或许正因如此，民主在拉美的中产阶级中有着较高的支持度，但这种高支持度与其对民主的低满意度是完全不相称的，因而生出一种"恨铁不成钢"的抱恨。

联合国开发计划署通过对拉美著名民调机构"拉美晴雨表"多年的民主态度调查数据综合统计发现，中产阶级是拉美社会所有阶层中对民主的支持度最高的，有超过50%的自视中产阶级的受访者将民主视为"最理想的统治形式"（参见图5-17）。就中产阶级的细分来看，中产阶级的下层对民主的支持度是最高的，中产阶级的下层和中层对民主的支持度均比中产阶级的上层高出4个百分点。这充分说明，拉美的中产阶级似乎自带"民主属性"，

① Nancy Birdsall, *Middle—Class Heroes: The Best Guarantee of Good Governance, Foreign Affairs,* March/April 2016, https://www.foreignaffairs.com/articles/2016-02-15/middle-class-heroes，访问日期：2020年8月14日。

而且在中产阶级的内部，社会经济地位越低，对民主的支持度却越高。与此相反，社会各阶层对民主的支持度和满意度存在天壤之别。首先，和对民主的支持度相反，社会经济阶层越低，对民主的满意度越低，社会下层对民主的支持度和满意度的差异是最大的，相差 31 个百分点。而社会上层对民主的支持度虽然在社会各阶层中是最低的，但对民主的满意度却是相对最高的，支持度和满意度相差不足 9 个百分点。其次，中产阶级，特别是其中下阶层，对民主的期望落差是最大的。中产阶级的中下层对民主的满意度只有 23.4%，这同民主的支持度相差 31.2 个百分点，中间阶层也有接近 26 个百分点。由此看来，拉美中产阶级对民主寄予的希望是最大的，但失望也是最大的，由此造成了对民主的不满。

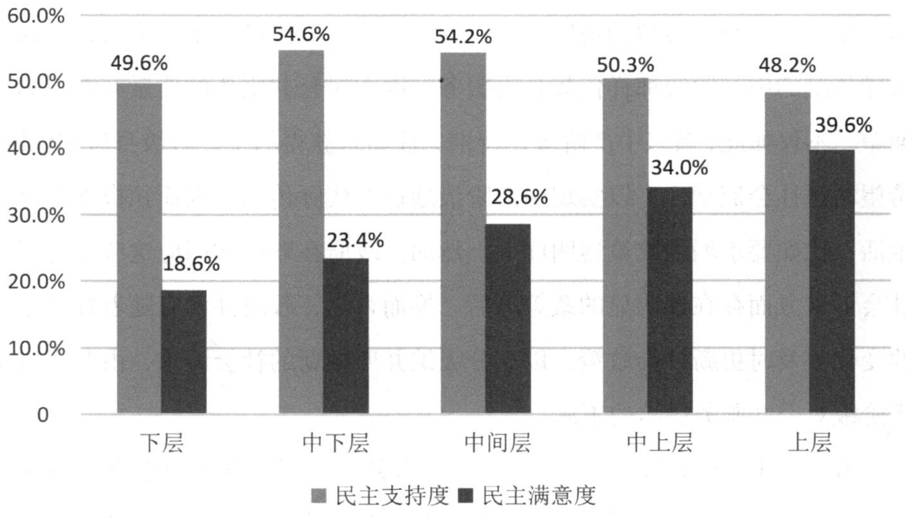

图 5–17：拉美中产阶级各亚阶层对民主的支持度和满意度[a]（单位：%）

资料来源：Latinobarómetro（2011, 2013, 2015, 2017, 2018），转引自：*Attitudes towards politics in Latin America: a review of regional perception data,*Figure 28,p28,UNDP,July 2020.

注：a：这里的社会阶层界定是基于主观的自我认知。

埃斯特·德坎波（Esther Del Campo）等人认为[①]，对民主运行的不满是最近社会冲突的驱动力，因为社会抗议是中产阶级希望巩固其利益的一种表达方式，也是对其期望受挫的一种反应。中产阶级的增长自然会提高其对公共产品和服务的社会期望，以努力维持其生活质量，捍卫其新晋的身份地位。如果政府无法顾及或者满足这种新增的社会需求，就会对民主运行不满，进而提高了社会动员发生的概率。

（二）对公共服务质量的不满

中产阶级的兴起给拉美社会带来了深刻的变化：不仅反映在看得见的社会结构的变化,更由此导致看不见的社会诉求的结构性变化。直至21世纪初，贫困人口在拉美地区都占据多数，政府的优先社会议程均集中于减贫扶贫，并让穷人同等拥有获取公共服务的机会。可以说，这个时期的社会政策具有明显的亲贫性。此后，亲贫性的社会政策和稳定的经济增长推动拉美日益成为一个中产阶级占多数的地区。新兴的中产阶级虽然已经不是穷人，但还无法像传统的中产阶级那样依赖私人服务，因而对公共服务的质量有着更高的期望。不仅如此，新兴中产阶级还特别关注新晋获得的中产阶级身份和认同，希望增强社会流动性，以实现中产阶级地位的代际传承，因而积极参与公共生活，比如要求增强政策透明度等。然而，政府在顺应和回应这些变化了的社会诉求方面存在着明显的政策滞后。换而言之，政府并没有随着社会结构的变化，及时更新社会政策，以充分吸纳并照顾新的社会诉求，由此引发中产阶级对公共服务供给的不满。

在整个拉美地区，中产阶级对公共服务的满意度均相对较低（参见表5–6）。就全地区来看，除了公共教育之外，拉美中产阶级的三个亚阶层（上

① Esther Del Campo, María Cecilia Güemes, Ludolfo Paramio， *«I can' t get no satisfaction». Servicios públicos, democracia y clases medias en América Latina*， *América latina hoy: Revista de ciencias sociales,* Vol. 77, 2017, pp.161—187.

中产、中中产和下中产）对医疗、交通、警察、司法的满意度均相对较低，特别是对警察和司法的满意度均只有 30% 左右；公共交通和医疗虽相对好些，但满意度平均也只有 45% 左右；对公共教育的满意度最高，但也仅超过半数（平均 55%）。纵然如此，这种地区平均也遮蔽了国家间的巨大差异。比如在巴西、智利和秘鲁等国，中产阶级对公共教育的满意度在拉美国家中可以说是最低的。特别是智利，中产阶级对公共教育的满意度平均只有 13%，也是这五项公共服务领域满意度最低的。由此不难理解，在教育私有化相对彻底的智利，智利大中学生掀起了长达三年的社会动员（2011—2013）并得到了广泛的社会支持，要求加强对公共教育的支持等。同样在巴西，中产阶级对公共教育的满意度平均也只有 30%。事实上，几乎在历次社会抗议中，都能够看到青年学生的身影，他们的诉求也均指向提高教育质量，加大对教育的公共投入等。在这三个国家，对公共服务不满意的突出领域还指向公共医疗。三国中产阶级的各亚阶层对公共教育和医疗的满意度平均只有 23%。对公共服务质量的满意度降低，侵蚀了拉美地区的“纳税道德”（tax morale），即公民纳税的意愿，近年来下降了。经过 2008—2011 年纳税道德增加之后，不纳税合理的受访者比例从 2011 年的 46% 上升到 2016 年的 53.4%。[①]

表 5-6：2011 年拉美中产阶级对公共服务的满意度（单位：%）

国别（地区）	中产阶级	教育	医疗	交通	警察	司法
阿根廷	上中产	56	57	49	23	33
	中中产	54	54	49	28	25
	下中产	60	56	49	27	26
玻利维亚	上中产	55	41	39	18	27
	中中产	58	45	34	21	23
	下中产	56	38	34	20	20
巴西	上中产	27	25	39	26	25
	中中产	34	23	31	24	30
	下中产	30	18	45	25	27

① OECD et al. (2019), *Latin American Economic Outlook 2019: Development in Transition,* Paris : OECD Publishing, p111.

（续表）

智利	上中产	10	26	39	36	24
	中中产	17	25	36	39	20
	下中产	13	21	56	37	18
哥伦比亚	上中产	54	34	49	36	29
	中中产	56	28	49	40	32
	下中产	57	32	43	39	37
秘鲁	上中产	41	28	38	32	16
	中中产	29	22	34	18	11
	下中产	28	22	39	17	11
委内瑞拉	上中产	71	52	41	33	33
	中中产	67	44	38	21	27
	下中产	60	34	46	19	25
拉丁美洲	上中产	59	54	46	37	35
	中中产	56	48	42	33	31
	下中产	52	44	46	32	29

资料来源：Latinobarómetro (2011)，转引自：Esther Del Campo, *María Cecilia Güemes, Ludolfo Paramio，«I can' t get no satisfaction». Servicios públicos, democracia y clases medias en América Latina, América latina hoy: Revista de ciencias sociales,* Vol.77, 2017, p169.

（三）对公共机构的信任度骤降

低质量的公共服务加剧了社会分裂，制造了新的不平等，并迫使中产阶级各亚阶层采取不同的应对策略。中产阶级的上层和中层选择退出公共服务，转而寻求质量更高的私人服务，这种被迫拉升的服务消费无疑加重了中产阶级家庭的负担。而中产阶级的下层和穷人，囿于经济实力的限制，被迫留下继续忍受低质量的公共服务，由此加剧了社会分裂，从而给拉美社会制造了新的不平等的来源。

公共服务质量低下招致社会各阶层的普遍不满，严重削弱了公众（特别是新兴的中产阶级）对公共机构的信任。政府、司法、警察、政党、国会、选举机构，甚至教会等机构在公众心目中的地位进一步下降。就整个地区来看，公众对国家一级政府的信任度从 2006 年的 39% 下降到 2016 年的 29%，10 年间下降了 10 个百分点。① 就国别来看，这种降幅在许多国家更加惊人，

① OECD/CAF/ECLAC (2018), *Latin American Economic Outlook 2018: Rethinking Institutions for Development,* Paris: OECD Publishing, pp.227—250.

比如智利、哥伦比亚和乌拉圭等国的降幅均在 20 个百分点以上。秘鲁是所选国家中唯一政府信任度上升的国家。尽管如此，但 2006 年公众对政府的信任度只有 17%，秘鲁政府几乎陷入“信任破产”的境地；到 2016 年公众对政府的信任虽然获得相对较高的增加，但仍低于地区平均数。

在整个社会弥散着对政府的不信任情绪之下，中产阶级对政府的信任度在 21 世纪的第二个十年间不断下降。世界价值观调查的统计数据显示，拉美地区在第六轮调查周期（2010—2014），中产阶级对政府的不信任度平均已达到 61%，在第七轮调查周期（2017—2020）继续攀升至 77%，提高了 16 个百分点（参见图 5–18）。就国别来看，在两轮调查周期间，智利是唯一中产阶级对政府不信任度下降的国家，虽然降幅有限。而在智利以外的其他拉美国家，无论是上中产阶级还是下中产阶级，对政府的不信任度都出现较大幅度的提升，比如哥伦比亚，对政府的不信任度分别下降了近 30 个百分点和 28 个百分点。其次是墨西哥，上中产阶级和下中产阶级对政府的不信

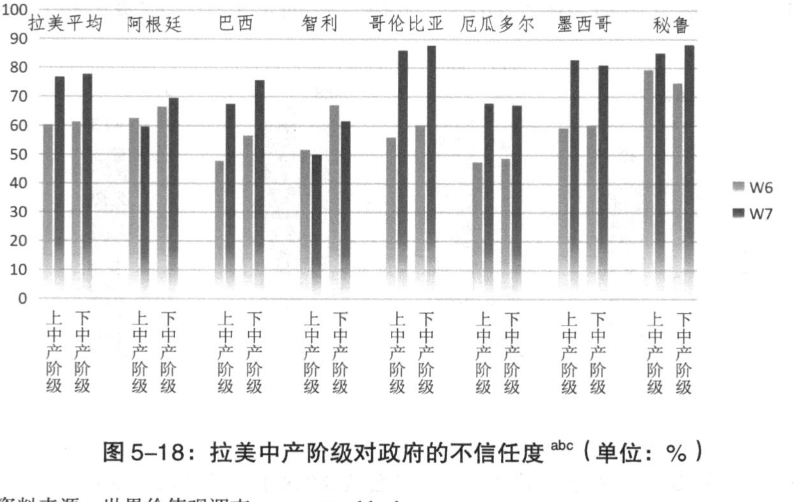

图 5–18：拉美中产阶级对政府的不信任度[abc]**（单位：%）**

资料来源：世界价值观调查，www.worldvaluessurvey.org。

注：a：这里的不信任度包括“不太信任”和“根本不信任”政府的受访者比重总和。b：这里的社会阶层界定是基于主观的自我认知。c：W6 数据除阿根廷和厄瓜多尔取自 2013 年，巴西取自 2014 年外，其他国家均取自 2012 年；W7 数据除阿根廷取自 2017 年外，其他国家均取自 2018 年。

任度分别下降了近 24 个百分点和 21 个百分点。秘鲁虽然在两轮调查周期间，对政府的不信任度上升幅度不高，但在第六轮调查周期，上中产阶级和下中产阶级对政府的不信任度分别高达 79.3% 和 74.9%，是拉美主要国家中比重最高的，甚至到第七轮调查周期，也是最高的，基本上和哥伦比亚持平。

（四）参加示威抗议的意愿强烈

通过比较世界价值观调查统计数据可以发现，中产阶级参加社会抗议的倾向在第六轮（2010—2014）和第七轮（2017—2020）调查周期不仅是所有社会阶层中比重最高的，同时也是两轮调查之间变化最小的（参见图 5-19）。首先，在第六轮调查中，尽管所有的社会阶层参加社会动员的倾向都超过 50%，但中产阶级参加动员的倾向无疑是最强的，平均比重达到 52.5%，其中上中产阶级的比重更是达到 56.7%。其次，和第六轮相比，上层阶级和下层阶级参加社会动员的倾向都显著下降了，其中上层阶级的抗议意愿从 50.2% 下降到 38%，降幅达 32%；而下层阶级的抗议意愿同期从 51.6% 下降到 44.3%，降幅也达到 16%。而中产阶级，特别是下中产阶级的抗议倾向在

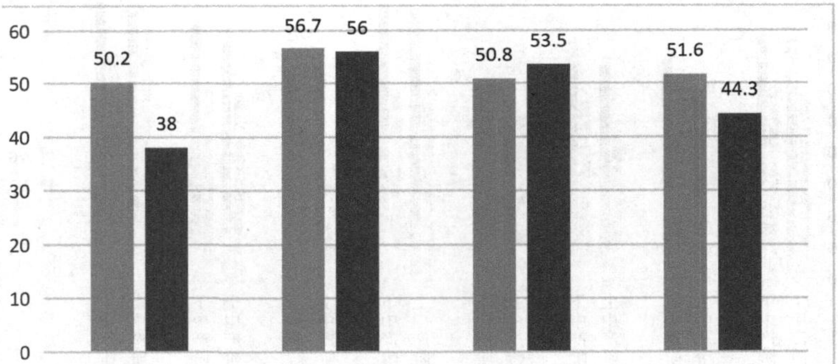

图 5–19：拉美中产阶级参加社会抗议的倾向 [ab]（单位：%）

资料来源：世界价值观调查，www.worldvaluessurvey.org。

注：a：参加抗议倾向的受访者比重是“参加过”和“可能参加”示威游行的受访者比重之和。相关问题说明参见图 5—16。b：这里的社会阶层界定是基于主观的自我认知。

两轮调查期间不降反升，从 50.8% 上升到 53.5%。由此表明，在 21 世纪第二个十年，拉美的中产阶级不仅是参加社会抗议的倾向最强烈的，而且也是十年间这种倾向唯一增强的社会阶层。

如果从国别来看，拉美中产阶级参加社会抗议的倾向更加显著而强烈（参见图 5-20）。首先，在除哥伦比亚和智利以外的其他四个拉美主要国

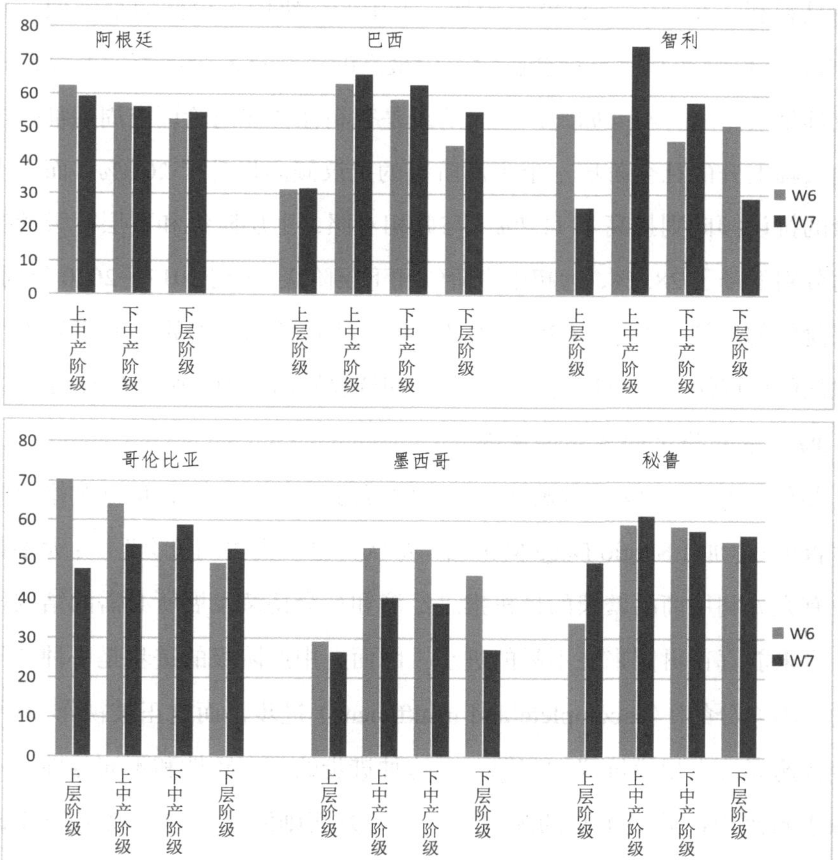

图 5-20：拉美 6 国中产阶级参加社会抗议的倾向[abc]（单位：%）

资料来源：世界价值观调查，www.worldvaluessurvey.org。

注：a：参加抗议倾向的受访者比重是“参加过”和“可能参加”示威游行的受访者比重之和。b：这里的社会阶层界定是基于主观的自我认知。c：阿根廷缺少上层阶级的调查数据。

家，中产阶级参加社会抗议的倾向在所有社会阶层中都是最高的，且绝大多数保持在 60% 上下的高位。其次，在巴西和智利，上中产阶级和下中产阶级的抗议倾向均上升了。在哥伦比亚只有下中产阶级抗议倾向增强了，而上中产阶级的抗议倾向反而下降了。最后，在六个拉美主要国家中，只有墨西哥在两轮调查周期所有社会阶层的抗议倾向都下降了。此外，还需要特别提及的是智利。在 2017—2020 年周期，上中产阶级的抗议倾向最强烈，高达 74.6%，不仅是智利所有社会各阶层中最高的，在这六个国家的所有调查周期也都是最高的。不惟如此，中产阶级是智利社会在两轮调查周期唯一抗议倾向大幅上升的社会阶层：上中产阶级的抗议倾向提升了 20.3%，而下中产阶级的抗议倾向则提高了 11.7%。与此相对照，上层阶级和下层阶级的抗议倾向分别下降了 28.6%，远超中产阶级和下层阶级；而到 2017—2020 年周期，上层阶级的抗议上升了 21.2%。由此表明，中产阶级，特别是其下层不仅有着强烈的抗议倾向，而且是在两轮调查期抗议倾向反而加强了的社会阶层。

四、中产阶级的不满的根源

尽管 2004—2014 年常被视为拉美发展的“黄金年代”，但玻利维亚学者塞尔吉奥·达加（Sergio Daga Mérida）却认为是“失去的机会”[①]：大多数国家没有充分利用商品繁荣的良机推进经济和社会持续发展所必需的结构性改革，也未能真正巩固来之不易的进步。因而，中产阶级的进步是一种“不完整的、不充分的”（incomplete and insufficient）进步，而这正被视作 2019 年拉美普遍爆发大规模抗议的起源。[②] 这种进步的不完整性和不充分性，一方面源于新兴中产阶级本身的脆弱性，另一方面则源于“隧道效应”（Tunnel

① Sergio Daga Mérida, *Latinoamérica: oportunidad perdida y futuro incierto*, *Boletín IEEE,* Nº7, Julio - septiembre, 2017,pp.793—808.

② Monica de Bolle, *The Spring of Latin America' s Discontent*, October 29, 2019, https://www.piie.com/blogs/realtime-economic-issues-watch/spring-latin-americas-discontent，访问日期：2020 年 4 月 15 日。

Effect），即因经济进步而自然上升、却未满足的期望。

（一）中产阶级的脆弱性

无论是20世纪八九十年代，还是进入新世纪以来，与拉美中产阶级的“兴起”或“扩张”如影相随的总是这样一些描绘其情绪的词汇：焦虑的（anxious）、受挫的（frustrated）、受挤压的（squeezed）、失望的（disappointed）等。何以如此？从根本上来说，这源于拉美中产阶级的共性——“脆弱性”（vulnerability）。因此，包括美洲开发银行（IDB）、世界银行、联合国拉美经委会，以及经济合作与发展组织等重要国际机构的报告都将过去十多年间不断壮大的拉美中产阶级称为“新兴的”（emerging）而非稳固的（consolidated）中产阶级，尤其是中产阶级的下层更被视为“脆弱的”（vulnerable）中产阶级。正因其脆弱性，新兴的中产阶级常怀有一种恐惧感，担心其经济和社会地位的下滑，甚至因失业、疾病或其他风险而再度返贫。

中产阶级的这种脆弱性使其在遭遇外部风险时更容易受到冲击。根据联合国拉美经委会的研究[①]，2020年2月蔓延至拉美的新冠病毒疫情可能让中产阶级的经济状况严重恶化。和2019年相比，预计2020年中产阶级上层的人口将从2800万降至2600万，中产阶级中层从9700万降至9000万。无疑，受冲击最大的当属中产阶级的下层：约有1670万将会向下坠入低收入阶层，但仍维持在贫困线以上，另有250万人陷入贫困阶层。联合国开发计划署的研究也发现，那些自认为是中产阶级的下层，甚至中层的人口都存在严重的经济脆弱性。考虑到对政治的不满和示威游行的倾向，研究认为中产阶级的下层最有可能逾越正式的政治制度安排掀起社会动员。[②]这意味着，拉美各国如果不充分吸纳这个新兴群体的政策诉求，如果新的经济进步无法转化为

① *The social challenge in times of COVID-19*，Special Report COVID-19 No.3，CEPAL, 12 May, 2020, p4.

② *Attitudes towards politics in Latin America: a review of regional perception data,* UNDP, July 2020, p32.

预期的高质量生活，中产阶级就无法发挥社会的稳定器作用，而更可能变为政治不稳定的根源。[①]

（二）未满足的高期望

一方面，拉美不断崛起的中产阶级并没有像大多数发达国家的中产阶级那样成为经济增长的引擎和社会的稳定器；另一方面，经济的进步却不断推高中产阶级的期望。这正是赫希曼的“隧道效应”：新兴的中产阶级不再像穷人那样仅仅满足于获得公共服务的机会，而更关心公共服务的质量，更着眼于预期的满足。然而，在拉美，公共服务质量低下是拉美社会的一个痼疾，它的提升是一个系统工程，很难短时间内解决。结果，在拉美就出现了著名政治学家萨缪尔·亨廷顿（Samuel Huntington）所说的、通常新兴中产阶级最有可能经历的“豁口”（the gap），即社会无力满足经济和社会发展催生的越来越高的期望。[②] 期望的落空让拉美中产阶级在愤怒、渴望变革和恐惧之间徘徊，2017—2019 年拉美国家大选中出现的“愤怒票和明显的政治极化现象就是明显的例证。和 20 世纪八九十年代的民主化相比，新世纪的中产阶级认为他们的主张和诉求并没有被现有政治体制所疏导和包容。[③] 这就意味在新的时期必须考虑他们至关重要的发展路径和利益，特别是一系列的诉求：改善公共服务（医疗、安全、教育和交通），减少腐败、提高机构效率，增强政治的透明性和参与性等。

中产阶级这种脆弱的经济和社会地位很容易让其失去身份自信和认

① Michael Penfold and Harold TrinkunasTuesday,*Prospects for Latin America’s middle class after the commodity boom*, February 10, 2015. www.brookings.edu/articles/prospects-for-latin-americas-middle-class-after-the-commodity-boom/，访问日期：2020 年 7 月 25 日。

② Francis Fukuyama,*The Middle-class Revolution*, *Poverty in Focus,* Number 26, 2013, International Policy Center for Inclusive Growth, UNDP.

③ Rogelio Núñez Castellano，*El rol político de las clases medias en América Latina*, 30 abril, 2018, https://www.esglobal.org/el-rol-politico-de-las-clases-medias-en-america-latina/，访问日期：2020 年 8 月 22 日。

同，典型表现之一是，那些主观上自我归类为中产阶级的人口在消失。根据拉美晴雨表的数据[①]，和2000年相比，2018年自视为中产阶级的人口比重下降了。2000年有80%的拉美人自视为中产阶级下层或中层，而到2018年这一数字只有69%，其中中产阶级下层的降幅更大，从38%降至29%。与此同时，那些自视为低收入阶层的人口比重则从12%增加到19%。与中产阶级的向下流动和低收入的人口比重增加形成鲜明对比的是，中产阶级的上层和高收入阶层的比重同期都增加了，分别从7%上升到9%和从1%上升到3%。

第四节 拉美中产阶级的未来和政策保障

在21世纪的第一个十年，甚至到第二个十年的前半期，拉美经济的快速增长和社会政策的调整都有力地推动了中产阶级的发展。这让诸多的机构和学者开始展望拉美中产阶级社会的积极前景。根据毛里西奥·布索洛（Maurizio Bussolo）和埃利耶·穆拉尔德（Elie Murard）的推测[②]，到2030年，拉美中产阶级人口将比2005年增加一半以上，达到3.1亿人，中产阶级占总人口的比重也将从24%增加到42%。个别国家的增幅甚至更大，比如秘鲁和委内瑞拉的中产阶级比重将翻三番，分别达到50%和40%左右，墨西哥和巴西也将增至43%和41%。OECD也做出了大体相似的预测[③]，到2030年，

① *Attitudes towards politics in Latin America: a review of regional perception data,* Figure 31, UNDP, July 2020.

② 将日均消费10~50美元的个人界定为中产阶级，参见：Maurizio Bussolo and Elie Murard, *Mobility in Latin America: are countries in the region becoming middle class societies?*, papers presented for Network on Inequality and Poverty, LACEA/IDB/WB/UNDP, 2011, Santiago, Chile.

③ 该组织将人均日消费在10~100美元的家庭定义为全球中产阶级（global middle class），其下限参照葡萄牙和意大利的平均贫困线，上限是卢森堡收入中位数的两倍。

中美洲和南美洲的中产阶级人口数量将从 2009 年的 1.81 亿增至 3.13 亿。尽管界定标准不一，但都认为中产阶级社会的未来可期。

然而，必须看到的是，拉美的中产阶级事实上仍然是一个“形成中”（emerging）的阶级，其中相当一部分只能说是跨入中产阶级的门槛，仍处于中产阶级的下层，即下中产阶级。图 5-21 显示的是按照 7 种不同的中产阶级定义标准绘制的拉美中产阶级家庭月收入的分布图。可以看到，无论按照何种界定标准，拉美中产阶级的收入水平都偏低。比如，如果按照收入中位数的标准，许多中产阶级家庭的月收入最高也不超过 500 美元，而其下限甚至不足 100 美元。事实上，按照 e 和 f 的标准，家庭月收入即使在最高水平上也显得较低。收入百分位数标准虽然在一定程度上提高了中产阶级的上限，但除阿根廷、哥斯达黎加和乌拉圭外，与中位数的上限标准并无显著差别。在多数国家，中产阶级家庭的最高月收入仍保持在 400~500 美元的水平。即使按照所有界定中“最苛刻”的标准，即日均收入 10 美元以上且在收入百分位数 p95 以内，中产阶级家庭最高月收入的标准虽然拔高了，但仍有相当一部分国家徘徊在 400 美元的地区平均线。因此，从这个角度来看，拉美的中产阶级远不是一个“稳固的中产阶级”（established middle class）。[①] 这就意味着，拉美国家要建设中产阶级社会，让中产阶级在拉美未来的社会生活中发挥传统上所赋予的那种维护社会稳定、促进经济发展的职能，就必须在保持经济增长的同时，注重给予中产阶级以制度化的政策保障，减少其脆弱性，增强其抗风险能力，以避免重新坠入 20 世纪八九十年代的中产阶级陷阱。否则，脆弱的中产阶级很容易在外部冲击下陷入新贫困，并和穷人结盟，以其特有的方式表达自己的不满和抗议。而这些正是在 20 世纪 90 年代和 21 世纪第二个十年后半期在拉美多数国家发生过的现实。

---

① Karl Zammit-Maempal，*The stable consumer? The expansion of the middle classes in Latin America*, U.K.Foreign and Commonwealth Office, 9 July 2013, www.gov.uk, 访问日期：2020 年 2 月 3 日。

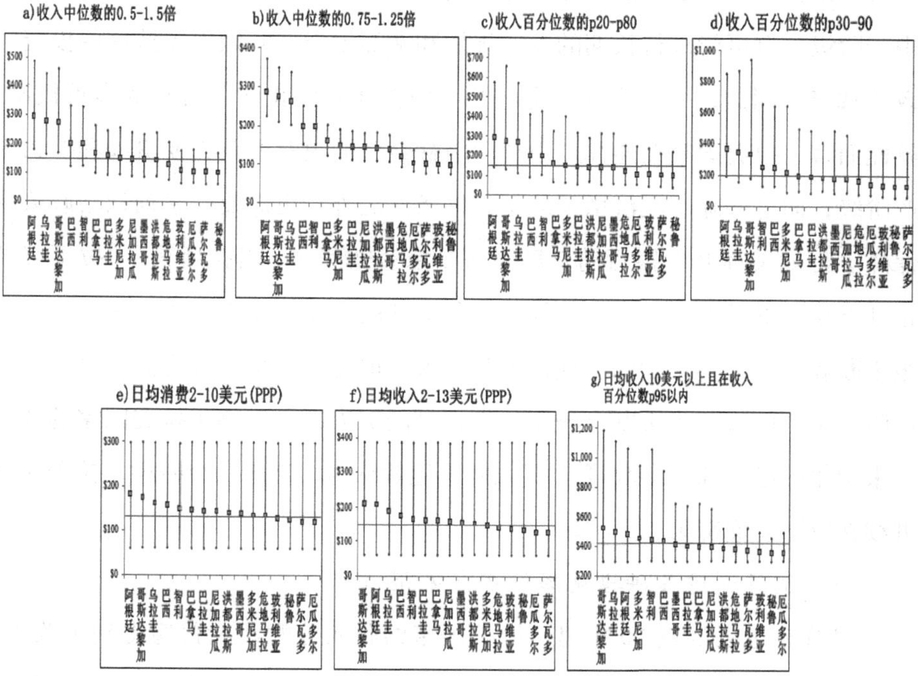

图 5–21：拉美中产阶级（按不同定义标准）的家庭收入 ab

资料来源：Eduardo Lora and Johanna Fajardo, *Latin American Middle Classes: The Distance between Perception and Reality*, p32, Figure1, IDB Working Papers Series No. IDB-WP-275, December 2011.

注：a：按家庭月收入的最大值、最小值和中间值统计。b：各图横轴代表拉美中产阶级人均收入的中间值（按 2007 年购买力评价）。

尽管在理论上，中产阶级的规模越大，似乎对政治经济和社会发展越有利，但不可忽视的一个前提是：政治和经济发展不仅有赖于中产阶级的规模，更有赖于中产阶级的稳定性。① 这里的稳定性不仅是指不会向下流动陷入贫困，更指能够继续向上流动，进入社会的更高一级阶梯，避免产生一种相对剥夺感。事实上，一个脆弱的中产阶级不大可能在维系政治民主、推动经济

① Florencia Torche and Luis Felipe Lopez-Calva, *Stability and Vulnerability of the Latin American Middle Class* , *Oxford Development Studies,* Volume 41, Issue 4, 2013, p410.

增长、维护社会稳定方面发挥其应当具有的作用。相反，稳定而有安全感的中产阶级更有可能进行长期的发展规划和幸福投资，并做出支持这些投资的政治选择。因此，一个重视稳定的社会应该建立阻止向下流动的多重机制。就此而言，拉美国家在通往“中产阶级社会”的道路上首先要巩固和扩大中产阶级，而这些除了经济增长的基础性条件之外，更需要一系列社会政策的保障。正如美洲开发银行前首席经济学家爱德华多·洛拉所言：“拉丁美洲正处于疾速的转型中，中产阶级是这种变迁的重要推动力量之一……中产阶级不断壮大，但仍很脆弱。他们不是穷人，但远没有享受舒适而可靠的经济保障。中产阶级的未来既有赖于他们自己的努力，也有赖于拉美国家的政府未来十年的经济和社会政策。”① 因此，笔者认为，未来一个时期，拉美应该继续在以下方面努力。

一、继续通过各种措施降低贫富差距

尽管在过去的近 20 年里，拉美国家的收入分配状况普遍得到了改善，但事实上，与其他地区相比，不仅依然是世界上收入不公平的地区，而且即使与其自身比较而言，其基尼系数依然偏高，最高收入阶层和其他收入阶层之间的巨大差距仍没有根本的改善。收入不平等在过去存在，未来仍将是拉美社会最严重的问题之一。贫富差距过大不仅影响政治和社会稳定，也会给经济发展带来负面影响，最终阻碍中产阶级的持续扩大。还必须认识到，尽管基尼系数的下降在一定程度上意味着中产阶级规模的扩大，但反而言之中产阶级规模的扩大并不能保证消除最高收入阶层与其他收入阶层之间的经济和社会不平等。毕竟收入水平的提高同样会惠及高收入家庭，甚至有可能使其他阶层提高的速度更快、比重更高。美国的华尔街占领运动表明，即使中产阶级壮大之后，贫富之间的巨大差距仍然会破坏任何社会的和谐和凝聚

① *Latin American Economic Outlook 2011: How Middle-Class Is Latin America?*, Paris: OECD Development Centre, Dec. 2010, p1.

力。[①] 事实上，智利也是这方面的一个最佳佐证，但也是一个特例。与其他拉美国家相比，智利社会的一个典型特点是，人均收入水平高、贫困率低、中产阶级规模较大，但其基尼系数也比较高，由此导致社会结构的固化。这种局面的形成主要是因为社会的封闭性流动，即中下层间的社会流动性强，而中下层与上层之间的社会流动性弱。

基于此，拉美国家应当继续致力于通过税收和社会支出等公共政策工具缩小收入分配差距，增强社会流动性，特别是下层向中产阶级的流动性。经验表明，有条件现金转移计划是最具累进性的社会支出政策，但总体来看，其不仅占总社会支出的比重过小，且并没有实现全面的覆盖。此外，尽管与20世纪90年代相比，在21世纪第一个十年，拉美国家税收和社会支出政策的再分配效应明显增强了，但相较于欧洲国家，其对收入分配的影响强度仍然较低。因此，未来一段时间，拉美国家应当在巩固和扩大有条件现金转移计划的同时，继续增强税收和社会支出政策的再分配效应，进一步缩小贫富差距。

二、进一步扩大（特别是中等）教育水平，提高教育质量

拉美不仅是世界上收入最不平等的地区，社会流动的机会也是极其不平等的，一个重要体现是不同社会阶层之间的教育差距。正如第四章所论述的那样，父母和子女的教育水平之间存在着高度的正相关关系，教育的回报率随教育水平和父母收入水平的提高而增加。结果，中低收入群体无论是在受教育质量，还是受教育层次上，都远低于高收入群体。基于此，教育政策应当继续致力于降低代际和代内的不平等，提高教育流动性。这样对整个社会都是极其有利的：一方面，对穷人而言，教育水平的提高增强了社会流动的

① Jorge Castañeda, *What Latin America can teach us*, December 13, 2011, *The New York Times*, http://www.nytimes.com/2011/12/11/opinion/sunday/on-the-middle-class-lessons-from-latin-america.html?pagewanted=all, 访问日期：2020 年 2 月 17 日。

希望（富人向下的社会流动的可能性非常小）；另一方面，对中产阶级，特别是下中产阶级而言，其受教育水平多集中在中等教育层次，需要进一步提高，以缩小其与父母受过高等教育的同龄人之间的教育差距。

未来拉美教育政策的核心应当聚焦中等教育——继续扩大中等教育的规模，提高中等教育的质量。20世纪90年代的教训已经表明，中等教育是拉美教育发展的瓶颈。就此而言，扩大和提高中低收入群体的子女至少完成中等教育是打破机会不平等传递的关键。目前，拉美大多数国家的义务教育通常只覆盖至9年，而扩大到12年是有可能的。义务教育年限的扩大将特别给中产阶级下层带来积极的影响，与此同时，“有条件现金转移计划”也能增加对穷人额外的物质刺激，鼓励其子女接受更高层次的教育。另外，提高教育质量应当成为拉美未来教育政策的另一个重点。教育质量的提高本身会带来一个意外的好处，即提高了社会公平。缩小公共教育和私立教育之间的质量差距可以大大地减小中低收入群体同富人之间的技能差距，同时对于中产阶级中上层而言，也可以有效降低不得不让其子女接受高质量的私立教育的负担。在现代社会，教育不仅是职业和劳动收入的关键，也是中产阶级发展的关键。从这个意义上讲，提高教育水平和教育质量是拉美未来建设中产阶级社会的关键所在。

三、继续推进税制改革，提高税收收入，增强税收的累进性

与20世纪90年代相比，近年来的税收制度改革取得了一定的成效，比如提高了税收水平，改善了税收结构，增强了税收的累进性。但这种进步如果置于全球，甚至发展中国家来看仍然相对有限，甚至与其自身的发展水平也是不相称的。第四章第三节有关税收的讨论表明，拉美的税收制度对收入再分配的直接影响很小，甚至在当前也没有显著的提高。事实上，在拉美国家建立累进性的税收制度尤其困难，因为拉美国家的政府更倾向于从消费税和进口税等获得资金。提高收入税的税率、增强累进性的另一大困难在于，“富

人的经济和政治权力常常让他们能够阻止增加其税负的财政改革”①。

尽管如此，增强税收制度的累进性不仅势在必行，而且不可避免，因为拉美的收入不平等主要是最高收入阶层和其他收入阶层之间的不平等。要提高社会的公正性，缩小贫富差距就不可能不降低最富的 10% 的人口的收入比重，而提高富人的所得税是避免只是将财富从中产阶级再分配给穷人的基本途径。同时，扩大富人税负也是增加税收总收入的唯一有效的手段。拉美的问题并不仅仅在于税收制度的累退性，还有税收水平偏低的问题。拉美的税收收入占 GDP 的比重不仅低于 OECD 国家，甚至低于与其发展水平相似的发展中国家。此外，通常情况下，在收入不平等比较严重的国家，公共转移在改善收入再分配方面的作用要强于税收政策，因此，有效的税收制度辅以累进性的社会支出政策将大大有助于降低收入间的严重不平等。

四、推动建立以“权利”为基础的、普享性的社会福利制度

进入 21 世纪以来的十多年间，针对穷人的社会计划获得了迅速扩大，但并没有相应地扩大到贫困线以上的人群。面向穷人的救助政策肯定是重要的，但在当下和未来降低中产阶级的外部风险和脆弱性同样也是不可或缺的。②而事实上，世界银行和布鲁金斯学会都一致认为，“无论是在发达国家，还是在发展中国家，中产阶级的经济福利都可能是其经济政策成功与否的关键。然后，许多公共政策的制定并不是针对中产阶级的。如果政府想获得对其经济政策的长期的政治支持，那么中产阶级群体的利益就必须重视。”③基

① Giovanni Andrea Cornia, Juan Carlos, Gómez-Sabaini and Bruno Martorano, *A New Fiscal Pact, Tax Policy Changes and Income Inequality: Latin America during the last decade*, Working Paper No.2011/70, November 2011, UNU-WIDER Project, Table 11.

② Evelyne Huber, *Including the Middle Classes? Latin american social policies after the washington consensus* in Monique Kremer, Peter van Lieshout and Robert Went (eds.), *Doing Good or Doing Better: development policies in a globalizing world,* Amsterdam: Amsterdam University Press, 2009, p33.

③ Antonio Estache and Danny Leipziger(eds.), *Stuck in the Middle: Is Fiscal Policy Failing the Middle Class?,* Washington, D.C.: Brookings Institution Press, 2009, vii.

于此，要巩固和保障中产阶级的持续性发展，拉美未来的新政策就应当设定新的规则，比如：将中产阶级纳入到扩大的社会政策目标，设计教育、医疗、住房和社会保障政策时要考虑中产阶级的需求和特性，推动建立以“权利”而非以“就业”为基础的、普享性的社会福利制度。这种新的政策规则可以带来一系列的好处。

首先，建立普享性的社会保障制度是改善二次收入分配的唯一途径。虽然有条件现金转移计划和当前在拉美普遍推行的其他有针对性的计划发挥了重大的补充作用，但都不可能大幅缩小高收入阶层同其他阶层之间的收入差距。从长远来看，在增强社会凝聚力方面，普享性的社会保障制度要比社会救助性质的有条件现金转移计划更有成效。

其次，普享性的社会福利政策可以提高对社会支出的政治支持，从而创造再分配的良性循环。中产阶级更可能支持扩大国家的作用，因为他们正是国家作用的受益者。教育和医疗等高质量服务和公共转移的扩大将带来显著的再分配效应。而如果社会计划只考虑穷人，过度强化社会政策的再分配性质，可能会因此引发更多的冲突，就像阿根廷、委内瑞拉、玻利维亚等国近年来发生的那样。

再次，普享性的社会政策可以创造长期支持更平等的经济模式的政治群体。公共服务的扩大将增强公共部门工会的影响力，从而有望支持工资缩减和其他进步政策。1950—1980年的哥斯达黎加就是明显的例子。

最后，与锚定性的有条件现金转移等计划相比，普享性的社会支出可以降低管理成本和减少庇护主义。由于社会政策是构建“经济融合、社会凝聚和政治参与的社会”的大战略的核心内容①，因此，构建普享性的社会福利

① Luciano Andrenacci and Fabian Repetto, *Un camino para reducir la desigualdad y construir ciudadanía* in Carlos Molina (ed.) , *Universalismo básico: Una nueva política social para América Latina,* Washington, D.C.: Inter-American Development Bank, 2006, p9.

体制还可以增强穷人的力量，巩固以公民为基础的民主。如此，在这样的社会里，有差距也不会导致社会分裂。更重要的是，普享性的社会政策还有望对可持续的经济增长和竞争力产生积极影响，因为这样的社会政策和经济增长是相辅相成的[①]，不仅仅可以用来弥补外部冲击和经济调整带来的负面效应，而且也有利于创造有竞争力的资产。从这个意义上来说，社会福利保障也是在推动经济增长。

① Thandika Mkandawire (ed.), *Social Policy in a Development Context*, Geneva, United Nations Research Institution for Social Development, 2006, p22.

结　论

一、拉美中产阶级发展的经验和教训

纵观拉美中产阶级从萌芽到兴起，到中道衰落，以至进入21世纪以来在曲折中复兴的发展历程，我们至少可以获得三个方面的发现。

首先，经济增长是中产阶级发生、发展和巩固的原动力。也就是说，经济因素在一定程度上决定着中产阶级的成长。20世纪30年代到70年代中后期是拉美中产阶级快速形成和发展的阶段，这个时期的显著特征之一是拉美各国经济总体上呈现一种快速、稳定的增长。这意味着经济发展对中产阶级成长的重要推动作用。相反，从20世纪80年代初期到90年代中后期，则从反面证明了这种关系的存在，即伴随着经济的衰退或震荡，中产阶级的增长出现了停滞或萎缩。进入21世纪以来，拉美的中产阶级重新恢复增长，其规模已经超越80年代初的水平。无疑，这个时期中产阶级发展势头趋向好转首先得益于各国经济环境的持续改善。就此而言，中产阶级的成长应该有一个稳定的经济增长作基础和保障。

其次，国家的“有形之手”在中产阶级形成和发展过程中具有巨大的推动作用。从20世纪40年代，特别是60年代以来，一直到80年代初，拉美公共部门的扩张造就了一大批中产阶级职业，公共部门成为这一时期中产阶级壮大的重要来源。但这并不意味着，中产阶级要壮大，就必然需要公共部门的扩张。事实上，从中产阶级职业构成的动力机制来看，20 世纪 80 年代之前，拉美中产阶级的壮大主要是国家在其中扮演的重要角色，即源于国家机制。其后，拉美社会经历了近二十年的市场化改革，国家的主导作用日渐削弱。特别是 2003 年以来的十多年间，拉美的中产阶级重现活力，这个时期中产阶级的成长主要源于市场机制的作用。从全球趋势来看，作为“有形之手”的国家机制在推动中产阶级形成和发展方面的作用日益下降，而作为无形之手的市场机制的作用在日益增强。尽管如此，并不能由此认为，在市场社会条件下，中产阶级的成长是一种纯粹的、自然的个人行为，完全依赖市场机制的发挥。事实上，市场化程度越高，越需要国家作用的发挥，因为成熟的市场社会都是建立在国家提供的制度化条件作为基础保障的——这是市场社会良性运行的核心。20 世纪 80 年代拉美的结构性调整和 90 年代的新自由主义改革给中产阶级带来了严重的冲击，这和 30 年代经济大萧条时期美国中产阶级的境遇形成了鲜明的对比。这种显著的差异源于国家机制和市场机制的关系：美国在推进市场化改革之前，做了充分的制度化保障，建立了强大的政策支撑；拉美地区在市场面前放弃了国家的作用，而任由中产阶级自行迎接市场的冲击。

最后，社会政策工具对中产阶级的发展至关重要。拉美中产阶级发展的历史表明，社会政策的缺失是 20 世纪八九十年代中产阶级陷入停滞、萎缩乃至迅速陷落的重要因素。如果说经济增长是发展和壮大中产阶级的原动力，是一种进攻路径的话，那么良好的社会政策则是一种防御路径，可以在经济衰退时期对中产阶级群体起到防护和支撑作用。事实上，从另一个层面上来说，良好的社会政策本身也可以助推中产阶级的发展。比如，普遍而高质量的教育既可以为可持续的经济发展提供充分的人力资本，也是向上进入中产阶级的关键路径。再如，更具累进性的税收制度不仅可以减少中低收入群体的税负，促进分配公平，而且可以积聚更多的经济资源，增强政府的财政调节能力。而一个强大有效的社会保障制度的建立，则可以产生强大的保护作用，有效地减缓经济衰退对中产阶级的冲击，避免中产阶级一蹶不振，陷入“新贫困”。

上述结论表明，个体向上社会流动、进入中产阶级固然需要个人的努力，但同样离不开良好的政策环境。事实上，在很多情况下，外部的政策因素对中产阶级成长的影响非常之大，有时甚至是关键性的。从某种程度上可以说，未来中产阶级的可持续发展和巩固系于拉美的社会政策。基于此，拉美国家要真正进入20世纪70年代就梦寐以求的“中产阶级社会”，当前及以后就应当着力于社会政策革新，推动一场政策理念革命，形成一种“中产主义”①的社会政策。20世纪90年代，拉美推行了“亲富人”（pro-rich）的新自由主义改革，结果导致“改革成本的社会化”和“改革成果的精英化”，中产阶级和穷人都沦为这场改革的牺牲品。90年代末和21世纪初，拉美社会在新自由主义的废墟上重建了一种以社会正义和再分配为核心的“亲贫式增长”（pro-poor growth）模式。在激进左派执政的委内瑞拉、玻利维亚和厄瓜多尔等国甚至出现了强制性的、亲穷人的再分配政策，而中产阶级则成了政策的弃儿，沦为一种“中空阶级”（middle-missing class）。在巴西等温和左派执政或智利等社会民主主义思想的国家，中产阶级显然也没有成为社会政策的焦点。事实证明，无论是“亲富式改革”，还是“亲贫式增长”，到头来都无益于拉美经济与社会的协同与可持续发展。

中产阶级是拉美社会稳定发展的关键。有鉴于此，未来几十年，中产阶级社会的缔造应当着力于建立一种“包容中产阶级的增长”（inclusive

① 颜卿鸿：《中产主义：“罗斯福新政”及其启示》，《读书》，2010年第7期，第96—99页。

middle-class growth）[①]。西方发达国家的经验已经表明，促进中产阶级发展的融入性增长既间接有利于穷人，也直接有利于穷人，因为面向中产阶级的公共服务的提高同样惠及穷人。智利和墨西哥针对穷人的“有条件现金转移计划”都发生在中产阶级的规模和收入比重倍增的国家，并不是偶然的。21世纪的发展战略不能再将中产阶级遗忘。正如挪威发展和环境部长埃里克·索尔海姆（Erik Solheim）所主张的那样，传统上将发展的焦点集中于穷人并不够，我们必须支持中产阶级。历史告诉我们，增长的引擎是中产阶级。[②]没有中产阶级参与民主治理，争取社会保障和社会权利，拉美的未来是不可想象的。基于此，当下和未来一个重要的关注点不应限于中产阶级潜在的增长引擎这一角色，还应特别关注中产阶级自身的脆弱性。拉美未来的政策导向不应该集中于先关注穷人还是先关注中产阶级，而应该形成一种包容中产阶级的政策理念，以提高包括中产阶级在内的整个社会的凝聚力。

二、对中国的启示

中国和拉美同属发展中世界，处于相似的发展阶段，也面临着一系列相似的社会挑战。但就中国而言，社会稳定无疑是当前最重要、最紧迫的，因为它牵一发而动全身，甚至可能从整体上影响中国的未来。但这里所说的稳定，并不是一种高压下的刚性稳定、强制稳定，而是一种基于动态均衡的稳定。而经典的政治学和社会学理论告诉我们，社会稳定的关键在于中产阶级。

改革开放40多年来，中国经济始终保持比较高的增长速度，由此带来

① Nancy Birdsall, *The Macroeconomic Foundations of Inclusive Middle-Class Growth*, 2020 Focus Brief on the World' s Poor and Hungry People, Washington, DC: International Food Policy Research Institute, December 2007. http://www.ifpri.org.

② Victoria Lawson, Asuncion Lera St. Clair and Håvard Haarstad, *The Poverty Politics of the Middle Classes*, *Bistandsaktuelt,* No.4, May 2010，http://www.crop.org/storypg.aspx?id=356&MenuNode=&zone=41, 访问日期：2020年10月9日。

的一个显著结果是中产阶级的形成和发展。相关研究数据表明，1999 年中产阶级的比例大致为 15%，2008 年达到 22%~23%，年均增长 1%。[①]2018 年，李克强总理在政府工作报告中指出，中国形成了世界上人口最多的中等收入群体。这个群体的规模，根据“不完全统计有 4 亿多人口，按国别来算，位居世界第一，而且还在迅速增长中。”[②] 而根据中国劳动学会副会长苏海南的测算，到 2020 年底，中国中等收入群体的人口数量有望上升到 4 亿以上，占全国人口的比例达到 28% 以上；到 2030 年则有望进一步扩大到 6 亿，占 40% 以上；而到 2050 年，新中国成立 100 周年时，中等收入群体的人口比重将超过 60%，人数有望达到 9 亿以上，占届时中国人口总数的 60% 以上。[③]

尽管这些数据展示了一个美好的前景，但一个严峻的现实是，中产阶级的认同感正在下降，“被中产”成为社会流行语正是这种现象的高度凝结和集中表现。这种苦涩的自嘲背后隐藏着向上社会流动和维持中产阶级地位的艰辛：高房价、高物价、看病贵、上学贵、收入增速慢，以及分配不公和相对剥夺感的上升，都成为中产阶级感受最强烈的领域。而社会保障制度的缺失或不完善更是加剧了这种认知，由此引发的焦虑症几乎成为中国新生中产阶级的阶级病、时代病。[④]

不仅如此，社会流动性的减弱，甚至下降也越来越成为一个突出的问题。《人民论坛》杂志联合国内多家媒体进行的一项“谁在沦为新底层”问卷调

① 独家专访陆学艺：中产阶级每年增长一个百分点，中国科技网，2009 年 9 月 25 日，http://css.stdaily.com/special///content/2009-09/25/content_109756.htm，访问日期：2020 年 10 月 9 日。

② 王红茹：专访中国劳动学会副会长苏海南：我国中等收入群体超 3 亿人，到 2050 年有望达到 9 亿人以上，《中国经济周刊》，2018 年第 15 期，第 52 页。

③ 王红茹：专访中国劳动学会副会长苏海南：我国中等收入群体超 3 亿人，到 2050 年有望达到 9 亿人以上，《中国经济周刊》，2018 年第 15 期，第 54 页。

④ 吴强：中产阶级会沦为新穷人么？，中国网，2012 年 2 月 28 日，http://fangtan.china.com.cn/2012-02/28/content_24799668.htm，访问日期：2010 年 10 月 9 日。

查发现[①]，“不能充分就业的大学生群体”名列第一，最有可能成为社会新底层，而“新生代农民工”和“失地农民、被拆迁户”则分列第二和第三。通常而言，受过高等教育是进入中产阶级的门槛，也是新时期确立中产阶级地位的主要标志之一，大学生群体本应是中产阶级的后备军，但现在已经沦落为“蚁族”，向上流动的渠道受堵。社会底层通过“共同富裕”实现向上流动是中产阶级的另一个重要来源，但近年来中国的“新底层社会”呈扩大化趋势，社会底层向上流动的空间越来越小。[②]结果，一方面，底层作为中产阶级的来源构成减弱了；另一方面，中产阶级成了底层的后备军，出现了中下社会阶层的合流。这是一个极其危险的信号。

拉美的历史教训表明，要真正发挥中产阶级的“社会稳定器”功能，就必须保障其基本利益不受侵犯，享有优质的公共服务和基础设施，拥有正常的利益表达渠道，以及相对畅通的社会流动性。这正是中产阶级发挥“社会稳定器”功能的条件性。如果中产阶级的生存风险增加，精神焦虑不断上升，中产阶级的优越性不复存在，就可能同社会底层结盟共同成为变革的力量，到头来不仅不会充当社会的稳定器，反而可能成为社会不稳定的因子，加剧社会的动荡。20 世纪 90 年代中后期和 2019 年在拉美多数国家爆发的大规模示威游行和暴力抗议就是鲜活的例证。这也充分表明中产阶级绝非天然的稳定性力量，由此凸显亟待建立一种包容中产阶级在内的增长模式的重要性。

基于此，中国未来的社会政策同样应该给予中产阶级以重点关注，致力于确立一种包容中产阶级的发展理念，避免中产阶级沦为政策的夹心层。就此而言，中国未来要实现中产阶级的可持续发展和巩固，就应当在保持经济增长的前提下，重点建立以权利为基础的社会保障制度，着力解决收入不公

---

① 《超过九成受访者认为底层公众有扩大趋势——“谁在沦落底层”调查报告》，人民论坛问卷调查中心，《人民论坛》杂志，2010 年第 21 期，第 14—17 页。

② 胡建国：《中国社会底层新变》，《中国社会工作》，2010 年第 24 期，第 33—34 页。

平和资源分配不平等问题，拓宽社会流动渠道和增强社会流动性，特别是增强教育在解决这些问题方面可能发挥的纽带作用，与此同时，还应该有序地进一步释放而不是限制中下层群体的公共参与空间。如是，以中产阶级为主体的小康社会才是有可能的，和谐社会才有根本性的保障。

参考文献

中文

1. 陈作彬，石瑞元等编：《拉丁美洲国家的教育》，北京：人民教育出版社，1985 年。

2. 房连泉：《增强社会凝聚力：拉美社会保障制度的改革和完善》，《拉丁美洲研究》，2009 年第 31 卷增刊。

3. 郭存海：《中产阶级和巴西现代化》，《拉丁美洲研究》，2011 年第 4 期。

4. 胡联合，胡鞍钢：《中产阶层："稳定器"还是相反或其它——西方关于中产阶层社会政治功能的研究综述及其启示》，《政治学研究》，2008 年第 2 期。

5. 胡振京：《性别视角中教育与社会流动的关系摭探》，《教育科学》，2009 年第 3 期。

6. 雷泳仁：《试论中间阶层及其在巴西的发展》，《拉丁美洲研究》，1996 年第 3 期。

7. 雷泳仁：《中间阶层与巴西独立运动》，《湖北大学学报》（哲学社会科学版），1996 年第 5 期。

8. 李金：《马克思的阶级理论与韦伯的社会分层理论》,《社会学研究》, 1993 年第 2 期。

9. 李春玲主编：《比较视野下的中产阶级形成：过程、影响以及社会经济后果》, 北京：社会科学文献出版社，2009 年。

10. 李培林，崔岩：《我国 2008—2019 年间社会阶层结构的变化及其经济社会影响》,《江苏社会科学》, 2020 年第 4 期。

11. 李昊旻:《拉美中产阶级政党的困境：以墨西哥国家行动党为例》,《拉丁美洲研究》, 2020 年第 2 期。

12. 林华：《拉美社会阶层结构的变化与政治进程的发展》,《拉丁美洲研究》, 2013 年第 5 期。

13. 林华：《拉美国家的社会治理能力：来自社会阶层结构变动的挑战》,《现代国际关系》, 2018 年第 2 期。

14. 沈瑞英：《西方中产阶级与社会稳定研究》, 上海博士学位论文, 2007 年。

15. 苏振兴主编：《拉美国家现代化进程研究》, 北京：社会科学文献出版社，2006 年。

16. 苏振兴主编：《拉美国家社会转型期的困惑》, 北京：中国社会科学出版社，2010 年。

17. 袁东振，李菡:《墨西哥现代化进程中的中间阶层及其政治转向》,《中央社会主义学院学报》, 2020 年第 3 期。

18. 张宝宇：《巴西悖论：有利于穷人经济状况的改善而中产阶级未有受益》,《江汉大学学报》(社会科学版), 2007 年第 3 期。

19. 张森根，李和：《关于拉美中间阶层问题的一些浅见》,《拉丁美洲丛刊》, 1984 年第 4 期。

20. 张勇：《拉美劳动力流动与就业研究》, 北京：当代世界出版社,

2010 年。

21. 张建军 :《我国公共部门人力资源管理的特点及改进对策》,《人才资源开发》, 2007 年第 1 期。

22. 周晓虹主编 :《全球中产阶级报告》, 北京 : 社会科学文献出版社, 2005 年。

23. 周燕 :《巴西新中产阶级对左翼政党支持减弱的原因分析》,《国际论坛》, 2019 年第 1 期。

24. 庄健, 张永光 :《基尼系数和中等收入群体比重的关联性分析》,《数量经济技术经济研究》, 2007 年第 4 期。

25. 王奕红 :《"中流社会" 的名与实——日本中间层研究初探》,《日本学刊》, 2003 年第 6 期。

26.[美] 胡安 · J. 林茨, 阿尔弗莱德 · 斯泰潘著, 孙龙等译 :《民主转型与巩固的问题 : 南欧、南美和后共产主义欧洲》, 杭州 : 浙江人民出版社, 2008 年。

27.[美]E. 布拉德福德 · 伯恩斯, 朱莉 · 阿 · 查利普著, 王宁坤译 :《简明拉丁美洲史 : 拉丁美洲现代化进程的诠释》, 北京 : 世界图书出版公司, 2009 年。

28.[英] 莱斯利 • 贝瑟尔主编, 中国社会科学院拉丁美洲研究所译 :《剑桥拉丁美洲史》, 中文版第六卷 (上), 北京 : 当代世界出版社, 2000 年。

29.[英] 莱斯利贝瑟尔主编, 中国社会科学院拉丁美洲研究所译 :《剑桥拉丁美洲史》, 中文版第六卷 (下), 北京 : 当代世界出版社, 2001 年。

30.[英] 莱斯利 • 贝瑟尔主编, 涂光楠等译 :《剑桥拉丁美洲史》, 中文版第四卷, 北京 : 社会科学文献出版社, 1991 年。

31.[英] 维克托. 布尔默 - 托马斯著, 张凡等译 :《独立以来拉丁美洲的经济发展》, 北京 : 中国经济出版社, 2000 年。

英文

1.A. Ricardo Lopez-Pedreros, *Makers of Democracy: A Transnational History of the Middle Classes in Colombia,* Durham: Duke University Press, 2019.

2.Abhijit V. Banerjee and Esther Duflo, *What is Middle Class about the Middle Classes around the World?*, *Journal of Economics Perspectives,* 2008, 22(2), pp.3-28.

3.*A Break with History: Fifteen Years of Inequality Reduction in Latin America,* Washington, D.C.: World Bank, April 2011.

4.*A Decade of Social Development in Latin America, 1990-1999,* CEPAL, Santiago, Chile, 2004.

5.Adela Pellegrino, *Skilled Labour Migration from Developing Countries: Study on Argentina and Uruguay*, International Migration Papers No.58.

6.Adela Pellegrino, *Migration from Latin America to Europe: Trends and Policy Challenges*, IOM Migration Research Series, No.16, May 2004.

7.Andriei Gutierrez, *Middle class and Brazilian State in the Nineties*, Second International Initiative for Promoting Political Economy (IIPPE) International Research Workshop, Sep 2008, Procida, Italy.

8.Alberto Minujin, *Squeezed: the middle class in Latin America*, *Environment and Urbanization,* Vol.7, No.2, October 1995.

9.Alberto Alesina and Roberto Perotti, *Income Distribution, Political Instability and Investment*, *European Economic Review,* 1996, 40(6).

10.Alejandro Gaviria and Carmen Pagés, *Patterns of crime victimization in Latin America.* Washington, D.C.: Inter-American Development Bank, Working

Paper, No.408, 1999.

11.Alejandro Gaviria, *Social Mobility and Preferences for Redistribution in Latin America*, *Journal of LACEA Economia,* 2007, Vol. 8 (1).

12.Alejandro Portes and Kelly Hoffman, *Latin American Class Structures: Their Composition and Change during the Neoliberal Era*, *Latin American Research Review,* 2003, Vol. 38, No.1.

13.Andrés Solimano, *Asset accumulation by the middle class and the poor in Latin America: political economy and governance dimensions*, CEPAL-Serie macroeconomía Del desarrollo, N° 55, 2006.

14.Andrés Solimano, *Reassessing social policies in Latin America: growth, middle classes and social rights*, CEPAL Review N°87, December 2005.

15.Andrés Solimano and Raimundo Soto, *Economic Growth in Latin America in the Late 20th Century: Evidence and Interpretation*, Paper prepared for the seminar *Latin American Growth: Why So Slow?* , Organized by CEPAL held in Santiago, Chile on December 4-5, 2003.

16.*Attitudes towards politics in Latin America: a review of regional perception data,* UNDP, July 2020.

17.Blanca Sanchez-Alonso, *Labor and Immigration*, in *The Cambridge Economic History of Latin America, Volume2, The Long Twentieth Century,* Edited by Victor Bulmer-Thomas, John Coatsworth and Roberto Cortes-Conde, Cambridge University Press, December, 2005.

18.Branko Milanović and Shlomo Yitzhaki, *Decomposing World Income Distribution: Does the World Have a Middle Class? Review of Income and Wealth,* 2002, 48(2).

19.Brian Owensby, *Intimate Ironies:Modernity and the Making of Middle-*

Class Lives in Brazil, CA: Stanford University Press, 1 edition, 2002.

20.Carmelo Mesa-Lago, *Social Security in Latin America: Pressure Groups, Stratification, and Inequality,* Pittsburgh: University of Pittsburgh Press, 1 edition, 1978.

21.C.Wright Mills, *White Collar, The American Middle Class,* London: Oxford University Press,1951.

22.Danny S. Parker, *the Idea of the Middle Class: White-Collar Workers and Peruvian Society 1900-1950,* Pennsylvania: Pennsylvania State University Press, 1998.

23.Dani Rodrik, *Why is there so much economic insecurity in Latin America?, CEPAL Review* N°73, April 2001.

24.Daniel Ozarow, *The Mobilization and Demobilization of Middle-Class Revolt: Comparative Insights from Argentina,* Oxfordshire:Taylor & Francis, 2019.

25.David S. Parker and Louise E. Walker(eds.), *Latin America's Middle Class: Unsettled Debates and New Histories,* Lanham: Lexington Books, 2013.

26.David M. De Ferranti and Guillermo Perry, *Securing Our Future in a Global Economy,* Washington, D.C.: World Bank, June 2000.

27.David de Ferranti (eds.), *Inequality in Latin America and the Caribbean: Breaking with History?* Washington, D.C.: World Bank, 2004.

28.David T. Geithman, *Middle Class Growth and Economic Development in Latin America*, *American Journal of Economics and Sociology,* 1974.

29.David Lindauer, *Labor Market Reforms and the Poor*, A Background Paper for the World Development Report: 2000.

30.Dennis Gilbert, *Mexico's Middle Class in the Neoliberal Era,* Tucson:

University of Arizona Press, 2007.

31.Diane E. Davis, *Discipline and Development: Middle Classes and Prosperity in East Asia and Latin America,* Cambridge: Cambridge University Press, 2004.

32.*Emigration of skilled human resources from Latin American and Caribbean countries: Current trends and prospects,* Regional Meeting:*Emigration of skilled human resources From Latin American and Caribbean countries*, Caracas, Venezuela, 17 and 18 June 2009, SP/RR-ERHCPALC/DT N° 1-09.

33.*Economic and Social Progress in Latin America: 1998-1999 Report,* IDB, the Johns Hopkins University Press, 1998.

34.Eduardo M.R.A. Engel, Alexander Galetovic and Claudio E. Raddatz, *Taxes and income distribution in Chile: some unpleasant redistributive arithmetic, Journal of Development Economics,* Elsevier, vol. 59(1), June 1999.

35.Edwin Goñi, J. Humberto López and Luis Servén, *Fiscal Redistribution and Income Inequality in Latin America*, Policy Research Working Paper 4487, The World Bank, January 2008.

36.*Encyclopedia Of Latin American History and Culture* Vol.2, New York: Charles Scribners & Sons, 2 edition, May 2008.

37.Evelyne Huber, *Including the Middle Classes? Latin american social policies after the washington consensus* in Monique Kremer, Peter van Lieshout and Robert Went (eds.), *Doing Good or Doing Better: development policies in a globalizing world,* Amsterdam: Amsterdam University Press, 2009.

38.Felipe Arocena, *How Immigrants Have Shapped Uruguay*, *Culturales,* Vol. V, No.9, enero-junio, 2009.

39.Fernando Borraz & Nicolas González Pampillón & Máximo Rossi,

Polarization and the Middle Class, Documentos de trabajo 2011004, Banco Central del Uruguay.

40.Florencia Torche, *Unequal but Fluid Social Mobility in Chile in Comparative Perspective*, *American Sociological Review,* Vol 70, Issue 3, 2005.

41.Florencia Torche and Luis Felipe Lopez-Calva, *Stability and Vulnerability of the Latin American Middle Class* , *Oxford Development Studies,* Volume 41, Issue 4, 2013.

42.Frank Levy and Richard Michel, *The Way We'll Be in 1984: Recent Changes in the Level and Distribution of Disposable Income,* Washington, D.C.: Urban Institute, 1983.

43.Giovanni Andrea Cornia, Juan Carlos, Gómez-Sabaini and Bruno Martorano, *A New Fiscal Pact, Tax Policy Changes and Income Inequality: Latin America during the last decade*, Working Paper No.2011/70, November 2011, UNU-WIDER project.

44.Haeduck Lee, Ariel Fiszbein, Bill Wood and Samuel Morley, *Poverty and Income Distribution in Latin America: The Story of the 1980s*, World Bank Technical Papers, 1997.

45.Homi Kharas, *The Emerging Middle Class in Developing Countries*, OECD Development Centre Working Paper No. 285, 2010.

46.Hugo G.Nutini and Barry L. Isaac, *Social Stratification in Central Mexico, 1500-2000,* Austin: University of Texas Press, 1st ed. 2009.

47.Jeffrey Dayton-Johnson(eds.), *Latin America's Emerging Middle Classes: Economic Perspectives.* New York: Palgrave Macmillan, 2015.

48.Jeffrey Lesser, *Negotiating National Identity: Immigrants, Minorities, and the Struggle for Ethnicity in Brazil,* Durham: Duke University Press, 1999, 281 pages .

49.Jorge Martínez Pizarro and Miguel Villa, *International Migration in Latin America and the Caribbean: a Summary of View of Trends and Patterns*, United Nations Expert Group Meeting on International Migration and Development July, 2005.

50.Kenneth L.Sokoloff and Eric M.Zolt, *Inequality and the Evolution of Institutions of Taxation: Evidence from the Economic History of the Americas*, Paper presented at NBER (National Bureau of Economic Research) Political Economy workshop, 2005.

51.Ke-young Chu, Hamid Davoodi and Sanjeev Gupta, *Income Distribution and Tax and Government Social Spending Policies in Developing Countries*, Working Paper 214, 2000, United Nations University and World Institute for Development Economics Research.

52.Kathy Lindert, Emmanuel Skoufias and Joseph Shapiro, *Redistributing Income to the Poor and the Rich: Public Transfers in Latin America and the Caribbean*, Discussion Draft, World Bank, October 24, 2005.

53.Khalid Koser, *The Impact of Financial Crises on International Migration: Lessons Learned*, IOM Migration Research Series, No.37.

54.Larissa Lomnitz & Ana Melnick, *Chile's Middle Class: A Struggle for Survival in the Face of Neoliberalism,* translated by Jeanne Grant, Boulder: L. Rienner Publishers, 1991.

55.*Latin American Economic Outlook 2011: How Middle-Class Is Latin America?,* Paris: OECD Development Centre, Dec 2010.

56.*Latin American Economic Outlook 2019: Development in Transition,* Paris: OECD Development Centre, 2019.

57.Luisa Muñoz-Ledo Fuentes, *The Middle Class and Democracy in Latin America: Argentina, Brazil, and Mexico*, PhD. Diss., Stanford University, 1987.

58.Luigi Bernardi, Alberto Barreix, Anna Marenzi and Paola Profeta (eds.), *Tax Systems and Tax Reforms in Latin Americ,* Abingdon: Routledge, 1 edition, January 2008.

59.Louise E. Walker, *Waking from the Dream: Mexico's Middle Classes After 1968,* CA: Stanford University Press, 2013.

60.Margaret E. Grosh, *Social Spending in Latin America: The Story of the 1980s,* World Bank Discussion Paper, November 1990.

61.Mark Ungar, *The Privatization of Citizen Security in Latin America: From Elite Guards to Neighborhood Vigilantes*, *Social Justice,* Vol. 34, 2007.

62.Manuel R. Agosin, Alberto Barreix, Juan Carlos Gómez Sabaini and Roberto Machado, *Tax Reform for Human Development in Central America,* CEPAL Review N°87, December 2005.

63.Martin Lipset, *Some Social Requisites of Democracy: Economic Development and Political Legitimacy*, *American Political Science Review,* 1959, 53(1).

64.Martin Ravallion, *The Developing World' s Bulging (but Vulnerable) Middle Class*, Policy Research Working Paper 4816, The World Bank, 2009.

65.Maureen O' Dougherty, *Consumption Intensified: The Politics of Middle-Class Daily Life in Brazil,* Durham: Duke University Press, 2002.

66.Maurizio Bussolo and Elie Murard, *Mobility in Latin America: are countries in the region becoming middle class societies?*, papers presented for Network on Inequality and Poverty, LACEA/IDB/WB/UNDP, 2011, Santiago, Chile.

67.Michael F. Jiménez, *The Elision of the Middle Classes and Beyond: History, Politics, and Development Studies in Latin America' s Short Twentieth Century*, in Jeremy Adelman (eds.), *Colonial Legacies: the Problem of Persistence in Latin American History,* Abingdon: Routledge, 1998.

68.M. Victoria Murillo, Lucas Ronconi and Andrew Schrank, *Latin American Labor Reforms: Evaluating Risk and Security*, in José Antonio Ocampo and Jaime Ros (eds.), *the Oxford Handbook of Latin American Economics,* Oxford: Oxford University Press, 2011.

69.Nancy Birdsall, Carol Graham and Stefano Pettinato, *Stuck in Tunnel: Is Globalization Muddling the Middle?* Brookings Institution Center, Working Paper No.14, 2000.

70.Nancy Birdsall, *The Macroeconomic Foundations of Inclusive Middle-Class Growth*, 2020 Focus Brief on the World's Poor and Hungry People, Washington, D.C.: International Food Policy Research Institute, December 2007.

71.Nancy Birdsall, Augusto de la Torre and Rachel Menezes, *Fair Growth: Economic Policies for Latin America's Poor and Middle-Income Majority,* Washington, D.C.: Center For Global Development, 2008.

72.Norah Schmeichel, Manuel Barberena and Barbara Corrales, *Latin American Profile: Demographics and Socio Economic Strata*, paper delivered to Latin American Conference, Rio de Janeiro, Brazil, Octubre, 2006.

73.Jere Richard Behrman, Alejandro Gaviria and Miguel Székely, *Intergenerational Mobility in Latin America*, *Journal of LACEA Economia,* Vol.2, No.1, 2001.

74.Jere R. Behrman, Nancy Birdsall and Miguel Székely, *Intergenerational Mobility in Latin America: Deeper Markets and Better Schools Make a*

Difference, in Nancy Birdsall and Carol Graham (eds.), *New Markets, New Opportunities? Economic and Social Mobility in a Changing World,* Brookings Institution and Carnegie Endowment for International Peace, 1999.

75.Joe C. Davis & John H. Huston, *The Shrinking Middle-Income Class: A Multivariate Analysis, Eastern Economic Journal,* Eastern Economic Association, Vol. 18(3), Summer 1992.

76.John J. Johnson, *Political change in Latin America: The emergence of the middle sectors,* CA: Stanford University Press, 1965.

77.Juan Luis Londoño and Miguel Székely (2000). *Persistent Poverty and Excess Inequality: Latin America, 1970-1995. Journal of Applied Economics* (May) no. 1.

78.Rafael Di Tella, Sebastian Galiani and Ernesto Schargrodsky, *Crime victimization and income distribution*, Washington, D.C.: Inter-American Development Bank, 2002.

79.Robert J. Barro, *Determinants of Democracy, Journal of Political Economy,* 1999, 107(6).

80.Rolando Franco, Martín Hopenhayn and Arturo León, *The growing and changing middle class in Latin America: an update, CEPAL Review* Nº103, April 2011.

81.*Social Panorama of Latin America,* 2000-2001; 2001-2002; 2010; 2019; Santiago, Chile.

82.Sebastian Carassai Durham, *The Argentine Silent Majority: Middle Classes, Politics, Violence, and Memory in the Seventies.* NC: Duke University Press, 2014.

83.*Statistical Yearbook for Latin America and the Caribbean,* 2011, CEPAL,

Santiago, Chile.

84.Thandika Mkandawire (ed.) , *Social Policy in a Development Context,* Geneva, United Nations Research Institution for Social Development, 2006.

85.*The Latinobarómetro poll: The discontents of progress*, *The Economist,* Oct 29th 2011.

86.*The social challenge in times of COVID-19,* Special Report COVID-19 No.3， CEPAL,12 May 2020.

87.*Under Pressure: The Squeezed Middle Class,* Paris: OECD Publishing, 2019.

88.Victor Alba, *Alliance without Allies: the Mythology of Progress in Latin America,* Westport: Praeger, First Edition, 1965.

89.Víctor E.Tokman, *the development strategy and employment in 1980s*, *CEPAL review* 1981(15).

90.Vito Tanzi, *Taxation in Latin America in the Last Decade*, Working Paper No.76, Centre for Research on Economic Development and Policy Reform, Stanford University, December 2000.

91.William Easterly, *Middle Class Consensus and Economic Development*, *Journal of Economic Growth,* Vol.6, No.4, Dec., 2001.

92.*World Education Encyclopedia: A Survey of Educational Systems Worldwide* Vol.I, Detroit: Thomson Gale, edition 2001.

93.Ximena Clark, Timothy J. Hatton and Jeffrey G. Williamson, *What Explains Emigration Out of Latin America?*, *World Development,* Elsevier, Vol. 32(11), November, 2004.

西文

1.Adriana Marshall (Comp.), *El Empleo Publico Frente a la Crisis: Estudios sobre America Latin,* Instituto Internacional de Estudios Laborales, 1a edición, 1990.

2.Alberto Minujin y Eduardo Anguita, *La Clase Media: Seducida y Abandonada,* Buenos Aires:Edhasa Editorial, Mayo de 2004.

3.Alicia Bárcena, Narcis Serra, *Clases medias y desarrollo en América Latina,* Barcelona: CIDOB Fundación, Enero 2011,1a edición,256 páginas.

4.Ana María Goetschel, *Educación y formación de las clases medias, Ecuador Debate,* No.74, Agosto del 2008.

5.A. Candina Polomer, editora, *La frágil clase media : estudios sobre grupos medios en Chile contemporáneo,* Facultad de Filosofía y Humanidades, Universidad de Chile, 2013.

6.David Matesanz Gómez y Andrés Palma Irarrázaval, *Las clases medias latinoamericanas y España: oportunidades y desafíos*, Documento de Trabajo 24/2008, Observatorio de Política Exterior de la Fundación Alternativas, www.falternativas.org.

7.Esther Del Campo, María Cecilia Güemes, Ludolfo Paramio，*«I can't get no satisfaction». Servicios públicos, democracia y clases medias en América Latina*，*América latina hoy: Revista de ciencias sociales,* Vol. 77, 2017.

8.Ezequiel Adamovsky, *Historia de la clase media argentina: Apogeo y Decadencia de una Ilusión (1919-2003),* Buenos Aires: Editorial Planeta, 2009.

9.Fernando Cortés, Agustín Escobar y Patricio Solís (Coord.), *Cambio estructural y movilidad social en México,* Mexico: El Colegio de México, 2007, 382 páginas.

10.Francisco H.G. *Ferreira et al, La movilidad económica y el crecimiento de la clase media en América Latina,* Latin America and Caribbean Studies, Washington, D.C.: World Bank, 2013.

11.Gabriel Kessler and María Mercedes Di Virgilio, *La nueva pobreza urbana: dinámica global, regional y argentina en las últimas dos décadas*, *Revista CEPAL* Nº95, Agosto 2008.

12.Gabriel Kessler and Vicente Espinoza, *Movilidadsocial y trayectorias ocupacionales en Argentina: rupturas y algunas paradojas del caso de Buenos Aires*, políticas sociales serie 66, División de Desarrollo Social, CEPAL, Santiago de Chile, mayo de 2003.

13.Luciano Andrenacci and Fabian Repetto, *Un camino para reducir la desigualdad y construir ciudadanía* in Carlos Molina (ed.) , *Universalismo básico: Una nueva política social para América Latina,* Washington, D.C.: Inter-American Development Bank, 2006.

14.Ludolfo Paramio, *Economía y política de las clases medias en América Latina*, *Nueva Sociedad,* No. 229, septiembre-octubre de 2010.

15.Ludolfo Paramio, *Clases medias y gobernabilidad en América Latina,* Madrid: Pablo Iglesias Editorial, Abril 2011, 1a edición, 301 páginas.

16.Luis de la Calle y Luis Rubio, *Clasemediero: Pobre no más, desarrollado aún no,* Mexico: Felou-CIDAC, 1st Edición, 2011, 102 páginas.

17.Nelson do Valle Silva, *Cambios sociales y estratificación en el Brasil contemporáneo (1945-1999)*, CEPAL-SERIE Políticas sociales 89, Santiago de

Chile, julio de 2004.

18.Orlando Cantuarias, Guillermo Bedregal, Héctor Hurtado y Rubén V. Blanco, *Clase Media y Desarrollo de America Latina,* Centro de Estudios Democraticos de America Latina (CEDAL), Colección Seminarios y Documentos, San José, Costa Rica, 1972.

19.*Panorama Laboral 2011:América Latina y el Caribe,* Ocina Regional de la OIT para América Latina y el Caribe, www.ilo.org.

20.René Zenteno y Patricio Solis, *Continuidades y Discontinuidades de la Movilidad Ocupacional en México*, *Estudios Demográficos y Urbanos,* 2006, vol.21, No.3.

21.Rolando Franco, Arturo León and Raúl Atria (coordinadores), *Estratificación y movilidad social en América Latina: Transformaciones estructurales de un cuarto de siglo,* 1a ed., Santiago:LOM Ediciones, 2007, 614 páginas.

22.Rolando Franco (Editor), *Las Clases Medias en America Latina,* Mexico: Siglo XXI Ediciones, octubre 2010, 416 páginas.

23.Sergio Daga Mérida, *Latinoamérica: oportunidad perdida y futuro incierto*, *Boletín IEEE,* Nº7 (Julio - septiembre), 2017.

24.Sergio Olivieri, *Debilitamiento de la clase media: Gran Buenos Aires 1986-2004*, master thesis, Universidad Nacional de La Plata, 2007.

附 录

附录一：1917—1980 年阿根廷的职业层次（单位：%）

非农业人口	1914 年	1947 年	1960 年	1970 年	1980 年
较高的非体力劳动阶层	9.1	10.8	11.7	11.3	14.8
雇主、独立专业人员	6.5	8.9	3.3	3.1	3.2
经理、受雇的专业和技术人员	2.6	1.9	8.4	8.2	11.6
较低的非体力劳动阶层	20.6	21.4	20.0	21.0	22.9
职员	9.3	15.2	15.0	14.2	16.2
售货员	11.3	6.2	5.0	6.8	6.7
小企业主	0.0	5.1	8.0	3.1	4.9
经商者	0.0	5.1	4.7	2.3	2.5
其他（制造业、服务业）	—	—	3.3	0.8	2.4
个体经营者	17.6	7.9	11.1	17.2	17.8
经商者	4.5	2.6	3.3	6.0	6.5
其他	13.1	5.3	7.8	11.2	11.3
工资劳动者	40.6	46.0	42.2	41.0	32.8
运输业	4.7	5.5	2.1	3.8	2.8
建筑业	5.2	6.1	5.8	7.1	6.1
工业	25.5	22.8	21.9	17.4	15.2
服务业	5.2	11.6	12.4	12.0	8.7
家庭服务员	12.1	8.8	7.0	7.4	6.8
总计	100.0	100.0	100.0	100.0	100.0
农业（占经济自立人口）	31.0	25.2	20.6	16.0	13.1

转引自：[英]莱斯利·贝瑟尔主编，中国社会科学院拉丁美洲研究所译：《剑桥拉丁美洲史》，中文版第六卷（上），北京：当代世界出版社，2000 年，附录二，第 320 页。

附录二：1940—1982 年智利的职业层次（单位：%）

非农业人口	1940 年	1952 年	1960 年	1970 年	1982 年
较高的非体力劳动阶层	6.6	10.3	10.7	13.6	14.1
雇主、独立专业人员	3.7	4.0	3.3	3.2	3.7
经理、受雇的专业和技术人员	2.9	6.3	7.4	10.4	10.4
较低的非体力劳动阶层	10.8	15.8	13.7	16.5	21.0
职员	7.5	8.6	10.3	12.7	15.8
售货员	3.3	7.2	3.4	3.8	5.2
小企业主	0.0	1.2	0.6	0.7	0.6
经商者	0.0	0.7	0.1	0.1	0.3
其他（制造业、服务业）	0.0	0.5	0.5	0.6	0.3
个体经营者	22.7	20.6	18.2	18.6	14.9
经商者	10.5	7.7	7.9	7.1	6.4
其他	12.2	12.9	10.3	11.5	8.5
工资劳动者	49.2	38.3	43.5	41.5	40.7
运输业	7.0	1.4	3.4	2.7	3.9
建筑业	5.9	5.9	7.7	7.9	6.7
工业	25.1	19.3	20.1	18.5	14.4
服务业	9.3	11.7	12.3	12.4	15.7
家庭服务员	12.6	13.8	13.3	9.1	8.7
总计	100.0	100.0	100.0	100.0	100.0
农业（占经济自立人口）	46.0	34.3	30.0	23.2	16.5

转引自：[英]莱斯利·贝瑟尔主编，中国社会科学院拉丁美洲研究所译：《剑桥拉丁美洲史》，中文版第六卷（上），北京：当代世界出版社，2000 年，附录四，第 322 页。

附录三：1940—1980年巴西的职业层次（单位：%）

非农业人口	1940年	1950年	1960年	1970年	1980年
较高的非体力劳动阶层	5.5	8.5	9.4	12.8	17.3
雇主、独立专业人员	3.2	3.9	1.1	1.2	1.6
经理、受雇的专业和技术人员	2.3	4.6	8.3	11.6	15.7
较低的非体力劳动阶层	16.6	15.4	15.1	17.9	16.4
职员	8.5	7.5	8.8	9.5	10.3
售货员	8.1	7.9	6.3	8.4	6.1
小企业主	1.2	1.9	1.3	0.7	1.6
经商者	1.2	1.9	0.9	0.5	0.9
其他（制造业、服务业）	—	—	0.4	0.2	0.7
个体经营者	27.0	19.8	24.1	15.6	18.0
经商者	7.2	6.1	6.7	5.8	4.4
其他	19.8	13.7	17.4	9.8	13.6
工资劳动者	35.6	43.6	40.4	41.6	38.0
运输业	7.9	3.7	6.6	4.2	2.7
建筑业	5.7	9.1	8.2	9.3	7.3
工业	20.1	19.3	17.5	16.0	18.4
服务业	1.9	11.5	8.1	12.1	9.6
家庭服务员	14.1	10.8	9.7	11.4	8.7
总计	100.0	100.0	100.0	100.0	100.0
农业（占经济自立人口）	65.5	59.8	52.1	44.9	31.2

转引自：[英]莱斯利·贝瑟尔主编，中国社会科学研究院拉丁美洲研究所译：《剑桥拉丁美洲史》，中文版第六卷（上），北京：当代世界出版社，2000年，附录三，第321页。

附录四：1940—1980年墨西哥的职业层次（单位：%）

非农业人口	1940年	1952年	1960年	1970年	1982年
较高的非体力劳动阶层	4.5	7.6	9.4	14.1	13.4
雇主、独立专业人员	3.3	2.3	1.4	5.1	3.5
经理、受雇的专业和技术人员	1.2	5.3	8.0	9.0	9.9
较低的非体力劳动阶层	14.1	15.3	20.2	17.9	21.6
职员	8.5	11.3	12.9	13.4	16.7
售货员	5.6	4.0	7.3	4.5	4.9
小企业主	0.0	0.8	0.5	5.5	4.6
经商者	0.0	0.8	0.5	1.7	1.8
其他（制造业、服务业）	0.0	0.0	0.0	3.8	2.8
个体经营者	37.9	28.2	20.5	18.1	18.6
经商者	20.8	14.5	11.8	7.5	6.7
其他	17.1	13.7	8.7	10.6	11.9
工资劳动者	32.8	40.4	41.9	36.7	36.5
运输业	4.7	4.2	4.8	2.9	2.5
建筑业	3.3	5.4	6.4	5.8	8.3
工业	19.5	17.7	21.6	17.9	14.5
服务业	5.3	13.1	9.1	10.1	11.2
家庭服务员	10.7	7.7	7.5	7.7	5.3
总计	100.0	100.0	100.0	100.0	100.0
农业（占经济自立人口）	65.2	58.1	49.4	40.3	29.5

转引自：[英]莱斯利·贝瑟尔主编，中国社会科学院拉丁美洲研究所译：《剑桥拉丁美洲史》，中文版第六卷（上），北京：当代世界出版社，2000年，附录六，第324页。